Georg Schützler · Siegfried Zimmer

WOHIN GEHEN »NACHTEULEN«?

Die Autoren:
Georg Schützler, geboren 1951 in Hamburg, ist seit 1994 Pfarrer an der Friedenskirche in Ludwigsburg und Initiator der »Nachteulen«-Gottesdienste.
Dr. Siegfried Zimmer, geboren 1947, ist seit 1993 Professor für Evangelische Theologie und Religionspädagogik an der Pädagogischen Hochschule Ludwigsburg.

Georg Schützler · Siegfried Zimmer

WOHIN GEHEN »NACHTEULEN«?

Argumente, Geschichten und Phantasien für Gottsucher und solche, die es werden könnten

Quell

ISBN 3-7918-3463-0

Lektorat: Hans-Joachim Pagel
Umschlaggestaltung: Röger & Röttenbacher, Leonberg
Gesetzt aus der Trump Mediäval 9,2 / 13 pt
Gesamtherstellung: Maisch & Queck, Gerlingen

INHALT

EINFÜHRUNG

Schauen Sie sich, bevor Sie weiterlesen, die Eule auf dem Buchdeckel noch einmal ganz bewußt an. Wie wirkt diese Eule auf Sie? Weckt sie Sympathie? Müssen Sie schmunzeln über den leicht schrägen Kopf mit den großen Augen? Erinnern Sie sich vielleicht an romantische Nächte und »Nachteulen«? An Erfahrungen, die Sie draußen in der Natur gemacht haben? An Augenblicke einer großen Harmonie, einer Stimmigkeit, als gehörte alles zusammen: der Mond, die untergehende Sonne, die Bäume, die Blumen, die Vogelstimmen, das Plätschern des Wassers und Sie selbst – Augenblicke, in denen Sie am liebsten jemanden umarmt hätten?

Schon sind wir mitten im Thema »Spiritualität«. Dieses Wort steht hier für Erfahrungen, die unserem Leben Tiefgang geben, in denen wir vom oberflächlichen Gedröhn unserer Tage Abstand gewinnen. Erfahrungen, die uns eine Ahnung schenken von einem großen inneren Zusammenhang unseres Lebens. Erfahrungen, die uns Türen zu Gott hin öffnen, der uns Mitteleuropäern so weit weggerückt ist. Wir fragen nach einer Spiritualität, die dem Menschen am Ende des 20. Jahrhunderts entspricht.

Landauf, landab machen wir in unseren Kirchen die deprimierende Erfahrung, daß das Herzstück unserer Arbeit, der sonntägliche Gottesdienst, schlecht besucht ist. Meistens kommen Menschen, die die aktive Lebenszeit weitgehend hinter sich haben. Es handelt sich vorwiegend um ältere Frauen. Männer können offenbar mit dieser Art Gottesdienst schon lange nicht mehr viel anfangen. Verwalten wir in unseren Kirchen, mehr oder weniger schlecht, ein spirituelles Auslaufmodell mit zunehmend musealem Charakter? Oder schlimmer noch: Müssen wir am Ende resigniert feststellen, daß die Jesus-Botschaft die existentielle Befindlichkeit des Zeitgenossen und der Zeitgenossin nicht mehr berührt? Bevor wir uns resignierend an den schlechten Gottesdienstbesuch gewöhnen, sollten wir besser den Exodus, den Auszug, wagen: heraus aus Traditionen, aus dogmatisch-kirchlicher Korrektheitssprache, aus altehrwürdigen Formen und Klängen, aus all dem, was Kirche dem Menschen fremd werden ließ.

Im Oktober 1996 fanden die Bürgerinnen und Bürger in Stadt und Landkreis Ludwigsburg zum ersten Mal in einer Regionalzeitung, neben Kinoreklame und Konzertwerbung, die Abbildung der »Nachteule« mit dem Text: »Wohin geht eine Nachteule, wenn sie einen Gottesdienst besuchen will?« Der nächste Satz gab die Antwort: »Nach Ludwigsburg in die Friedenskirche zum Abendgottesdienst«. Es folgten: Ortsangabe, Datum und Uhrzeit (19 Uhr). Parallel fand man in Szenekneipen, Kulturtreffs, Buchhandlungen, an den Ludwigsburger Hochschulen und im Gemeindebrief der Friedenskirche ein »Nachteulen«-Faltblatt mit folgendem Innentext:

Sonntag – der Tag ohne Wecker
der Tag des gemütlichen Frühstücks
der Tag der lockeren Kleidung
der Tag ohne Streß (?)
Sonntag – der Tag des Leerlaufs
der Tag des Streits
der Tag der Nachmittagsdepression
abends endlich Montagsnähe

Den Sonntag nutzen,
sich selbst etwas Gutes tun,
Energie sammeln,
Sinn finden,
Zuwendung spüren,

ruhig werden,
Horizonte erweitern,
Segen empfangen:
in den Abendgottesdiensten der Friedenskirche mit ruhigen oder rhythmischen Liedern, meditativen Klängen und Texten, »Reden vom Leben«, Gebeten und Tänzen.

Diese für eine Kirchengemeinde ungewöhnliche Art der Werbung muß viele Menschen positiv irritiert haben. Bereits zum ersten »Nachteulen-Gottesdienst« fanden sich etwa 450 Personen ein. Inzwischen werden die Gottesdienste von rund 1000 Menschen besucht. Eine Fragebogenaktion, an der sich im März 1998 über 700 Personen beteiligt haben, erbrachte erstaunliche Ergebnisse. Das Alter der Gottesdienstbesucherinnen und -besucher liegt, ziemlich gleichmäßig auf die Jahrgänge verteilt, zwischen 20 und 65 Jahren. Der männliche Anteil beträgt etwa 35 Prozent. 33 Prozent der Besucher und Besucherinnen geben an, sonst nur manchmal einen Gottesdienst zu besuchen, 22 Prozent selten und 3 Prozent nie.
Wen wollen wir mit dem Symbol »Nachteulen« ansprechen? Menschen, die so leben, wie städtische Menschen heute überwiegend leben: Die beiden Abende und Nächte von Freitag auf Samstag und Samstag auf Sonntag sind mit der entspannenden oder aktiven Seite des eigenen privaten Lebens gefüllt. Man geht ins Kino, Theater, Konzert oder in den Kleinkunstkeller und bleibt anschließend mit Freundinnen und Freunden bei einem Glas Rotwein in einer italienischen Kneipe bis nachts um drei hängen. Oder man treibt Sport, tanzt, geht in die Disko oder auf eine Privatparty. So oder ähnlich sieht das Wochenendleben des Zeitgenossen, der Zeitgenossin aus.
Im Gegensatz zu früheren Zeiten ist die Nacht nicht mehr selbstverständlich dem Schlafen zugeordnet, sondern dem wachen Leben mit all seinen lustvollen Seiten. Es ist gera-

dezu selbstverständlich, daß der Sonntagmorgen den Ausgleich für die aktive Seite des Wochenendes schaffen muß. Sonntagmorgen ist Sabbat, ist Ruhe. Entspannung und Brunchgeplauder ist angesagt. Der innere Motor darf am Sonntagmorgen auf niederen Touren fahren. Der reguläre Sonntagvormittagsgottesdienst mit seiner mehr oder weniger anspruchsvollen Predigt, die einen wachen Geist fordert, entspricht deshalb nicht mehr dem Lebensrhythmus vieler Zeitgenossen und -genossinnen.

Mit den Nachteulen meinen wir in erster Linie den »normalen« städtischen Menschen in der aktiven Lebenszeit zwischen 20 und 65 Jahren (es gibt allerdings auch erfreulich viele ältere Nachteulen). Dieser »Nachteulenmensch« ist genauso bedürftig nach Lebenssinn, Lebensinhalt, Lebensvertiefung, nach Liebe, Annahme und Erfüllung wie der Mensch früherer Zeiten, wenn nicht sogar noch stärker. Denn längst hat der Normalbürger das unangenehme Gefühl, nur noch ein Teilchen einer riesigen Gesellschaftsmaschinerie zu sein, in der lediglich seine äußere Funktionsfähigkeit zählt.

Der heutige Mensch wird von vielen Kräften nach außen gezerrt, heraus aus seiner Seele. Er muß darstellen, was er zu bieten hat, am Markt der taxierenden Geldgeber. Outfit, Image, Marke, Design – an diesem Äußeren hängt sein vermeintliches Lebensglück. Werbemanager traktieren ihn ständig mit der Grundidee, er brauche all dies Äußere, das Materielle, das »e-mail-handy-Gepiepse« und den Luxusglitter. Andernfalls könne er keinen akzeptierten Platz in der Gesellschaft ergattern. Daß aber bei diesem Nach-außen-Gezerrtsein das Innere des Menschen verhungert, verdurstet und verkrüppelt, das Leben keinen Tiefgang bekommt, läßt sich kaum noch übersehen. Wie ein aufgeblasener Luftballon leben zu müssen, der zwar eine (vielleicht sehr schöne) Außenhaut besitzt, innen aber Leere empfindet, kann langfristig niemanden befriedigen.

In dieser gesellschaftlichen Befindlichkeit ist eine Spiritualität gefragt, die den Menschen mit seinen Sehnsüchten, mit seinem Bedürfnis nach einem tiefer gegründeten Leben ernst nimmt. Eine Spiritualität, die ihn neugierig macht, die eine Suchbewegung provoziert und unterstützt, hin zu dem Gott, der größtes Interesse daran hat, daß das Leben eines jeden Menschen gelingt. Eine Spiritualität, die die Ahnung wachhält von einem Suchen, das nicht vergeblich ist, und davon, daß das Leben Inhalt und Erfüllung finden kann. All dies scheint der »normale« Gottesdienst am Sonntagvormittag nicht mehr oder nur noch sehr gebrochen zu vermitteln. Das weitgehende Fernbleiben der Menschen zwischen 20 und 50 Jahren spricht eine unmißverständliche Sprache.
Wie wäre es, wenn wir uns stärker als bisher einer Spiritualität öffneten, die die Schöpfung, die Natur und unser ganzes leibliches Leben liturgisch berücksichtigt? Die kirchlichen Normalgottesdienste sind meist einseitig von einer Erlösungs- oder Rettungsspiritualität geprägt. Begriffe wie Sünde, Gnade, Vergebung, Gesetz, Rechtfertigung, Opfer, Kreuz, Auferstehung und Nachfolge spielen eine dominante Rolle. Die älteren Choräle sind fast durchgängig von dieser Begrifflichkeit geprägt. Wir Evangelischen verdanken der Rettungsspiritualität geradezu unsere Existenz, ausgehend von der Leitfrage Martin Luthers: »Wie bekomme ich einen gnädigen Gott?«
Die Bedeutung der Rettungsspiritualität für den christlichen Glauben soll in keiner Weise bestritten werden. Sie erfaßt allerdings nicht die Fülle des geschöpflichen Lebens. Deshalb muß die Rettungsspiritualität in den breiten Erfahrungshorizont des Menschen eingebettet werden, der von der Schöpfung geprägt ist. Schöpfungsspiritualität kann entscheidend dazu beitragen, daß wir Menschen unser Leben in seiner ganzen Weite und Vielfalt staunend wahrnehmen. In all dem, was wir um uns und in uns ent-

decken, ist Gott zu erfahren, nicht »nur« in der Erfahrung von Sünde und Gnade. Wenn wir der Schöpfungsspiritualität in unseren Gottesdiensten Raum und Heimat geben, werden *Gottesdienste* zu *Erfahrungsgottesdiensten*, aus denen Menschen berührt nach Hause gehen.

Zu jedem Nachteulen-Gottesdienst gehören schöpfungsspirituelle Elemente. Sie tragen wesentlich dazu bei, daß Menschen im Gottesdienst mit Geist, Seele und Leib präsent werden können. Sie helfen, die Außenlenkung und Fremdbestimmung abzubauen. Im Gottesdienst bekommen Menschen ein Gespür und ein Gefühl für sich selbst und werden dadurch aufnahmebereiter. Uns ist es wichtig, in jedem Gottesdienst einen spirituellen Prozeß zu fördern, in den alle Anwesenden einbezogen sind. Ein Gottesdienst, der lediglich vorn, im Altarraum, wie eine Theatervorstellung abläuft, reicht nicht aus, um Menschen einen Zugang zu sich selbst zu vermitteln und zu dem Gott, der auch zutiefst in ihnen zu Hause ist.

Im folgenden nenne ich stichwortartig einige schöpfungsspirituelle Elemente bisheriger Nachteulen-Gottesdienste:

- Wir haben gemeinsam bewußt geatmet, ausgehend von dem Bild der biblischen Schöpfungsgeschichte: Gott bläst dem Erdenkloß Mensch seinen Odem in die Nase und macht ihn so zu einem lebendigen Wesen (1. Mose 2,7). In einem anderen Gottesdienst lösten wir mit dem Hauch des Atems unsere Fäuste zu offenen, liebesfähigen Händen. Unsere Stimmbänder haben wir mit den Vokalen A und O ausprobiert und dabei an den Anfang und an das Ende unseres Lebens gedacht. Wir haben einen Wald gespielt, in dem jeder Baum, mit seinem je eigenen Ton, Gott lobt.
- Wir sind über eine siebenfache Wendeltreppe in die eigene Seele hinabgestiegen, sind auf einer Phantasiereise wie ein Adler geflogen, haben Bilder auf uns wirken lassen und dabei meditativer Musik gelauscht. In Erzählun-

gen aus der Weltliteratur und in Lebensbildern begegneten wir Ereignissen und Personen von exemplarischer Bedeutung. Biblische Geschichten wurden durchsichtig als Teil der eigenen Lebensgeschichte.

- Einige Frauen bestrichen die Hände der Anwesenden in einer Zärtlichkeitsgeste mit Rosenöl. In einem anderen Fall unterhielten wir uns einige Minuten in der Banknachbarschaft, während wir würziges Schwarzbrot aßen oder die Süße der Trauben auf unseren Zungen spürten.
- Häufig spielte auch die körperliche Bewegung eine Rolle. Wir tanzten, schunkelten, drehten uns im Kreis und klatschten. Wir zogen in Prozessionen durch die Kirche, legten Steine mit der Last unseres Lebens in den Altarraum. Unseren politischen Frust haben wir zu Papier gebracht und an eine Klagewand gepinnt.
- Der Fähigkeit unserer Ohren, die unterschiedlichsten Töne und Klänge aufzunehmen, versuchten wir durch die Vielfalt der Instrumente zu entsprechen: Keyboard, Querflöte, Oboe, Trompete, Geige, Gitarre, Kontrabaß, Trommeln und Gong (nur die Orgel hatte Ruhepause, da sie jeden Sonntagmorgen ihren Dienst hat). Chöre und Solisten nahmen uns mit in ihr unterschiedliches Repertoire.
- Wir schenkten uns Sterne. Wir schrieben eigene Gebete, von denen einige anschließend öffentlich vorgelesen wurden. Wir bildeten einen Energiekreis. Und zum Abschluß eines Abendgottesdienstes legten wir einander die Hand auf den Rücken, um uns gegenseitig einen Segen zuzusprechen.

Viele Nachteulen bleiben nach dem Abendgottesdienst noch im Kirchenkeller zu einem Glas Rotwein und einem Stück Fladenbrot: um das Erlebte nachklingen zu lassen, um mit anderen noch eine Weile beieinander zu bleiben. Und in all dem ist Gott gegenwärtig als der Vielfältige, Unendliche und Liebende. In manch einem »Nachteulenauge« sah er uns an, und wir gingen gesegnet nach Hause.

Von all dem wollen wir in diesem Buch etwas weitergeben. Buchstaben können zwar das Geschehen selbst nicht wiedergeben, sie können aber wie Katalysatoren wirken. So können anderenorts ähnliche Prozesse verstärkt werden oder entstehen. Was nicht vermittelbar ist, sind die vielfältigen musikalischen Klänge und Rhythmen der Abendgottesdienstliturgie. Oft war es bereits das erste Musikstück, das die Herzen der Besucherinnen und Besucher öffnete. Eine lediglich abgedruckte Meditation oder Phantasiereise, ohne die live improvisierte Hintergrundmusik, die das gesprochene Wort spontan interpretierte, kann nicht die gleiche Intensität haben. Ebensowenig vermittelbar sind die spontanen Äußerungen und Reaktionen im Gottesdienst.

In jedem Kapitel dieses Buches finden Sie an erster Stelle die Geschichten und Texte, die zu Beginn der Gottesdienste die Seele für das jeweilige Thema öffnen sollten. Zum zweiten finden Sie Meditationen, Übungen, Phantasiereisen und Gebete aus dem ersten Teil der Abendgottesdienste. Sie dienten der inneren Sammlung und dem Abbau der Außenlenkung. An dritter Stelle folgen die Vorträge von *Siegfried Zimmer,* die im Gottesdienst einen Zeitraum von 30 bis 45 Minuten einnahmen. Danach folgen Reaktionsrituale, Gebete oder Übungen, die den jeweiligen Vortrag unter bestimmten Blickwinkeln aufgreifen. An letzter Stelle stehen Segenssprüche oder Segenshandlungen, die das Ende eines Abendgottesdienstes markieren.

Die zwischen den Abschnitten *kursiv* gedruckten Texte geben an, wie welches Element mit welchen Motiven im Gottesdienst eingesetzt wurde und wie die Reaktionen der Besucher und Besucherinnen aussahen.

Noch ein Hinweis zur Lektüre des Buches: Meditative Texte geben, schnell gelesen, fast keinen Gewinn. Hier könnte es hilfreich sein, das Lesen zu ritualisieren: mit meditativer Musik, die gut tut, mit einer Kerze, in einem Raum, in dem man nicht gestört wird. Die Meditationstexte sollten langsam, Satz für Satz, am besten halblaut gelesen werden. Auch ein zeitweises Schließen der Augen kann eine Hilfe sein. Im Nachteulen-Gottesdienst hören die Besucherinnen und Besucher diese Meditationen in der Regel mit geschlossenen Augen.

Zum Schluß dieser Einführung gilt ein besonderer Dank unseren Musikern, die das »Nachteulenprojekt« mitleiten und das Gottesdienstgeschehen wesentlich mitprägen: *Michael Schütz* (Keyboard), *Beate Schütz* (Querflöte) und *Hans-Martin Sauter* (Oboe und Leitung des Gemeindegesangs). Ein Dankeschön gilt auch dem Mesner der Friedenskirche, *Hans-Helmut Schieser,* der diesen Gottesdienst engagiert unterstützt, und unserem Techniker *Ronny Müller,* der für die Hörqualität im Kirchenraum sorgt. Wir sind glücklich über unser Team im Kirchenkeller, das nach jedem Abendgottesdienst für eine einladende Atmosphäre sorgt. Weiter ist dem Kirchengemeinderat der Friedenskirchengemeinde zu danken, der diesem Nachteulenprojekt zugestimmt und uns einen großen Freiraum gewährt hat. Dann sei noch *Waldemar Wolf* erwähnt, der uns mit seiner Erfahrung bei der Veröffentlichung dieses Buchs zur Seite stand. Abschließend sei allen aktiven »Nachteulen« gedankt, die bisher in irgendeiner Form dazu beigetragen haben, daß es nach wie vor große Freude bereitet, diesen Nachteulen-Gottesdienst zu feiern.

Ludwigsburg, im Juli 1998 *Georg Schützler*

HINWEISE ZU DEN VORTRÄGEN

Die Vorträge, die in dieses Buch aufgenommen wurden, habe ich in den vergangenen zwei Jahren im Rahmen der Nachteulen-Gottesdienste gehalten. Es handelt sich dabei um Redebeiträge sehr unterschiedlicher Art. Diese Unterschiedlichkeit ist Ausdruck des Freiheitsspielraums, der die Nachteulen-Gottesdienste insgesamt kennzeichnet. Diese Gottesdienste setzen sich aus drei Elementen zusammen: der meditativen und körperbezogenen Liturgie, der reichhaltigen musikalischen Gestaltung und den Redebeiträgen. Diese drei Elemente haben gleiches Gewicht und stehen in einer fruchtbaren Spannung zueinander. Sie wollen *unterschiedliche* Menschen *unterschiedlich* ansprechen.

Bei den hier abgedruckten Redebeiträgen handelt es sich nicht um Predigten. Das gilt sowohl im Blick auf ihre Länge (30 bis 45 Minuten) als auch im Blick auf ihren Inhalt. Wir haben deshalb in unserem ersten Einladungsprospekt zu den Nachteulen-Gottesdiensten das Wort »Predigt« vermieden und die Bezeichnung »Reden vom Leben« gewählt. Diese Bezeichnung sollte zugleich signalisieren, daß es uns auf den Lebensbezug der Religion und des Glaubens ankommt.

Sie finden in diesem Buch vier Interpretationen biblischer Texte, zwei thematische Referate und zwei Erzählungen. Keinen dieser Beiträge habe ich speziell für die Nachteulen-Gottesdienste ausgearbeitet. Ich hatte sie bereits mehrfach bei anderen Gelegenheiten vorgetragen: an der Pädagogischen Hochschule, im Rahmen der Lehrerfortbildung, auf Tagungen und bei Gemeindeveranstaltungen. Die Vorträge sind deshalb auch unabhängig vom Kontext der Nachteulen-Gottesdienste aus sich selbst heraus verständlich. Dem

Stil mancher Beiträge ist noch anzumerken, daß sie ursprünglich für den mündlichen Vortrag gedacht waren. Die umfangreicheren Beiträge habe ich in den Nachteulen-Gottesdiensten in gekürzter Form vorgetragen.
Die zwei *Referate* und die *Interpretationen* biblischer Texte haben informativen und argumentierenden Charakter. Sie wollen religiös Interessierten, aber auch Skeptikern Stoff zum Nachdenken bieten. Nicht zufällig beginnt daher der Untertitel dieses Buches mit dem Stichwort »Argumente«. Andererseits geht es nicht um eine abgehobene Form von Wissenschaftlichkeit und Intellektualität. Die in diesen Beiträgen enthaltene Theologie will anschaulich, kurzweilig und auch emotional sein, nahe am Leben.
Die beiden *Erzählungen* versuchen je auf ihre Weise das »Lebensbild« eines Menschen zu zeichnen. Solche Lebensbilder gehören mit zum Themenbereich der Nachteulen-Gottesdienste. Sie machen die Beziehung von Glauben und Leben auf besondere Weise deutlich. Die Erzählung »Das Leben des Janusz Korczak« habe ich für eine sechste Klasse Realschule geschrieben. Später trug ich sie auch in Seminaren an der Pädagogischen Hochschule und auf religionspädagogischen Fortbildungsveranstaltungen vor. Dabei wurde mir deutlich, daß sich diese Erzählung, trotz ihrer einfachen Sprache, auch für erwachsene Zuhörerinnen und Zuhörer eignet. Die Erzählung »Georg Friedrich Händels Auferstehung« stammt von Stefan Zweig. Sie ist seinem Buch »Sternstunden der Menschheit« entnommen. Ich habe sie stark gekürzt und für das mündliche Erzählen stilistisch überarbeitet.
Für das Anfertigen der Manuskripte bedanke ich mich herzlich bei Christina Lauer.

Ludwigsburg, im Juli 1998 *Siegfried Zimmer*

VON EINEM, DER AUSZOG, DAS LEBEN ZU LERNEN

Eine Bärenfamilie in einem amerikanischen Nationalpark sah ein mit acht Personen vollgestopftes Auto am Straßenrand halten.
»Das ist doch eine Barbarei und Quälerei«, sagte der Bärenvater zu seinen Kindern, »Menschen in einen so engen Käfig zu sperren.«

Wie ist das mit den Käfigen und Gefängnissen in meinem Leben?
Wie groß sind die Räume, in denen wir leben dürfen?
Wie sieht es aus mit Enge, Zwanghaftigkeit und Fremdbestimmung?
Wo dürfen wir das Leben leben, welches wir gerne leben würden?
Wie viele Ketten spüren wir jeden Tag und jede Nacht,
Ketten, die uns sagen,
nein,
das darfst du nicht,
das tut man nicht,
das schaffst du nicht.
Im Gegenteil,
das mußt du,
das sollst du,
nur ausnahmsweise darfst du mal.
Wie sehr wurde und wird die Menschheitsgeschichte gekennzeichnet von Knechtschaft, Sklaverei, Hörigkeit, Kadavergehorsam, Gebundenheit und Unterdrückung.
Ketten draußen am Körper,
Ketten drinnen in der Seele.
Um den Exodus, um den Auszug aus all diesen Gefängnis-

sen des Lebens soll es bei diesem Thema gehen: »Von einem, der auszog, das Leben zu lernen.«
Der biblische Exodus als Urbild der Befreiung des Menschen.
Gott wird hier entdeckt als Exodus-Gott, der Israel aus der Sklaverei befreite und nach wie vor den Freiheitswillen des Menschen bestätigt.

Ein altes, geradezu mythisches Motiv für den Freiheitswillen des Menschen ist der Vogelflug - frei über der Erde, den Wolken entgegen, gelöst von aller Erdenschwere mit ausgestreckten Schwingen das Leben genießen. Der folgende Phantasieflug als Adler knüpft an die Freiheitssehnsucht jedes Menschen an. Während des Fluges erklang die Melodie des Liedes »Über den Wolken« von Reinhard Mey.

Endlich frei sein.
Endlich mal raus aus allen Gefängnissen und Zwangsjacken.
Endlich mal weg mit der elenden Fremdbestimmung.
Endlich mal kein Ducken mehr, kein sich Zurücknehmen, kein Kuschen und Kleinbeigeben.
Endlich mal Freiheit spüren, fühlen, genießen!
Ach wäre das schön!
Damit Sie etwas von dieser ersehnten Freiheit erfahren, möchte ich Sie zu einer Phantasiereise einladen:
Setzen Sie sich so bequem wie möglich hin, damit Sie möglichst wenig abgelenkt werden. Holen Sie ein paarmal tief Luft und lassen Sie Ihren Körper entspannt und Ihren Geist ruhig werden ...
Ich möchte mit Ihnen einen Adlerhorst aufsuchen.
Stellen Sie sich vor, daß Sie jetzt an einem hohen Felsen stehen. Oben auf dem Felsen hat ein Adler sein riesiges Nest gebaut. Sie müssen vielleicht all Ihren Mut zusammennehmen, um an den steilen Felsen nach oben zu klet-

tern. Aber der Fels hat viele Zacken, so daß Hände und Füße guten Halt finden können…
Oben angekommen, halten Sie sich am Rand des Nestes fest und entdecken unmittelbar vor sich einen wunderschönen erwachsenen Adler …
Während Sie dem Adler in die Augen schauen, der dort so ruhig und selbstsicher thront, können Sie in Ihrem Herzen einen Wunsch ausdrücken, welchen Traum, welches Ziel Sie in Ihrem Leben endlich erreichen möchten …
Und nun erleben Sie hier am Nestrand eine Verwandlung, Sie selbst werden zu einem Adler …
Ihre Füße verwandeln sich in die Klauen des Adlers, die noch besseren Halt auf dem Rand des Nestes finden …
Ganz allmählich schwindet Ihre Unsicherheit hier oben in der Höhe, weil Sie immer mehr die Gestalt eines Adlers annehmen …
Von den Schultern hinab bis in die Arme können Sie zuerst die eine große Adlerschwinge entfalten, ausstrecken und spüren, wie sich die großen Federn spreizen, so daß Sie einen mächtigen Flügel bekommen.
Dann öffnen Sie auch die andere Schwinge, bewegen sie ein wenig und legen beide Flügel wieder dicht an den Körper.
Nun können Sie von Ihrem hohen Platz hinabsehen und unten einen Fluß entdecken, der so weit unten ist, daß er wie ein schmales Band aussieht …
Ein leichter Wind bläst Ihre Federn auf, und Sie bekommen Lust, Ihre Schwingen langsam auszubreiten, ganz weit, nach beiden Seiten …
Sie spüren die Kraft des Windes, so daß Sie sich stärker am Nestrand festhalten müssen, um nicht hinunterzukippen.
Aber dann werden Sie neugierig und lassen sich vom Wind emportragen …
Natürlich brauchen Sie einen Augenblick, um sich an das Gefühl des Fliegens zu gewöhnen, aber sehr bald beginnen Sie emporzusteigen und die Freiheit, diese herrliche Frei-

heit des Fluges zu genießen ... Sie sind jetzt der Adler, der ausfliegt, um das Leben zu lernen ...
Nun sehen Sie, daß auch der andere Adler aus dem Nest emporsteigt, Ihnen entgegenfliegt, um Ihnen die Kunst des Fliegens zu zeigen.
Sie fangen an, immer mehr Ihren Flug zu genießen ...
Sorgen und Bedenken, alles Enge, Kleinliche und Spießige fällt von Ihnen ab, bei dieser klaren Sicht hier oben, bei diesem weiten Horizont ...
Während Sie in aller Ruhe neben Ihrem Adlerfreund herfliegen, stößt dieser plötzlich einen lauten Schrei aus.
Sie spüren, wie dieser Schrei Ihren ganzen Körper zum Klingen bringt.
Halten Sie den Atem an, solange Sie können, während Sie Ihren Flug stoppen und mit den Flügeln schlagen ...
Nun stehen Sie in der Luft und fangen wieder an zu atmen, während Sie nach unten schauen.
Sie wissen, daß Sie als Adler ganz weit und scharf sehen können. Mit Ihrem scharfen Adlerblick können Sie da unten auf dem Boden auch Dinge, Ziele, Orte, Möglichkeiten entdecken, die für Sie genau das Richtige sind, die genau dem entsprechen, was für Sie jetzt dran ist, was Sie brauchen, um Ihren Lebenshunger zu stillen.
Lassen Sie sich ein wenig Zeit, über dieser Stelle zu verweilen, gehalten vom Schlag Ihrer mächtigen Flügel ...
Vielleicht hat das Symbol oder das Zeichen, welches Sie da in der Tiefe entdecken, nur für Sie Bedeutung. Konzentrieren Sie all Ihre Aufmerksamkeit darauf. Holen Sie nun dreimal tief Luft, und lassen Sie sich beim letzten Ausatmen in die Tiefe stürzen ...
Spüren Sie das Rauschen der Luft um Ihren Körper herum, während Sie mit der Schnelligkeit und der Kraft des Adlers auf den Boden zu stürzen ...
Unten angekommen, ergreifen Sie das Symbol, das Zeichen oder was auch immer, mit Ihren kräftigen Fängen, pressen

es an Ihr Herz und steigen wieder in die Luft auf, Ihren Fund ganz dicht an der Brust haltend ...
Während Sie zu dem Adlerhorst zurückfliegen, freuen Sie sich über Ihre Zukunft, weil Sie etwas ganz Eigenes entdeckt und gefangen haben ...
Während Sie an der Seite Ihres Adlerfreundes fliegen, empfinden Sie ein tiefes Glück, Sie fühlen sich stark und sind ganz ruhig ...
Sie beide landen auf dem Horst, und es kommt der Zeitpunkt des Abschieds. Vielleicht wollen Sie Ihrem Adlerfreund etwas schenken oder sagen, um Ihre Dankbarkeit auszudrücken; das können Sie jetzt tun ...
Während Sie auf dem Nestrand sitzen, kann Ihre Rückverwandlung in Ihre menschliche Gestalt beginnen ...
Steigen Sie nun wieder hinab von dem Adlerhorst ...
Irgendwie kommen Sie anders den Berg hinunter, mit einem Gefühl von Sicherheit.
Am Fuß des Felsens angekommen, entdecken Sie eine verwitterte Steintafel, auf der Sie folgende Aufschrift entziffern:

»Ihr aber, liebe Menschenbrüder und -schwestern,
seid zur Freiheit berufen.
Ich will euch aus allen Gefängnissen führen
in ein Land, darin Milch und Honig fließen.
Euer Schöpfergott«

An dieser Stelle würden Sie am liebsten laut losjubeln und vor Freude tanzen. Aber das heben Sie sich auf für später. Kehren Sie mit Ihrem Bewußtsein zurück an den Ort, an dem Sie sich befinden ... Recken und strecken Sie sich, und nehmen Sie Ihre Umgebung wieder wahr.

Mit dem altbekannten Gospel »Go down Moses« der schwarzen Amerikaner, die ein ähnliches Lebensgefühl ge-

habt haben müssen wie einst die versklavten Hebräer in Ägypten, erinnerten wir uns an die Exodus-Geschichte. Mit folgenden Stichworten aus dieser Geschichte des Auszugs Israels aus Ägypten sollte vorhandenes Wissen ins Bewußtsein gehoben werden.

Daß die Fische im Fluß starben – und der Fluß stank – und alles Wasser in Blut verwandelt wurde – daß Kanäle und Sümpfe, hölzerne und steinerne Gefäße voller Ekel waren – daß kein Zauber half, kein Befehl, kein Geld, das alles geschah, weil einer sich weigerte, Menschen die Freiheit zu geben.
Pharao!
Inbegriff der Macht in Ägypten, Zeichen des Hochmuts, Zentrum der Gewalt, Tyrann, Sklavenhalter, Auspeitscher, Leuteschinder, vor dreitausend Jahren – oder steht er dort symbolisch seit dreitausend Jahren?
Pharao, zu dem Mose ging, einer von den entrechteten Hebräern, um ihm von Gott zu sagen: »Laß das Volk frei! Laß das Volk frei!«
Sie können sich sicher an diese ergreifende Geschichte erinnern, wie ein ganzes Volk aus menschenverachtender Gefangenschaft und Sklaverei seine Freiheit fand.
Neben Mose und Aaron, die in dieser Befreiungsgeschichte eine zentrale Rolle spielten, gab es eine Frau, die hier entscheidend für die Freiheitserfahrung steht: Mirjam, die auf die Pauke schlug und vor Freude über die gewonnene Freiheit tanzte. Von dieser Mirjam handelt ein neues Lied:

Im Lande der Knechtschaft, da lebten sie lang,
in fremde Gefilde verbannt,
vergessen die Freiheit, verstummt ihr Gesang
und die Hoffnung vergraben im Sand.
Nur heimlich im Herzen, da hegten sie bang
den Traum vom gelobten Land.

Doch: Mirjam, Mirjam schlug auf die Pauke
und Mirjam tanzte vor ihnen her.
Alle, alle fingen zu tanzen an:
Groß war Gottes Tat am Meer.
Frauen tanzten, tanzten die Männer
und Wellen, Wolken, alles tanzt mit.
Mirjam, Mirjam hob ihre Stimme,
sie sang für Gott, sie sang ihr Lied.

Die Narben der Knechtschaft an Schultern und Knien,
die Blicke verhalten und scheu,
die Rücken gebeugt noch, so ziehn sie dahin,
und die Freiheit ist drohend und neu.
Es lockt die Versuchung, zurückzufliehn
in die Sicherheit der Sklaverei.
Doch: Mirjam, Mirjam schlug auf die Pauke …

Die Bande der Knechtschaft, die fall'n langsam ab,
die Schritte verlernen den Trott.
Entwachsen den Ketten, entstiegen dem Grab,
das Leben besiegte den Tod.
Ihr Weg ist noch weit, doch sie haben die Kraft,
denn in ihren Herzen ist Gott.
Denn: Mirjam, Mirjam schlug auf die Pauke …

Claudia Mitscha-Eibl
(Evang. Gesangbuch Württemberg Nr. 604)

Die tiefenpsychologische Deutung der Exoduserfahrung Israels

Die im folgenden vorgetragene tiefenpsychologische Interpretation der biblischen Erzählung vom Auszug Israels aus Ägypten basiert auf Arbeiten von Eugen Drewermann, Heribert Fischedick und Dieter Funke.[1] Ich folge insbesondere der Deutung Drewermanns. Dabei konzentriere ich mich auf diejenigen seiner Aussagen, die mir am meisten eingeleuchtet haben. Ich bin nicht der Auffassung, daß die tiefenpsychologische Bibelauslegung die bisher üblichen (»klassischen«) Methoden der Bibelauslegung ersetzen kann. Aber sie kann diese Methoden bereichern und ergänzen. Außerdem macht sie den Lebensbezug der biblischen Botschaft auf spezifische Weise deutlich. Auf viele Leserinnen und Leser wird diese Art der Bibelauslegung fremdartig wirken. Es kann auch gut sein, daß sie nicht allen bis in die Einzelheiten hinein plausibel erscheint. Aufs Ganze gesehen halte ich Drewermanns Interpretation aber durchaus für anregend und eindrücklich. Doch jeder muß sich selbst fragen, inwieweit die folgende Deutung für ihn überzeugend und erhellend ist.

Zunächst noch einige allgemeine Hinweise:

In der Antike gibt es den modernen Begriff »Individuum« noch nicht. Antike Erzählungen von grundlegenden Ereignissen der Vergangenheit unterscheiden deshalb noch nicht in unserem Sinn zwischen einer »kollektiven« und einer »individuellen« Ebene. Aus diesem Grund fließt in die Erzählung einer kollektiven Identitätsfindung oft viel

[1] Eugen Drewermann, Tiefenpsychologie und Exegese, Bd. 1, Olten 1990^{8}, 484–502. Heribert Fischedick, Von einem, der auszog, das Leben zu lernen, München 1997^{5}. Dieter Funke, Im Glauben erwachsen werden, München 1986, 99–131. Alle drei Autoren deuten das Exodusmotiv im Grundsätzlichen sehr ähnlich.

von der Dynamik einer individuellen Identitätsfindung mit ein. Das gilt auch für die biblische Erzählung des Exodus, der Befreiung und Herausführung Israels aus Ägypten. Die Exoduserzählung (2. Mose 1–40) erhielt ihre endgültige Gestalt in der Zeit des babylonischen Exils oder kurz danach (6./5. Jahrhundert v. Chr.). In dieser Zeit mußte Israel auf neue und vertiefte Weise seine Identität als Volk finden. Die Erzählung des Exodus hat zu dieser Identitätsfindung Entscheidendes beigetragen. Der Weg Israels in das verheißene Land ist dabei erzählerisch so gestaltet worden, daß er zugleich den inneren Weg eines einzelnen Menschen darstellt. Dieser Umstand hat vermutlich viel zur Wirkung der Exoduserzählung beigetragen. Tiefenpsychologisch gesehen ist Israels Weg in seine Freiheit und Bestimmung zugleich der persönliche Weg des Menschen in seine Freiheit und Bestimmung. Die Marksteine des äußeren Wegs Israels können also auch als Stationen eines inneren Prozesses interpretiert werden.

Um welche Stationen es sich handelt, soll in den folgenden vierzehn Abschnitten beschrieben werden. Jeder Mensch, der Grund unter die Füße bekommen (in das »verheißene Land« gelangen) will, durchläuft diese Stationen. Israels Weg in das verheißene Land war lang. Auch unser Weg wird lang sein. Wir können keine der Stationen überspringen. Doch Israels Erfahrung lehrt uns: Es lohnt sich, diesen Weg zu gehen, weil er ein Ziel hat. Es wäre falsch, an einer Station anzuhalten und zurückzugehen. In dieser Zuversicht liegt, tiefenpsychologisch gesehen, die Bedeutung des Exodus Israels für jeden Menschen.

1. Jeder Mensch beginnt seinen Weg damit, daß er Schutz sucht in »Ägypten« (1. Mose 46)

Die Vorfahren Israels kamen nach Ägypten, weil sie dort Zuflucht fanden vor einer großen Hungersnot (vgl. 1. Mose 46). So läßt die Existenzangst und die ihr entsprechende

Sehnsucht nach Geborgenheit jeden Menschen nach Halt suchen. Das geschieht grundlegend in der Kindheit, aber auch später in veränderter Form. Die »Nahrung«, die Israels Vorfahren in Ägypten suchten, ist Symbol für die fundamentalen Lebensbedürfnisse des Menschen. »Ägypten« wird gesucht und begehrt, weil es das Überleben ermöglicht. Auch für uns ist die Macht der ersten und wichtigsten Bezugspersonen Rettung vor der Alternative Tod.

2. Die haltgebende Bindung wird zu einer beherrschenden Macht, die Entwicklung und Freiheit verhindert (2. Mose 1–2)

Die Ausgangssituation Israels vor dem Exodus ist von grundsätzlicher psychologischer Bedeutung. Es ist die Situation der Abhängigkeit, Ohnmacht und Angst, die Situation der Menschenfurcht. Wir alle kennen die Grundsituation der Abhängigkeit, Ohnmacht und Angst. Gemeint ist die Abhängigkeit von den grundlegenden Kindheitsprägungen, die uns gebunden halten, denen wir verhaftet bleiben. Jeder Mensch muß sich auf seinem Lebensweg aus der Herrschaft und Außensteuerung der wichtigsten Bezugspersonen und ihrer normierenden Vorgaben und Wertsysteme, das heißt aus der Herrschaft des »Über-Ich« befreien. Der Mensch kann sonst nicht zu seinem eigenen Leben finden. Es geht um ein Selbständigwerden gegenüber den verinnerlichten Programmen, Zwängen und Fremdsteuerungen.

Die Schwierigkeit dieser Befreiungsaufgabe liegt darin, daß unser Gewissen keine andere Möglichkeit hatte, als die verinnerlichten Instanzen des Über-Ich als maßgebend anzuerkennen. Wir haben ihnen lange Zeit eine alles beherrschende, götterähnliche Macht eingeräumt. Das Über-Ich ist ein Gebilde, das stets auch aus unserer Angst und unseren Schuldgefühlen geboren wird. Infolgedessen hat es eine überdimensionale Gestalt angenommen. Darum steht jeder Mensch in Gefahr, sein Tun zu lange daran auszurichten, ob es vor den wichtigsten Bezugspersonen oder dem Über-Ich bestehen kann. Auf diese Weise versucht der Mensch, seine Daseinsberechtigung (seine »Aufenthaltsgenehmigung«) vor anderen und vor sich selbst zu erlangen.

In solchem Tun aber ist der Mensch ein Sklave und Fronarbeiter. Er tut, was andere wollen und für richtig halten. Die Führung seines Lebens liegt in den Händen anderer, und er definiert sich von ihnen her. Er nimmt sein Leben noch nicht in die eigene Hand. Er wagt noch keine eigenen Schritte, für die nur er allein geradestehen kann und muß. Er lebt nicht, er wird gelebt. Er lebt ein Leben ständiger Selbstentwertung, ein Leben unter »Pharao«. Tiefenpsychologisch gesehen, ist »Pharao« das Symbol für alle Mächte, die uns daran hindern, ein eigenständiges Leben in Freiheit zu führen. Unter »Pharao« ist jede Fremdherrschaft zu verstehen, die das Ureigene unterdrückt. Diese Fremdherrschaft tötet die Regungen neuen Lebens (vgl. 2. Mose 1,16.22) und steht entsprechenden Veränderungen feindlich gegenüber. Solche Fremdherrschaft besteht in Regeln, Verhaltensmustern, Zwängen, Ängsten, Komplexen, Selbsteinschätzungen, Schuldgefühlen und ähnlichem. Menschen, die unter einer solchen Fremdherrschaft leben, sind meist eifrige, willige, nachgiebige Menschen, die es anderen »möglichst recht« machen wollen. Sie betteln in ihrem Verhalten um Anerkennung und unterdrücken dafür eigene Wünsche.

Nicht alle Menschen, die unter einer solchen Fremdherrschaft leben, empfinden sie als solche. Viele Menschen fühlen sich in ihrer Abhängigkeit, Ordnung, Verdrängung und in ihrem Gehorsam relativ wohl. Sie lassen eine tiefere Spannung zwischen ihrem Ich und ihrem Über-Ich aus Angst erst gar nicht aufkommen. Diese Angst ist ihnen oft unbewußt, weil sie verdrängt wird. Die betreffenden Menschen kommen der Kritik ihrer mächtigen Bezugspersonen oder ihres Über-Ich durch Anpassung zuvor. Sie mögen in Schule und Studium beste Noten erhalten und gesellschaftlich anerkannte Positionen bekleiden. Sie bleiben dennoch Fronarbeiter an verinnerlichten Fremdprogrammen, Menschen ohne wirkliches Selbstvertrauen. Sie leben ein Leben in »Sklavenversorgtheit«. Tiefenpsychologisch gesehen antwortet die Exoduserzählung auf eine Grundfrage menschlicher Existenz: Wie finde ich aus der Versklavung durch verinnerlichte Fremdprogramme heraus? Oder anders gefragt: Wie finde ich aus der Versklavung durch die Angst vor bestimmten Menschen heraus?

3. Im Ruf nach Hilfe kommt zum Ausdruck, daß ein Mensch nicht mehr in der Versklavung unter Fremdprogrammen leben will (2. Mose 2,23)

Die mangelnde Identität und das Fehlen angemessener Verhaltensweisen führen in vielen Fällen zu dem nötigen Leidensdruck, ohne den eine Befreiung aus Verkrustungen, Ängsten und Zwängen meist nicht möglich ist.

4. Die Begegnung mit Gott überwindet die Angst vor Menschen und stärkt dadurch den Willen zur Freiheit (2. Mose 3)

In der Begegnung mit jener Macht, aus der alles Leben stammt und der sich alles Leben verdankt, erfährt der Mensch den »Namen« und damit das Wesen dieser Macht (vgl. 2. Mose 3,13–14). Der Gottesname »Jahwe« bedeutet: »Ich bin für dich da.« Gott will unsere Freiheit und gibt uns die Zusage, auf dem Weg in die Freiheit unser Beistand und Begleiter zu sein. Der Schöpfer allen Lebens ist die einzige Macht, die von uns auf eine Weise Besitz ergreifen kann, die nicht in die Versklavung und Selbstentfremdung führt. Der Schöpfer weiß, wozu ich geschaffen und berufen bin. Durch die Begegnung mit »Jahwe« wird klar: Wer aus Angst den Programmen anderer Menschen gehorcht, dient »fremden Göttern«. So gesehen ist die »Berufung am Dornbusch« Anfang und Voraussetzung einer Befreiung von falschen Göttern. Die Begegnung mit Gott erweist sich als herrschaftskritisch. Seine Rolle im Exodusgeschehen ist eindeutig: Er ist unser Befreier. Er will unser Bestes und nimmt uns sensibel wahr: »Ja, ich kenne ihre Leiden. Darum bin ich gekommen, sie aus der Gewalt der Ägypter zu erretten und sie aus jenem Land hinauszuführen in ein schönes, weites Land, in dem Milch und Honig fließt« (2. Mose 3,7–8). Das verheißene Ziel vereinigt Freiheit (»in ein weites Land«) und Erfüllung der grundlegenden Lebensbedürfnisse (»ein schönes Land, in dem Milch und Honig fließt«). Auf dem Weg dorthin gilt: »Ich bin mit dir« (2. Mose 3,12).

5. Die ersten Freiheitsversuche bestehen in Verhandlungen mit »Pharao«, um dessen Erlaubnis zur Freiheit zu erhalten (2. Mose 5)

Der Mensch wendet sich in seinem aufkeimenden Freiheitsverlangen zunächst an die ihn bisher regierenden Instanzen. Ohne »offizielle Genehmigung auf dem Amtsweg« wagt er die Freiheit nicht. Zu mächtig erscheinen die Autoritäten, zu schwach fühlt man sich selbst. Aus langjähriger Fronarbeitermentalität wird so schnell kein Selbstbewußtsein. Das Ich hat nicht die Kraft zum sofortigen, offenen Bruch. Man erstrebt lediglich Lockerungen und Kompromisse. Doch solange ich um Erlaubnis frage, anerkenne ich die Macht der bisher regierenden Instanzen.

Das regierende Über-Ich unterstützt das Freiheitsverlangen des Ich in keiner Weise. Es reagiert vielmehr durch verschärfte Gegenmaßnahmen. Nachdem ich mein Freiheitsverlangen bekannt gegeben habe, wird die Situation deutlich schwieriger. Zwischen einem rigiden Über-Ich und einem freiheitsdurstigen Ich gibt es keine »Verhandlungslösung«. Obwohl die ersten Aufmüpfigkeiten alles nur noch schlimmer machen, geht es nicht ohne diese ersten, zögernden Versuche. Die Lage muß sich zuspitzen, bis es zur Lösung kommt.

6. Die Veränderungsimpulse geraten in einen Kampf mit den bisher herrschenden Instanzen (2. Mose 7–11)

Die weitere Anwesenheit meines Ich wird dem Über-Ich beziehungsweise meiner Umgebung zur Plage. Die Lage eskaliert. Dem nun folgenden Kampf mit »Pharao« widmet die Erzählung einen erstaunlich breiten Raum (fünf Kapitel!). Das zeigt die Bedeutung dieser Phase. Es ist eine Zeit schwerer Zerrissenheit, eines Hin und Her, Auf und Ab. »Pharao« gibt zeitweise nach, aber sobald der Druck auf ihn geringer wird, nimmt er alles wieder zurück. Die Impulse zur Veränderung lassen sich jedoch nicht mehr unterdrücken. Der Kampf zwischen Alt und Neu ist eine Kette von Plagen. Tiefenpsychologisch gesehen ist es einleuchtend, daß Israel von den ägyptischen Plagen nicht getroffen wird. Denn es handelt sich um verschiedene Anteile der Person. »Israel« ist der veränderungswillige Anteil, der dem veränderungsunwilligen zur Plage wird.

Die Schilderung der einzelnen Plagen verdeutlicht den tödlichen Ernst des Kampfes. Frösche sind ein Übergangssymbol (Übergang Wasser–Land). Der mit Blut vermischte Nil (Lebensstrom), die Mückenplage (die unzähligen Stiche im Gewissen), die alles zerfressenden Heuschrecken (Zweifel, schwindende Vorräte), die Geschwüre (psychische Deformationen) und die Finsternis (Orientierungslosigkeit, Aussichtslosigkeit, Depression) lassen sich auch auf psychische Prozesse beziehen. In diesem Kampf helfen keine Rezepte und Ratschläge.

7. Der Aufbruch in die Freiheit geschieht als nächtliche Flucht (2. Mose 12–13)

Der Aufbruch in die Freiheit geschieht nicht als stolze Demonstration und trägt nicht die Züge mutiger Entschlossenheit. Es handelt sich um eine überraschende nächtliche Flucht, bei der die Ruhe zur Vorbereitung fehlt. Es bleibt nicht einmal Zeit, Vorräte mitzunehmen. Je drückender die vorausgegangene Abhängigkeit war, desto versteckter und fluchtartiger wird der Ausbruch erfolgen. Das Ich ist froh, wenn es bei Nacht und Nebel alles stehen und liegen lassen und einfach verschwinden kann. Man weiß nicht genau, wohin es geht. Man weiß nur: Hier kann ich auf keinen Fall länger bleiben. So, wie es war, kann es nicht weitergehen. Man nutzt die Gunst des Augenblicks zur Flucht, die zugleich eine Art Vertreibung ist (vgl. 2. Mose 12,39). Außenstehende schütteln den Kopf: Handelt sich denn der Fliehende etwas Besseres ein? Nur Wüste liegt vor ihm. Warum macht er es sich so schwer? Muß das sein? In der Tat, der Fliehende hat nichts vorzuweisen, was äußerlich gesehen imponieren könnte.

8. Der Aufbruch in die Freiheit zieht sofortige Verfolgungsmaßnahmen der bisher regierenden Instanzen nach sich (2. Mose 14)

Kaum sind die ersten Schritte in Richtung auf ein eigenes Leben in Freiheit getan, nahen sich von hinten die alten Unterdrücker und drohen uns zurückzuholen, ja umzubringen. Die Streitwagen des Pharao stehen für ein ganzes Arsenal von Verfolgern: Schuldgefühle, Vorwürfe, Selbstvorwürfe, Strafängste, Untergangsängste, Panik. Noch ist der Mensch im Machtbereich Pharaos, und dieser will die alten Zustände wiederherstellen. Die Schatten der Vergangenheit holen uns ein. Jedes freiheitsdurstige Wort, das man im Blick auf die eigenen Interessen und um der eigenen Wahrhaftigkeit willen zu sagen wagt, wird sofort von der inneren

Polizei zurückgepfiffen. Es ist, wie wenn man in verbotenes Gelände vordringt. Niemand überschreitet die Grenzen des Über-Ich, der Menschengötter, ohne die Angst, zur Strafe dafür getötet zu werden. In dieser Phase muß der Mensch vor zu vielen neuen Gegnern und Kämpfen, die ihn überfordern und zur Rückkehr veranlassen könnten, möglichst verschont werden (vgl. 2. Mose 13,17–18). Nicht zu viele Probleme auf einmal!

9. Der Aufbruch in die Freiheit ist erst gelungen, wenn das andere Ufer erreicht und das Heer der Verfolger tot ist (2. Mose 14–15)

Die Erfahrung der »Rettung am Schilfmeer« drängt zusammen, was in manchem inneren Prozeß auch länger dauern kann. Wasser ist der Lebensstoff schlechthin. Im Wasser liegen Leben und Tod eng beieinander. Das Wasser ist gebärend und verschlingend zugleich. Das Bild der Wasserdurchquerung weist auf einen Geburtsvorgang hin, auf das Passieren des Geburtskanals. Es meint einen Durchbruch, der die bisherigen Grundhaltungen tiefgreifend verändert. Tiefenpsychologisch gesehen steht Wasser für die Realität des Unbewußten, des Ängstigenden, Verdrängten und Weiblichen (letzteres ist nach 2. Mose 12,37 bisher noch kaum integriert).

Der entscheidende Schritt der Ablösung wird oft von einer Erfahrung der Ausweglosigkeit begleitet. Es geht nicht mehr vorwärts und nicht mehr zurück. Dann muß ich mich auf Gedeih und Verderb Kräften überlassen, die außerhalb meines eigenen Wollens liegen. Ich muß mich fallenlassen und den Gang durch das Wasser wagen. Ich habe nichts mehr zu verlieren. Den Gang ins Grundlose und Haltlose wagt der Mensch nur in einem Akt des Vertrauens: »Es mag kommen wie es will. Es wird mir nichts geschehen, was vor Gott nicht richtig wäre. Gott hat mich auf diesen Weg gebracht. Deshalb wird es irgendwie weitergehen.« Kommt man trockenen Fußes am anderen Ufer an, erlebt man es wie ein Wunder. Das Sich-fallen-Lassen hat nicht in den Tod, sondern zum Leben geführt. Niemand, der diese Zonen der Angst durchschritten hat, wird sagen können, er habe es aus eigener Kraft geschafft. Er wird nur froh sein, daß er gerettet ist. Und diese Rettung wird er als das größte Geschenk seines Lebens empfinden.

Der Mensch stimmt das »Jubellied am Schilfmeer« an. Endlich frei! Endlich dem Machtbereich des Pharao entronnen! Uralte Regeln, Muster und Zwänge haben ihr Recht und ihre beherrschende Macht verloren. Der Mensch fühlt sich wie neugeboren und äußert das in Tanz und Gesang. Ab jetzt wird tief in seiner Seele die Zuversicht wohnen, daß auch jedes weitere Sterben ein Gewinn sein wird. Tiefenpsychologisch gesehen ist es kein Zufall, daß das Schilfmeerlied von einer Frau gesungen wird. Nach dem Gang durch das Wasser weiß man das Weibliche zu schätzen. Es ist auch kein Zufall, daß die Verfolger untergehen. Nur wenn die Verfolger tot sind, ist der bisher Unterdrückte frei. Der Mensch braucht beim Durchschreiten der tiefsten Angstzonen einen »Mose«, der ihm Mut macht, sich gegen alle Widerstände auf die innere Stimme zu verlassen, einen Menschen, der – im Bild gesprochen –, den »Stab« über ihn hält. Ganz allein sind solche Zonen der Angst kaum durchzustehen.

10. Nach der gelungenen Ablösung beginnt der lange Weg durch die Wüste (2. Mose 15,22 – 17,7)

Nach dem Wunder am Schilfmeer kommt es dem Menschen zunächst so vor, als wäre schon alles gewonnen. Man glaubt sich bereits am Ziel. Dabei steht man erst am Anfang. Der eigene Weg beginnt gerade erst. Abgeschlossen ist lediglich die Phase der Ablösung. Was jetzt bevorsteht, ist ein langsames, mühsames Vorantasten in unbekanntem, weglosem Gelände. Die Außenleitung, die auferlegten Programme sind beendet. Niemand sagt mir mehr, was ich tun soll. Wohin soll ich mich wenden? Woran soll ich mich orientieren? Die Israeliten fragen: Was sollen wir essen? Was sollen wir trinken? Es stellt sich die Frage nach den elementaren Grundlagen und Bedürfnissen des Lebens, nach dem Lebenssinn. Die Freiheit nach der Ablösung hat zunächst die Gestalt der Orientierungslosigkeit, weil unter den Fremdprogrammen so wenig Eigenes wachsen konnte.

Die Wüste ist ein Symbol der Orientierungslosigkeit, der Leere, des Ausgeliefertseins und des Mangels. Nach der Ablösung gerät der Mensch in die formende Kraft der Wüste. Der Mangel der Wüste ist ein für die Reifung notwendiger Mangel (ein »Reifungselend«). Es mangelt jetzt an falschen Sicherheiten, an Verwöhnungen und Zerstreuungen. Man ist mit der Härte der Realität konfrontiert. Nur durch diesen Mangel tritt das Wesentliche zutage, scheidet sich das Wichtige vom Unwichtigen. Vieles von dem, was unersetzbar schien, braucht man in der Wüste nicht. Die Ziele werden bescheidener. Wir lernen den Wert der Dinge schätzen: eine Handvoll Wasser, etwas Schatten. Die Wüste lehrt uns die Konzentration auf das Wesentliche, auf das Gegenwärtige und das Alltägliche. Das führt uns in einen empfänglicheren, aufmerksameren und offeneren Lebensstil. Die Schule der Wüste ist hart, aber ungeheuer bereichernd.

Obwohl in der Wüste die eigenen Kräfte nicht ausreichen, geht es doch irgendwie Tag für Tag weiter. Man sammelt täglich das Manna (vgl. 2. Mose 16,1–7), erlebt das Heranfliegen der Wachteln (vgl. 2. Mose 16,3ff; 4. Mose 11,31ff) und entdeckt Wasser in verborgenem Felsspalt (vgl. 4. Mose 20,1–11). Das, was mich weiterträgt, erzeuge ich nicht selbst. Es ist unverdientes Geschenk, ist »Speisung«. Oft scheinen wir in dieser Zeit auf der Stelle zu treten. Wir haben den Eindruck, daß wir im Kreis gehen. Viele Erfahrungen müssen wir des öfteren machen, bis sie sich setzen und zum Bestandteil der Persönlichkeit werden. Wir wechseln nur langsam aus dem »Egoismus der Angst« in die »Freiheit des Dankens«. Wir müssen lernen, das ganze Leben als ein Geschenk anzunehmen. Um nichts Geringeres geht es. In der Wüste werden wir oft mutlos und »murren« (vgl. 2. Mose 16,1ff u. ö.). Der Selbstwerdungsprozeß ist nicht leicht. Immer wieder überfällt uns die »Werdescheu«: der Wunsch, dem Schmerz der Selbstwerdung auszuweichen, die Neigung, die Vergangenheit zu verklären (vgl. 2. Mose 16,1–3 u. ö.). In der Wüste geht der Blick unweigerlich zurück in die Zeit vor der Wüste. Doch es ist notwendig, von dem einst Vertrauten Abschied zu nehmen.

11. Gleich zu Beginn des eigenen Wegs müssen wir lernen, uns zu verteidigen und durchzusetzen (2. Mose 17,8–15)
Relativ bald nach dem Schilfmeerwunder kommt es zur Amalekiterschlacht. Kaum daß wir gelernt haben, einen eigenen Weg zu gehen, müssen wir jedes Stück wachsender Selbständigkeit gegen andere verteidigen. Niemandem bleibt es erspart, um seine Selbständigkeit und Freiheit zu kämpfen. Jede Veränderung der eigenen Person wirkt sich auf die Umgebung aus. Diese spürt die Veränderung und reagiert häufig unsicher und aggressiv. »Was ist denn in den gefahren?« Wir können nicht davon ausgehen, daß unsere Umgebung die Veränderung in uns versteht und akzeptiert. Wir dürfen das Ureigene nicht auf dem Altar der Harmonie opfern. Überzogene Ansprüche anderer an unser Leben müssen zurückgewiesen werden. Jeder muß lernen, seinen Platz und seinen Standpunkt zu verteidigen und seine Interessen zu wahren. Auseinandersetzungen gehören zum selbständigen Leben. In den »Amalekiterkämpfen« hilft keine Ideologie des Nachgebens und Verzichtens. Das gilt auch dann, wenn diese Ideologie christlich eingefärbt ist. Man kann nicht selbstlos und zum Verzicht bereit sein, wenn man erst vor kurzem der Unterdrückung entronnen ist. Man muß erst einmal das Recht

auf ein eigenes Leben geltend machen, bevor man verzichten kann. Sklaven können nicht verzichten. Ihnen gehört ohnehin nichts. Es kann dort keinen Verzicht geben, wo vor lauter Angst kein eigener Wunsch entstehen konnte. Erst kommt die Selbstentfaltung, dann kann es später zu einem freiwilligen Verzicht kommen. In der Verteidigung gegen »Amalek« geht es nicht um plumpen Egoismus. Es geht um die Verteidigung dessen, was wir vor Gott sind. Es geht darum, den Raum einzunehmen, den Gott uns für unser Leben zugedacht hat. Der Kampf gegen »Amalek« ist nicht mehr so gespenstisch wie der Kampf gegen »Pharao«. Jetzt stehen uns keine vergöttlichten Über-Ich-Instanzen mehr gegenüber, sondern reale Menschen und Interessen: Mitschüler, Nachbarn, Kollegen, Geschäftspartner, Konkurrenten, Vorgesetzte.

12. Der selbständig gewordene Mensch erhält Lebensregeln und Lebensperspektiven (2. Mose 20)

Nach der Amalekiterschlacht ist Israel nicht mehr das Objekt fremder Interessen, sondern ein eigenes Subjekt. Jetzt ist es in der Lage, jene Lebensregeln aufzunehmen, die sich an selbständige, erwachsene Menschen richten. Es ist auffallend, *wie spät* die Zehn Gebote in der Erzählabfolge des Exodus erscheinen. Erst wenn die Überschätzung anderer Menschen und die Unterschätzung der eigenen Person überwunden ist, können moralische Regeln ihre gute Wirkung entfalten. Mit dem »du« in dem »du sollst ...« der Zehn Gebote sind *Erwachsene* gemeint!

Diese Gebote bieten kein neues Fremdprogramm, das der Mensch als Fronarbeiter erfüllen muß. Jahwe ist kein Pharao. Er ist ein Feind der Unterdrückung und der Freund des Lebens. Die Zehn Gebote sind dem Leben verpflichtet. Sie wollen dazu beitragen, daß das Ureigene wachsen und fruchtbar werden kann, zum eigenen Wohl und zum Wohl der anderen. Sie möchten den Weg zu einem Miteinander weisen, in dem die Mitmenschen nicht als Mittel zum Zweck des eigenen Glücks mißbraucht, sondern in ihrem Ureigenen respektiert werden. An der Spitze der Zehn Gebote steht die Freiheitsregel, mit der der Sinn aller Gebote steht und fällt: »Ich bin Jahwe, dein Gott, der dich aus Ägypten, dem Sklavenhaus, befreit hat. Du sollst keine anderen Götter neben mir verehren.« Nur in der Bindung an Jahwe läßt sich das Ureigene für mich und die anderen bewahren und stärken.

13. Die Versuchung des selbständig gewordenen Menschen ist die Selbstüberschätzung (2. Mose 32)

Nach dem Erstarken der Persönlichkeit ergibt sich eine neuartige Versuchung. Aus »Schmuckstücken« (Gegenständen, die den eigenen Wert vergrößern oder zur Schau stellen sollen) wird ein »Stierbild« gegossen und angebetet. Dieses Stierbild symbolisiert, tiefenpsychologisch gesehen, die eigene Potenz. Der selbständig gewordene Mensch baut auf seine eigene Lebenstüchtigkeit. Wenn wir die eigene Kraft, die eigenen Möglichkeiten erleben, kommt uns Gott unwirklich vor. Hemmt er nicht unsere Möglichkeiten? Ist der Glaube an ihn nicht etwas Infantiles? Geht es ohne Gott nicht besser und selbständiger? An die Stelle der Vergötzung des Über-Ich tritt jetzt die Vergötzung des Ich. Unsere eigene Persönlichkeitskraft erscheint uns als das Realste. Wir zelebrieren uns selbst. Doch auch das Sich-Verlassen auf die eigene Kraft zwingt uns in eine Art von Fronarbeit: Wir *müssen* dann ständig stark sein. Menschen, die sich selbst zelebrieren, sind abhängig von ihrer Leistung und von der Bestätigung durch andere. Wenn die Leistung nicht mehr erbracht werden kann und die Bestätigung ausbleibt, bricht das eigene Standbild zusammen. Von dieser Selbstüberschätzung kommen wir los, wenn wir uns in Gott festmachen. Es geht um die Erkenntnis, daß wir Gott nicht ohne Schaden durch etwas anderes ersetzen können. Im Vertrauen zu Gott finden wir unser Maß und können uns selbst ertragen.

14. Vor der Seßhaftwerdung im verheißenen Land kommt nochmals die Angst auf, an der eigenen Lebensbestimmung zu scheitern (4. Mose 13)
Eines Tages steht Israel am Ende seiner Wanderung vor den Grenzen des verheißenen Landes. Es hat nur noch die Aufgabe, mit dem, was es ist, seßhaft zu werden, das ihm von Gott zugedachte Land in Besitz zu nehmen. Schon schickt es seine Späher aus, um sich das Land genauer anzusehen. Alles ist greifbar nahe. Da kommt es zu einer letzten Herausforderung. Ist unsere Lebensbestimmung zum Greifen nahe, kann uns noch einmal die alte Angst befallen, wir seien dieser Bestimmung nicht gewachsen. Wir seien nicht gut genug. Die Bewohner des Landes, das wir in Besitz nehmen sollen, kommen uns wie Riesen vor. Geben wir der Angst vor den Riesen nach, verurteilen wir uns selbst zu unnötig langer, weiterer Wüstenwanderung. Dann vertun wir Zeit. Dieses Zaudern geht zu Ende, wenn wir es Gott zutrauen, daß er uns tüchtig machen wird, unserer Lebensbestimmung zu genügen. Dann werden wir erkennen, daß wir auch das Ziel unseres Lebens, das Land unserer Bestimmung nicht selber erobert, sondern geschenkt bekommen haben.

Zusammenfassung: Auf dem Weg zur Freiheit und zur eigenen Lebensbestimmung ist nichts gradlinig planbar. Doch gerade so lernen wir, weder von Gnaden anderer noch aus eigener Kraft, sondern aus Gott zu leben.
Jedes Leben beginnt in Abhängigkeit und Ohnmacht. Es ist ein langer Weg aus der Fremdbestimmung hin zu der Mündigkeit und Geborgenheit, die uns unser Schöpfer zugedacht hat. Dieser Weg ist voller innerer und äußerer Gefahren, voller Rückschläge und Irrwege. Doch gerade so ist es

der Weg unseres Lebens. Auf ihm lernen wir, was es heißt: nicht mehr von Gnaden anderer, aber auch nicht aus der eigenen Hände Werk, sondern aus Gott zu leben. »Was immer auf diesem Weg geschieht, es zeigt, daß Gott an unserer Seite ist« und daß es keine größere Gnade gibt, »als ein Mensch zu sein und als Mensch frei zu werden« (Drewermann).

*

Als Reaktion auf diesen Vortrag erschien uns ein spontaner, freier Tanz als das geeignetste Element, die Befreiungserfahrung auszudrücken.

Exodus:
Ein langer Weg, 14 Stationen, aus der Gefangenschaft – äußerlich und innerlich.
Ein Weg über Höhen und Tiefen, über enthusiastische Freude und tiefste Verzweiflung, und am Ende das eigene Land, das eigene, verheißene Leben in Freiheit und Selbstbestimmung.
Nehmen Sie noch einmal die alles überstrahlende Freiheitserfahrung auf.
Nach der Versklavung, nach der elenden Knechtschaft endlich Freiheit.
Singen Sie noch einmal das Lied der Mirjam und verhalten Sie sich bei diesem Lied ähnlich frei wie sie.
Wenn Sie zu dieser Melodie, zu diesem Rhythmus tanzen möchten, dann tun Sie das, allein, zu zweit oder in einem kleinen oder größeren Kreis. Wenn Sie nur singen möchten, dann singen Sie oder klatschen Sie vor Freude in die Hände. Denn nach dem Gefängnis, nach der Befreiung kann es zunächst nichts Organisiertes, Geordnetes geben. Da kann

nur spontan getanzt, geklatscht, gesungen und gefeiert werden.

Das Angebot des freien Tanzens wurde weitgehend angenommen, so daß das Kirchenschiff wie ein wogendes Meer wirkte. Am Ende des Tanzes lauschte man mit klopfendem Herzen dem Gebet:

Du Freiheit schaffender Gott,
oft liegt die Zukunft vor uns wie ein drohendes Meer.
Wir wissen nicht, wie wir durchkommen sollen,
wie wir das andere Ufer erreichen können,
das Ufer, an dem wir selbstbestimmt
unser Leben weiterführen können.
Wellen der Angst überfluten uns.
Feindliche Gedankenheere verfolgen uns in der Seele
und nehmen uns den Mut.
Darum möchten wir uns verkriechen, vergessen,
im Dunkeln heulen.
Wie oft fühlen wir uns allein,
wie oft fühlen wir uns klein und machtlos
vor all den drohenden Gespenstern.
Gott, laß uns dann die Hand spüren,
die uns tröstet und durchs Wasser führt,
laß uns dann die Stimme hören,
die uns Mut zuspricht,
laß uns dann die Visionen sehen
von unserem Lebensland, welches uns verheißen ist,
laß uns dann Wolkensäulen, Feuersäulen
oder einfach das Licht sehen,
welches die Ängste,
all die feindlichen Gedanken verscheucht.
Sei uns stets nahe, Gott, mit deiner rettenden Kraft
und führe uns und alle Menschenbrüder und -schwestern
in das Land, wo Milch und Honig fließt.

Geben Sie einander die Hand, so daß alle mit eingeschlossen sind in das Band der Liebe und des Friedens. Wir beten gemeinsam das »Vater unser«.

Bekanntmachungen zum Schluß des Abendgottesdienstes haben stets den Charakter eines kurzen Gesprächs mit den »Nachteulen«, bei dem der Humor eine wichtige Rolle spielt. Abgeschlossen wird jeder Gottesdienst mit einem Segen.

Der Segen des Gottes, der Israel befreite,
der Segen des Sohnes, der Freiheit lebte,
der Segen des Geistes, der befreit und Leben schafft,
sei mit uns.
Amen.

WER SOLL UNS REGIEREN?

»Wenn ein Politiker sagt, wir säßen alle in einem Boot, dann heißt das: Er will den Kapitän spielen, und wir sollen rudern.« *(Verfasser unbekannt)*
Von *Napoleon* stammt der Spruch: »Politik ist die Kunst, Gott so zu dienen, daß der Teufel darüber nicht böse wird.«
Und von einem Schwaben, *Herzog Karl von Württemberg:* »Ich liebe meine Untertanen und möchte, ganz aufrichtig gesprochen, nicht ohne Untertanen leben.«

Wir Menschen und unsere Regierungen. Wir Menschen und unsere Kanzler und Präsidenten, unsere Könige und Kaiser, unsere Chefs und Platzhirsche.
Wir und die uns regieren. Wir und die Herrschenden, die Machthabenden. Eine ewig schwierige Angelegenheit. Warum wollen wir eigentlich immer wieder beherrscht werden? Was sind das für Typen, die tierisch darauf aus sind, Macht zu besitzen, Herrschaft auszuüben?
Im Kontrast zu all dem der Jude Jesus von Nazareth, der sich entzog, als er zum König aufgebaut werden sollte, und lieber auf einem Esel daherritt, um vom Königreich der Liebe zu predigen.

Die folgende Meditation war als Hilfe gedacht, Ablenkendes und Belastendes loszuwerden.

Sie kennen sicher alle den Zustand des Abgelenktseins. Da will man sich auf etwas konzentrieren, aber es geht einfach nicht, weil die Gedanken ständig abdriften. Vielleicht geht es Ihnen gerade jetzt so. Sie sitzen zwar in einem Raum, doch die Gedanken fliegen weg, oder bestimmte Gefühle holen Sie ständig wieder ein. Ich möchte Sie zu einer Me-

ditation einladen, die Ihnen helfen kann, Störendes und Ablenkendes aufzulösen, so daß Sie ganz präsent sein können mit einem offenen Herzen, mit einem wachen Verstand.
Setzen Sie sich so bequem wie möglich hin ... Lassen Sie Ihren Atem einen ruhigen Rhythmus finden und bemerken Sie jene angenehme kleine Pause zwischen Ausatmen und Einatmen ...
Denken Sie an das, was Sie immer wieder ablenkt, oder an ein Gefühl, welches Sie immer wieder ausklinken läßt, oder an einen anderen störenden Impuls. Wählen Sie aus all dem etwas, das Sie gern abschwächen, das Sie in Ihrem Bewußtsein zurücktreten lassen möchten ...
Nun stellen Sie sich den Himmel an einem strahlend klaren Tag vor ..., einen unermeßlichen blauen Himmel ...
Auf einmal sehen Sie an diesem Himmel ein Flugzeug, welches anfängt, Ihren Gedanken oder Ihr Gefühl in klaren, flauschigen, weißen Buchstaben an den Himmel zu schreiben. Lassen Sie die Buchstaben so groß und intensiv weiß leuchten, wie es zu den Gedanken und Gefühlen paßt, die in Ihnen rumoren ...
Bemerken Sie nun, wie die immer gegenwärtigen Winde des Himmels anfangen, die Buchstaben aufzulösen, nachdem das Flugzeug Ihr Thema an den Himmel geschrieben hat. Zunächst lösen sich die ersten Buchstaben auf ... und so langsam, langsam löst sich das ganze Wort oder der ganze Satz auf, den das Flugzeug an den Himmel geschrieben hat ... Manches löst sich in kleine Wolkenfetzen auf, die dann endgültig verschwinden, und Sie brauchen dabei überhaupt nichts zu tun. Auf ganz natürliche Weise blasen die Himmelswinde Ihr Thema, Ihren Gedanken, Ihre Gefühle weg ...
Am Himmel ist nichts mehr zu sehen, nur die Sonne und das himmlische Blau, welches der Seele so gut tut ...

A. Paul Weber, Der Großinquisitor, 1953
(Ausschnitt)

Wir erinnern uns an das Bibelwort aus dem Johannesevangelium: »Der Wind, der Geist, weht, wo er will, und du hörst sein Sausen, aber du weißt nicht, woher er kommt und wohin er weht. So ist es bei jedem, der aus dem Geist geboren ist.« ... Sie sind oder Sie fühlen sich wie neugeboren, da der Wind des Geistes Klarheit am Bewußtseinshimmel geschaffen hat ... Ihre Augen nehmen nochmals das Himmelsblau auf, und mit Ihrem Atem versuchen Sie dieses Blau in sich hineinzusaugen ...
Kehren Sie mit Ihrem Bewußtsein langsam zurück an Ihren Ort ... Atmen Sie noch einmal tief durch ... Recken und strecken Sie sich.

Auf einer Leinwand erschien das nebenstehende Bild »Der Großinquisitor«, 1953 von A. Paul Weber gezeichnet. Es wurde musikalisch mit Dissonanzen vom Keyboard und mit folgendem Text interpretiert.

Die Inquisition war ein 1215 eingerichtetes päpstliches Glaubenstribunal zur Verfolgung der Ketzer, das heißt der selbständig Denkenden. Sie war ein Herrschafts- und Machtinstrument der Kirche.
Furchterregend, riesig, geradezu aufgeplustert sitzt er da, dieser fast Alte, mitten auf der Kathedrale, mit schrecklichen Augen, die das Gewissen der kleinsten Seele bis in den letzten Winkel ausleuchten ... Hagere, kantige Gesichtszüge mit einem herrisch vorstehenden Kinn stehen hier für kalte Machtarroganz ... Das Kreuz, Symbol für den menschenfreundlichen Jesus von Nazareth, ist weit unter seinen Füßen angeordnet ... da steht er weit drüber. Längst hat er mit dem gemeinen Volk, dem Pöbel, den kleinen Leuten nichts mehr zu tun, die dieses Gotteshaus besuchen sollen, besuchen müssen. Denn längst paßt er da nicht mehr hinein. Die Eingangstür ist viel zu klein für dieses Herrschaftsmonster. Er steht, er sitzt, er thront monströs

über den Dingen, über dem Volk, über der Kirche, über Dorf, Stadt und Land ...

Vorn im Bild windschiefe Häuser, dunkle Elendshütten. Im Tal gelegen, am Fuße des Berges, wo Leid, Krankheit, millionenfache Arbeitslosigkeit und Angst, schreckliche, schwarze Angst zu Hause sind. Sie haben nichts mehr, absolut nichts mehr miteinander zu tun – er da oben und sie da unten. Nur eines: Sie leiden unter ihm da oben. Er hat sich von ihnen ernähren lassen, von ihren Steuern, von ihren Abgaben, von ihren Kräften, von ihrer Lebensenergie. Alles für seine Herrschsucht, alles für seine Sucht nach Gigantomanie, alles für seine Sucht nach Repräsentanz.

Steht dieses Bild nicht für ein Grunddilemma unter uns Menschen, daß Herrschaft, egal welcher Art, sich stets abhebt, sich stets verselbständigt, sich aufplustert zu einem Selbstzweck, der mit dem Volk nichts mehr zu tun hat? Gilt dieses Bild etwa für jede Institution, in der es Herrschaft von Menschen über Menschen gibt? Am Ende gibt es immer ein paar Riesengockel, die nach unten treten, am Ende gibt es immer ein paar Großkopfete, die anderen das Maul verbieten.

Ist dieses Bild nicht auch ein Abbild unserer gegenwärtigen Bundesrepublik Deutschland? Hier unten Millionen Arbeitslose, und dort oben in Bonn / Berlin ein milliardenschweres Spektakel, welches sich nur noch um sich selbst zu drehen scheint.

Zurück bleiben wir mit der elenden Frage, mit der quälenden Frage: »Wer soll uns regieren?«

Wer soll uns bloß regieren? Die etwa? Ja, wer denn sonst? Oder weißt *du*, wer?

*

Die Jotham-Fabel

Eine alttestamentliche Fabel
gegen die Herrschaft
von Menschen über Menschen

Einst gingen die Bäume hin, einen König zu salben, der über sie herrschen soll.
Sie sprachen zum Ölbaum: »Sei König über uns!« Da sprach der Ölbaum zu ihnen: »Soll ich meine Fettigkeit aufgeben, mit der man Götter und Menschen ehrt, und hingehen, um über den Bäumen zu schwanken?«
Da sprachen die Bäume zum Feigenbaum: »Sei König über uns!« Da sprach der Feigenbaum zu ihnen: »Soll ich meine Süßigkeit aufgeben und meine köstliche Frucht und hingehen, um über den Bäumen zu schwanken?«
Da sprachen die Bäume zum Weinstock: »Sei König über uns!« Da sprach der Weinstock zu ihnen: »Soll ich meinen Wein aufgeben, der Götter und Menschen erfreut und hingehen, um über den Bäumen zu schwanken?«
Da sprachen alle Bäume zum Dornbusch: »Sei König über uns!« Da sprach der Dornbusch zu allen Bäumen: »Wollt ihr wirklich mich salben, damit ich über euch herrsche? Dann kommt und bergt euch in meinem Schatten! Wenn nicht, dann wird Feuer ausgehen vom Dornbusch und die Zedern des Libanon verbrennen.« Richter 9,8–15

Die Fabel, um die es im folgenden gehen wird, gehört zu den Bibeltexten, die kaum bekannt sind. Selbst Bibelkenner sind manchmal erstaunt, daß »so etwas« in der Bibel steht. In der Geschichte der Kirche und Theologie hat diese Fabel meines Wissens keine nennenswerte Rolle gespielt. Die Kirchen haben sie nicht in die Liste der Bibeltexte aufgenommen, über die an den Sonn- und Feiertagen gepredigt wird. Zur Zeit Kaiser Wilhelms II. war es in Preußen sogar verboten, über ihn zu predigen. Das hatte sicher seinen Grund. Der jüdische Religionsphilosoph Martin Buber nennt diese Fabel »die stärkste antimonarchische Dichtung der Weltgeschichte«. In der Tat, sie hat es in sich. Es lohnt sich, über sie zu predigen und sie bekannt zu machen. Sie ist eine Art Grundkurs in politischer Ethik. Sie zeigt etwas von der Qualität der biblischen Botschaft.

Vom Sinn der Fabeln

Fabeln sind Geschichten, in denen Tiere oder Pflanzen sprechen. Ein Geschehen, das sich nur unter Menschen abspielen kann, wird in die Welt der Tiere und Pflanzen verlegt. Deshalb gehören zu einer Fabel Dialoge, und in diesen Dialogen steht das Wichtigste. Fabeln gibt es seit mehr als dreitausend Jahren. Die ältesten stammen aus dem Orient und aus Indien. Später findet man sie auch in Europa, bei den Griechen und Römern. Wie kommen Menschen auf die Idee, solche merkwürdigen Geschichten zu erzählen? Wieso lassen die Fabeldichter nicht gleich Menschen auftreten, die miteinander reden? Dann wäre vieles von vornherein klarer, und man wüßte, worum es geht. Warum die eigenartige Verpackung?

Längere Zeit war man der Meinung gewesen, Fabeln seien *zur Unterhaltung* geschrieben worden. Ein zweiter Erklärungsversuch lautete: Fabeln wollen auf unterhaltsame Weise *moralisch belehren*. Doch beide Erklärungsversuche stellten sich als nicht ausreichend heraus. Erst die Fabelforschung des 20. Jahrhunderts hat die ursprüngliche Absicht der Fabeln wiedererkannt: Fabeln wollen das wahre Gesicht der Mächtigen zeigen. Sie sind ein *politisches* Kampfmittel, eine Art Waffe in der Hand der Schwachen gegen die Starken. Fabeln wollen demaskieren, bloßstellen, aufklären und zum Widerstand anspornen. Darin liegt der Unterschied zu den Märchen, in denen gelegentlich ebenfalls sprechende Pflanzen und Tiere auftreten. Äsop, der Begründer der griechischen Fabel, war ein Sklave. Phädrus, der Begründer der römischen Fabel, war ebenfalls Sklave. Das ist kein Zufall. Fabeln traten in Europa immer dann gehäuft auf, wenn untere Bevölkerungsschichten gegen eine zu hart gewordene Unterdrückung aufbegehrten. Jeder Bauernaufstand war von einer Blüte der Fabeldichtung begleitet. Fabeln wollen wachrütteln und das Denken schärfen. Sie haben obrigkeitskritische Funktion, sind Widerstandsliteratur, Dichtung aus dem Untergrund.

In dieser Funktion der Fabeln liegt die Erklärung für ihre eigenartige Verpackung. Fabeln entstanden in einer Situation der Gefahr. Es war gefährlich, den Mächtigen ihr wahres Gesicht zu zeigen. Eine offene Kritik an ihnen konnte schnell das Leben kosten. Die Wahrheit ist ein unleidlich Ding. *Darum* verlegten die Fabeldichter die Ereignisse in die Welt der Tiere und Pflanzen. Das war als Schutz gedacht, um sich notfalls herausreden zu können. Doch trotz dieser Verkleidung lebten Fabeldichter gefährlich. Äsop wurde getötet, Phädrus in die Verbannung geschickt. Wer Fabeln dichtet oder weitererzählt, gehört zur Familie der Aufbegehrenden und damit der Gefährdeten. Er gehört zu jenen, die nach Gerechtigkeit und Freiheit dürsten und sich mit der Lage, wie sie ist, nicht abfinden.

Die Funktion der altorientalischen Fabeln

Wie die Fabeln in Griechenland und Rom, so waren auch schon die alten Fabeln des Orients politisch gemeint. Auch sie wollten das wahre Gesicht der Mächtigen zeigen, hatten also kritische und aufklärende Funktion. Im Alten Orient gab es ganz bestimmte Fabeltypen. Sie blieben über Jahrhunderte hinweg erstaunlich konstant. Einer der bekannten Fabeltypen war die Baumfabel. Sie bezog sich stets auf die gleiche politische Situation: die *Königswahl.* Die Wahl eines Königs war im Alten Orient die wichtigste politische Entscheidungssituation überhaupt. In vielen altorientalischen Reichen wurde das Königsamt nicht automatisch innerhalb der Familie weitervererbt (Erbdynastie). Die Erfahrung hatte nämlich gelehrt, daß die leiblichen Nachkommen eines Königs nicht immer die kompetentesten Kandidaten für dieses Amt sind. Und nichts war für ein Reich schädlicher als ein ungeeigneter König. Im Fall des Wahlkönigtums mußte sich nach dem Tod eines Königs aus dessen engstem Berater- und Freundeskreis ein geeigneter Nachfolger herausschälen, sich durchsetzen und von den anderen anerkannt werden. Derjenige, der das Rennen machte, galt als der Auserkorene der Götter.

Macht man sich bewußt, welche Machtfülle ein orientalischer König besaß, dann wird klar, wieviel für ein Reich und für die Bevölkerung davon abhing, wer der neue König wird. Die orientalischen Könige waren absolute Herrscher. Sie vereinigten und repräsentierten in ihrer Person die gesamte staatliche und militärische Macht, aber auch Recht und Gesetz. Alles orientalische Recht war Königsrecht. Der König stand nicht unter dem Gesetz, sondern er erließ und verkörperte es. *Gegen* den König konnte man sich auf kein Recht berufen. In allen altorientalischen Reichen galt das Königtum als die staatstragende Institution. Die Götter hatten das Königtum in dieser Funktion eingesetzt. Auflehnung gegen den König wäre Auflehnung gegen die Götter und gegen die Grundlagen des Lebens gewesen. Die Tage nach dem Tod des Königs waren deshalb eine außergewöhnliche Zeit, ein Ausnahmezustand. In dieser Zeit gab es ein gefährliches Machtvakuum. Erst die Thronbesteigung des neuen Königs beendete die unklare und labile Übergangszeit. Vergleichbare Situationen gab es im 20. Jahrhundert beim Tod von Staatsoberhäuptern, die diktatorische Vollmachten besaßen (beim Tod Stalins, Breschnews, Khomeinis und anderer). Der Tod Saddam Husseins könnte im Irak eine ähnliche Situation herbeiführen.

Diese Situation der Königswahl stand im Mittelpunkt der altorientalischen Baumfabeln. Bei deren Autoren handelte es sich nicht um Sklaven oder Mitglieder der Unterschicht. Es waren Bedienstete am Königshof aus einer höheren Ebene der königlichen Administration. Heute würde man sie als Abteilungsleiter oder Ressortchefs bezeichnen. Es waren Fachleute, die die Stärken und Schwächen der in Frage kommenden Kandidaten aus langjähriger Erfahrung kannten. Die kritische Funktion ihrer Fabeln bestand darin, indirekte und doch deutliche Hinweise auf ungeeignete oder besonders geeignete Kandidaten zu geben. Fabeln dieser Art wurden unmittelbar vor oder nach dem Tod des Königs an den Königshöfen anonym in Umlauf gebracht. Die folgende altorientalische Baumfabel[1] soll exemplarisch zeigen, wie solche Fabeln aufgebaut sind und wie sie argumentieren:

»Die Pflanzen hielten einmal Rat, um zu wissen, welche von ihnen die Herrschaft über die anderen verdiene. Einige schlugen die Dattelpalme vor, weil sie hochgewachsen ist und süße Früchte trägt. Der Weinstock widersprach: ›Ich bin der Freudenbringer, ich verdiene die Herrschaft.‹ Der Dornbusch darauf: ›Ich verdiene sie, denn ich steche.‹ Jede dachte von sich besser als von den anderen und meinte, sie hätte die anderen nicht nötig. Der Dattelbaum dachte nach

[1] Der Text dieser Fabel ist (leicht geglättet) entnommen aus Frank Crüsemann, Der Widerstand gegen das Königtum. Die antiköniglichen Texte des Alten Testaments und der Kampf um den frühen israelitischen Staat, Neukirchen-Vluyn 1978, 27.

und begriff, daß man ihm deswegen die Herrschaft mißgönnte, weil man nicht wünschte, daß andere seine jetzige Ehrenstelle bekämen. Er sagte: ›Ich bin doch wohl berechtigter zur Herrschaft als irgend eine andere Pflanze.‹ Die anderen sagten alle ja, fügten aber hinzu: ›Du bist hochgewachsen, und deine Früchte sind süß. Allein zweierlei Dinge fehlen dir: Du spendest deine Früchte nicht zur selben Zeit wie wir, und du taugst nicht als Bauholz. Außerdem bist du so hoch, daß viele Leute deine Früchte nicht kosten können.‹ Er antwortete ihnen: ›Ich will König und ihr sollt zugleich Prinzen werden. Wenn meine Zeit um ist, werde ich noch über eure Söhne herrschen.‹ So ernannte er denn den Weinstock zum Obermundschenk, den Feigenbaum zum Konsul, den Dornbusch zum Oberhenker, den Granatbaum zum Oberarzt. Andere Pflanzen ernannte er zu Heilmitteln, die Zeder zu Bauholz, die Wälder zu Brennholz, das Buschwerk zum Gefängnis. So bekam jede Pflanze ihr Amt.«

Der Autor dieser Fabel gibt jenem Kandidaten, den er für den qualifiziertesten hält – Insider werden gewußt haben, wer gemeint ist –, den Tip, seine Wahl dadurch zu begünstigen, daß er den Mitbewerbern begehrte Positionen zusagt.

Die altorientalische Forschung kennt zahlreiche Baumfabeln dieser Art. Ihre Autoren verstanden sich als Sachwalter der Interessen des Reiches. Sie wollten auf die Königswahl positiven Einfluß ausüben und dem fähigsten Kandidaten zum Sieg verhelfen. Der Sinn des Wahlkönigtums bestand ja darin, daß die Eignung der Kandidaten den Ausschlag geben sollte, nicht Verwandtschaftsgrade oder brutales Durchsetzungsvermögen. Insofern vertraten diese Fabeldichter, die selber für die Wahl zum König nicht in Frage kamen, durchaus die legitimen Interessen des Reiches, vielleicht sogar der Bevölkerung. Trotzdem war auch ihre Fabeldichtung nicht ungefährlich. Falls doch einer der negativ gebrandmarkten Kandidaten das Rennen machen sollte, war zu befürchten, daß er sich an denen rächen wird, die gegen seine Wahl Stellung genommen hatten.

Das Buch der Richter als Kontext der Jotham-Fabel

Die sogenannte »Jotham-Fabel«[2] steht im neunten Kapitel des Richterbuchs. Dieses Kapitel hat für die Botschaft des Richterbuchs zentrale Bedeutung. Das geht aus zwei Beobachtungen hervor:

1. Während die anderen Kapitel des Richterbuchs viel *Erzählstoff* enthalten, enthält das neunte Kapitel viel *Redestoff* (vgl. Richter 9,7–20). Antike Autoren bieten aber gerade in den Reden ihre wichtigsten Aussagen (vgl. die Reden in den anderen Geschichtsbüchern des Alten Testaments oder in der Apostelgeschichte).
2. Während die anderen Kapitel des Richterbuchs von *positiven* Helden erzählen (Ehud, Gideon, Barak, Simson, Jephta, Debora), steht im neunten Kapitel eine *Negativfigur* im Mittelpunkt (Abimelech). Angesichts dieser Negativfigur trägt der Autor des Richterbuchs seine entscheidende Botschaft vor.

Der Fabel in Richter 9,8–15 kommt also eine grundsätzliche Bedeutung zu, die weit über den unmittelbaren Kontext im neunten Kapitel hinausgeht. Mit dieser Fabel nimmt der Autor des Richterbuchs, der das Königtum aus

[2] Diese Bezeichnung kommt daher, daß Jotham, der Sohn des Jerubbaal, diese Fabel den Bürgern von Sichem vorträgt (vgl. Ri 9,1–7). Auf die speziellen Hintergründe gehe ich nicht näher ein, weil die Fabel von einer grundsätzlichen Bedeutung ist, die weit über die betreffende Situation hinausgeht (s. u.).

eigener Erfahrung kannte, zu dieser Institution Stellung (vgl. auch Richter 8,22–23). Das Richterbuch dürfte in der mittleren Königszeit im Nordreich Israel entstanden sein[3] (vielleicht zur Zeit König Jehus, 845–818 v. Chr.). Während im Südreich die Erbdynastie der Davididen regierte, bevorzugte das Nordreich des öfteren das Wahlkönigtum. Wahlberechtigt waren vermutlich die hohen Beamten am Königshof und die Würdenträger (»Ältesten«) der Hauptstadt Samaria (vgl. 2. Könige 10,1–5).

Die Fabel, der wir uns nun zuwenden, ist ein Beispiel althebräischer Widerstandsliteratur. Wir begegnen in ihr den Gedanken eines uns unbekannten Autors aus alter Zeit. Kann diese alte Fabel noch zu uns sprechen, über fast dreitausend Jahre hinweg?

Aufbau und Einleitung der Fabel

Die Fabel hat fünf Formelemente: eine Einleitung (Vers 8) und vier Dialoge. Da die ersten drei Dialoge sehr ähnlich sind und zusammengehören, kann man die Fabel in drei Teile gliedern: Einleitung, ablehnende Stellungnahmen der Fruchtbäume, zustimmende Stellungnahme des Dornbuschs. Wie bei Fabeln üblich, steht das Wichtigste in den Dialogen, und das Geschehen spitzt sich zum Ende hin zu.

Zunächst erzählt die Einleitung, worum es geht: »Einst gingen die Bäume hin, sich einen König zu salben, der über sie herrschen soll.« Im Hebräischen ist dieser Beginn auffallend formuliert. Das Wort »gehen« wird doppelt verwendet: »Gehend gingen die Bäume …« Die Verdoppelung zeigt, wie schwergewichtig der berichtete Vorgang ist. Der Autor nennt die Salbung des Königs stellvertretend für das

[3] Es wurde später allerdings mehrfach überarbeitet und mit Nachträgen versehen.

umfangreichere Einsetzungs-Ritual. Die Salbung war der eindrücklichste Akt des ganzen Zeremoniells. Sie geschah öffentlich und mobilisierte am ehesten die Massen. Die Fabel nennt keine weiteren Einzelheiten. Der Akzent liegt nicht auf dem Speziellen, sondern auf dem Grundsätzlichen.

Die ablehnenden Antworten der Fruchtbäume

Um das Neuartige und Fremde dieser Fabel zu erkennen, müssen wir sie mit den anderen altorientalischen Königswahlfabeln vergleichen. Alle uns bekannten altorientalischen Baumfabeln gehen von der Voraussetzung aus, daß das Königtum an sich etwas Gutes, Wertvolles und Notwendiges ist. Sie üben also keine grundsätzliche Kritik am System, sondern sie üben Kritik *im Dienst* des Systems. In den Königswahlfabeln sind stets drei Dinge gleich:

- Alle Bäume wollen König werden.
- Es gibt viele Bewerber. Die Bäume stehen deshalb in harter Konkurrenz zueinander.
- Der fruchtbarste Baum soll König werden. Die Qualität der Früchte ist stets ein Argument *für* die Königswürde.

Die biblische Fabel ist die einzige uns bekannte altorientalische Baumfabel, die mit diesem Konsens bricht. Sie übt nicht mehr Kritik im Dienst des Systems, sondern am System selbst, und zwar eine beißende Kritik. In dieser Fabel lehnen die Qualifiziertesten das Angebot, König zu werden, ausnahmslos ab. Eine solche Ablehnung ist im Rahmen der politischen Ethik des Alten Orients äußerst befremdlich. Es lohnt sich, die Art der Ablehnung und die Ablehnenden selbst genauer zu betrachten.

Der Autor der Fabel erzählt die Ablehnung des Angebots in drei sehr ähnlichen Dialogen. Er arbeitet dabei in mehrfacher Hinsicht mit dem Stilmittel der Wiederholung. Die königsuchenden Bäume treten nacheinander an einen einzelnen Baum heran, reden ihn von sich aus an und äußern ihren Wunsch: »Sei König über uns!« Dieser immer wieder vorgebrachte Wunsch zeigt, wie stark der Drang der Bäume nach einem König ist. Die Bäume lassen an diesem Punkt nicht locker. Die ablehnenden Antworten der drei angesprochenen Bäume sind ebenfalls ähnlich formuliert. Keiner sagt einfach nein. Alle drei lehnen das Angebot in Form einer Frage ab. Diese Fragen regen zum Nachdenken an. Sie schärfen das Wahrnehmungsvermögen. In ihnen vergleichen die drei Bäume ihr jetziges Dasein mit der Tätigkeit eines Königs. Und das Verblüffende ist: Bei diesem Vergleich schneidet die Tätigkeit des Königs schlecht ab. Keiner der drei Bäume empfindet das Angebot – wie zu erwarten gewesen wäre – als einen enormen Aufstieg und Gewinn. Alle drei Bäume sehen in dem Angebot vielmehr die Gefahr eines schweren *Verlustes!* Ihrer Auffassung nach müßten sie, um König zu werden, etwas sehr Wichtiges und Schönes »aufgeben«. Dieses Wort wiederholt sich in jeder Antwort. Auch der Schlußsatz der Antworten ist stets gleich: »... und hingehen, um über den Bäumen zu schwanken?« Das Wort »schwanken« steht damit betont am Ende eines jeden Dialogs. Es handelt sich im Hebräischen um ein stets negativ gebrauchtes Wort. Man kann es auch mit »(herum)torkeln« oder »taumeln« übersetzen. Es wird zum Beispiel verwendet, um den Gang eines Betrunkenen zu bezeichnen (vgl. Jesaja 24,20; 29,9). Die Ähnlichkeit der ablehnenden Antworten, die sich im Kern wiederholende Argumentation der drei Bäume gibt zu erkennen, was dem Autor wichtig ist und worauf er hinaus will.

Wer sind die Ablehnenden? Es handelt sich um drei besondere Bäume. Ölbaum, Feigenbaum und Weinstock waren die *drei wichtigsten* Fruchtbäume Palästinas (der Weinstock wurde im Orient zu den »Bäumen« gezählt). Ohne sie war ein Leben in Palästina nicht vorstellbar. Kein anderer Baum reichte an die Bedeutung dieser drei heran (selbst der Granatapfelbaum und die Dattelpalme nicht). In vielen Texten und auf vielen Bildern findet man sie als Sinnbild für die Kultivierung des Landes (vgl. zum Beispiel 5. Mose 8,7–10). In vielen Liedern wurden sie besungen. Neben dem Getreide waren ihre Früchte das landwirtschaftliche Hauptprodukt. Diese Bäume hatten nationale Bedeutung, insbesondere auch im Blick auf den Export. Man konnte die Früchte durch Einlegen (Oliven) und Trocknen (Feigen, Trauben) haltbar machen. Dadurch war es möglich, in den Zeiten des Überschusses Vorräte anzulegen für die Zeiten des Mangels. Alle drei Bäume waren in den Kulturen des Orients Symbole des Wohlstands, des Wohlergehens und des Friedens (vgl. zum Beispiel den Zweig des Ölbaums im Schnabel der Taube, 1. Mose 8,7). Selbst in Kriegszeiten war es nicht erlaubt, ein feindliches Land dadurch zu schädigen, daß man dessen Fruchtbäume fällt (vgl. 5. Mose 20,19f). Neben Brot und Olivenöl war der – meist mit Wasser vermischte – Wein das Grundnahrungsmittel der Bevölkerung. Feigen wurden vor allem wegen ihrer Süßigkeit geschätzt. Zucker war in der Antike unbekannt. Die Menschen konnten ihr Bedürfnis nach Süßem nur durch Feigen oder Honig stillen.

Worin besteht die Bedeutung dieser Bäume, oder anders gesagt: ihre *Autorität?* Sie besteht in ihren Früchten, in dem, was sie weitergeben, wovon andere profitieren. Sie liegt in dem, was andere ernährt, stärkt, erfreut und heilt (Olivenöl wurde auch als medizinisches Mittel verwendet), was andere als angenehm, als »Fettigkeit« (bei Orientalen sehr positiv besetzt!) und »Süßigkeit« empfinden. Diese Bäume verstehen das, was sie haben, nicht als ihren Privatbesitz. Sie geben Leben weiter. Dazu brauchen sie keine »Ernennung« oder »amtliche Bestätigung«. Immer wieder werden

Menschen von sich aus zu diesen Bäumen kommen, um von ihren Früchten zu essen. Niemand muß sie dazu zwingen. Ihre Autorität ist keine Autorität des Raffens, der Habgier und des Niedermachens, sondern eine des Gebens, des Starkmachens, des Erfreuens und Heilens. Diese Art von Autorität will Gott in allen Bereichen des Lebens, auch im politischen Bereich. Andere Arten von Autorität können sich nicht auf Gott berufen.

Sind wir in unseren Lebensbereichen solche Fruchtbäume? Kommen andere Menschen immer wieder zu uns, weil sie von unseren Früchten angezogen werden und in sie hineinbeißen wollen? Das entscheidet sich daran, ob wir etwas zu geben haben. Wer viel geben und vermitteln kann, erlebt darin so viel Befriedigung und Zufriedenheit, daß er auf nutzlose Formen der Herrschaft nicht mehr scharf ist. Er ahnt den »Leerlauf«, der mit bestimmten Herrschaftsposten verbunden ist.

Alle Fruchtbäume lehnen es übereinstimmend ab, »über den Bäumen zu schwanken«. An dieser Stelle arbeitet der Autor mit dem Stilmittel der Ironie. Er macht das Herrschen lächerlich. Es ist die einzige altorientalische Baumfabel, die im »Herrschen« ein generelles Problem sieht: Herrschende »torkeln« über den Bäumen. So sehen es alle drei Fruchtbäume.

Was ist mit dieser zentralen Aussage der Fabel gemeint? Ist sie nicht zu negativ? Steckt in ihr eine aktuelle Bedeutung bis heute? Um diese Fragen beantworten zu können, sind einige grundsätzliche Überlegungen im Blick auf die heutige Zeit erforderlich. Zunächst muß man berücksichtigen, daß der Autor eine absolutistische, autoritäre und menschenfeindliche Form der Herrschaft treffen und bloßstellen will. Diesen Begriff von »Herrschaft« kann man selbstverständlich nicht einfach auf demokratisch gewählte Politiker übertragen. Die Demokratie basiert auf dem Gedanken der Volkssouveränität. Das ist gegenüber den absolutistischen Herrschaftsformen eine entscheidende Veränderung. Zur Demokratie gehört eine Opposition und damit eine institutionalisierte Form der Kritik, das heißt eine – mehr oder weniger gut funktionierende – parlamentarische Kontrolle. Außerdem leben wir gerade heute in einer Zeit, in der sich immer weniger Menschen in den Parteien, Verbänden und Kirchen engagieren. Wir leben immer stärker in einer Erlebnis- und Unterhaltungsgesellschaft. Wir wollen uns amüsieren, nicht engagieren, und wenn Engagement, dann nur zeitlich begrenzt und möglichst unverbindlich. In dieser Situation müssen wir denjenigen dankbar sein, die sich nach wie vor in der Politik und in der Öffentlichkeit einsetzen. Es ist viel bequemer und einfacher, es nicht zu tun. Alle Politiker, die sich redlich abmühen für den demokratischen Rechtsstaat, verdienen unseren Respekt und unsere Unterstützung. Oft ist es der leichtere Weg, einen Verantwortungsposten abzulehnen, als ihn anzunehmen.

Es geht bei dieser Fabelinterpretation also in keiner Weise um eine pauschale Verdächtigung der Verantwortungsträger einer Gesellschaft. Man muß heute Christinnen und Christen wieder auffordern: Geht in die Politik, engagiert euch in den Parteien! Andererseits gibt es bis in unsere Zeit und Gesellschaft hinein viele Formen autoritärer und menschenfeindlicher Herrschaft. Heute muß man fragen, ob die Mächtigen und Herrschenden nicht stärker im Bereich der Wirtschaft zu suchen sind als im Bereich der Politik. Inwieweit ist der moderne demokratische Staat abhängig von der Wirtschaft und ihrer Lobby? Unternehmen, Banken und Behörden können hierarchischer strukturiert sein als eine parlamentarisch kontrollierte Regierung. Man muß auch fragen: Wie gehen Eltern mit ihren Kindern um, ältere Geschwister mit jüngeren, Lehrer mit Schülern, Professoren mit Studenten, Prüfungskommissionen mit Geprüften, Chefärzte mit dem Personal, Feldwebel mit Rekruten, Vorgesetzte mit Untergebenen, Personen hinter dem Schalter mit unsicher fragenden Personen davor? Das Thema »menschenfeindliche Herrschaft« ist nach wie vor ein Dauerthema in vielen Bereichen des Lebens. Wenn im folgenden von »Herrschenden« und »Herrschaft« die Rede ist, dann ist stets eine autoritäre und menschenfeindliche Herrschaft gemeint (wobei diese Formen der Herrschaft häufiger und versteckter vorkommen, als es die Machthabenden in ihrer Selbstwahrnehmung sehen und zugeben).

Die Jotham-Fabel hält es für das einzig Richtige, wenn ein Baum *unten* bleibt, verwurzelt in der Erde. Ein Baum *kann* nicht »abheben« und »über« den anderen Bäumen leben. Wer es dennoch versucht, verliert gerade das, was ihn als Baum auszeichnet: seine Kraft, seine Fruchtbarkeit und seinen Halt.

Der Autor der Fabel zieht aus dem ihm vorgegebenen Bildmaterial einen neuartigen Schluß, der jedoch der Bildlogik genau entspricht: Es kann prinzipiell keine Herrschaft von Bäumen über Bäume geben. Ein Baum kann grundsätzlich keine Untertanen »unter sich« haben. Er ist ja selbst per definitionem unten. Ein Baum muß »auf dem Boden« bleiben, verwurzelt in seinem Lebensgrund. Das Leben sitzt unten! Die Lebenskräfte und Lebenssäfte sind unten zu bekommen. Sich über andere zu erheben trennt von der Lebensgrundlage. Man verliert die Bodenhaftung, den Kontakt zur Basis.

Sitzen die Herrschenden noch in den Kneipen? Plaudern sie noch mit den »einfachen Leuten«? Bekommen sie noch mit, was in den Köpfen der Menschen vor sich geht? Das »Schwanken« meint sowohl ein »wetterwendisches« Schwanken im Wind als auch einen Verlust an Wahrnehmung. In der Soziologie sagt man: Je höher der Posten, desto informationsärmer der Mensch. Das gilt zumindest für eine bestimmte Art von Informationen. Mit einem Chef redet man nur noch so, wie man eben mit einem Chef redet. Vieles sagt man gerade ihm auf keinen Fall. Er hört vieles nur noch gefiltert. Wer Macht über andere hat und andere kontrollieren will oder muß, dem vertraut man sich in der Regel nicht mehr an.

Die zustimmende Antwort des Dornbuschs

Im letzten Dialog kommt die Fabel zu ihrem Höhepunkt. Nur an dieser Stelle heißt es ausdrücklich: »Da sprachen *alle* Bäume ...« Nur die Antwort des Dornbuschs knüpft nochmals an den Anfang der Fabel an. Schon die Wahl dieser Pflanze ist für den damaligen Leser ein deutlicher Hinweis. In der altorientalischen Literatur ist der Dornbusch das Symbol für Nutzlosigkeit, Verwahrlosung und Gefährlichkeit. Ein Dornbusch trägt keine Früchte, kann aber schwere Verletzungen verursachen. Auch in dieser Fabel ist er die Negativfigur nach drei Positivfiguren. Man darf also nicht etwa – wie ein heutiger Bibelleser meinen könnte – die ablehnenden Antworten der Fruchtbäume negativ bewerten (als Zeichen ihrer »Arroganz«) und die zustimmende Antwort des Dornbuschs positiv (»er stellt sich als einziger zur Verfügung«). Eine solche Interpretation ginge am Sinn der Fabel vorbei. Sie berücksichtigte nicht die positive Wertung der drei Fruchtbäume im Orient und den Ärger, den Dornbüsche immer wieder verursachen. In dieser Fabel machen die abschließenden Worte des Dornbuschs vollends klar, daß er eine Negativfigur darstellt.

Der Dornbusch ist der einzige, der auf das Angebot der Bäume eingeht. Er hat nichts aufzugeben. Deshalb sieht er in dem Angebot nicht die Gefahr eines Verlusts. Seine Worte sind verräterisch. In ihnen entlarvt der Autor der

Fabel das Grundmuster einer menschenfeindlichen Herrschaft. Die Antwort des Dornbuschs besteht aus drei Sätzen: einer Frage und zwei Bedingungssätzen. Letztere beginnen jeweils mit »dann«. Die erste Reaktion des Dornbuschs ist eine verblüffte Frage: »Wollt ihr wirklich mich salben, damit ich über euch herrsche?« Der Dornbusch stutzt. Er kann eine gewisse Verwunderung nicht unterdrücken. In dieser Verwunderung kommt zum Vorschein, daß der Dornbusch mit einem Unterschied zwischen seinen Interessen und denen der Bäume rechnet. Seine Frage verrät seine innere Beurteilung der Lage: »Wenn ihr wirklich wüßtet, was ich vorhabe, würdet ihr mir diese Macht über euch nicht einräumen.« Nur derjenige kann über so ein Angebot verwundert sein, der weiß, daß er es nicht bekommen würde, falls die Betreffenden wüßten, was ihnen blüht. Mit der verwunderten Frage des Dornbuschs wird jede Herrschaft gebrandmarkt, die ihre wahren Interessen verschleiern muß, die von der Leichtgläubigkeit und Naivität der Menschen profitiert oder von ihrer Not.

»Dann kommt und bergt euch in meinem Schatten.« Der erste Bedingungssatz scheint eine positive Aufforderung zu sein. Der Dornbusch bietet Schutz an. Er spricht das Sicherheitsbedürfnis der Menschen an. Er rechnet mit ihrer Lebensangst, damit, daß viele vom Leben überfordert sind und Schutz suchen. In der altorientalischen Königsideologie ist der »Schatten« das Symbol für die Schutzfunktion des Königs. Diese Redeweise setzt die klimatischen Verhältnisse des Orients voraus. In der prallen Sonne hält es der Mensch nicht lange aus. Er sucht Zuflucht im Schatten. Die brennende Sonne versinnbildlicht die Last und Mühsal des Lebens. Der Schatten dagegen steht für Erleichterung und »Abgeschirmtsein«. Orientalische Könige gingen außerhalb des Palastes meist unter einem großen Sonnenschirm. In den Schatten dieses Schirms treten zu dürfen galt als große Ehre. Dieses Privileg stand in der Regel nur

höheren Staatsbeamten zu. Der Schatten des Königs verbürgte höchste Sicherheit.[4]
Diese allgemein bekannte Königsideologie greift der Autor der Fabel auf und wendet sie ins Absurde. Kann ein *Dornbusch* Schatten spenden? Der Dornbusch der orientalischen Steppe wird bis zu einem Meter hoch. Nur selten wächst er etwas höher. Dieser Dornbusch bietet den höheren Bäumen seinen Schatten an? Außerdem steht die Sonne im Orient tagsüber fast senkrecht. Ein Dornbusch spendet dann nicht mehr als einige Millimeter Schatten. Wer sich in *diesen* Schatten »bergen« will, muß nahe, sehr nahe an den Dornbusch herantreten. Wer es tut, wird spüren, daß der Schatten eines Dornbuschs kein angenehmer Aufenthaltsort ist. Orientalische Dornen sind mehrere Zentimeter lang, spitz und scharf. Sie richten übelste Verletzungen an. Kein Mensch würde freiwillig in diesen Schatten treten, selbst wenn die Sonne noch so brennt. In einen Dornbusch kann man sich nicht bergen. An einen Dornbusch kann man sich nicht schmiegen. Ob der Dornbusch seine treuherzige Einladung überhaupt selber ernst nimmt? Glaubt er das, was er sagt? Wie immer: Mit diesem Lockruf erweist sich der Dornbusch nicht nur als nutzlos, sondern auch als gefährlich. Die Autorität der Fruchtbäume ist erfreuend, stärkend, helfend und heilend. Die Autorität des Dornbuschs ist verletzend. Sie führt in die Enge und in die Unfreiheit. Die Menschen in seinem Schatten sind zu bedauern. Der Dornbusch gewährt ihnen keinen Raum zur Entfaltung. Er bindet sie zu eng an sich. Seine Nähe verletzt.
Der dritte und letzte Satz des Dornbuschs beginnt mit den Worten: »Wenn nicht ...« Auch diese Worte sind verräterisch. Die Herrschenden ahnen: Es könnte Widerstand

[4] Vgl. in diesem Zusammenhang die biblische Redeweise »im Schatten des Höchsten« u. ä.; vgl. Jes 49,2; 51,16; Hos 14,8; Ps 17,8; 36,8; 57,2; 63,8; 91,1; 121,5.

geben. Ihr Machtinstinkt wittert ihn. Sie wissen, daß sie nicht auf Freiwilligkeit setzen können, daß ihre Art der Herrschaft den Keim des Widerstands in sich trägt. »Wenn nicht, dann wird Feuer ausgehen vom Dornbusch und die Zedern des Libanon verbrennen.« Im Orient gibt es lange und heiße Trockenzeiten. In ihnen dörrt die Vegetation aus. Sie wird trocken wie Zunder. Dornbüsche und Dickicht sind dann in der Steppe der Ort, der am schnellsten Feuer fängt (vgl. Mose vor dem »brennenden Dornbusch«, 2. Mose 3,2). Es kann sogar zu Selbstentzündungen von Dornbüschen kommen. Das Feuer breitet sich – vor allem wenn es windig ist – rasch aus und vernichtet alles Leben im Umfeld.[5] Vom Dickicht aus geht das Feuer auf die Bäume über. Am leichtesten brennen Nadelhölzer wegen ihres Harzgehalts (vgl. Sacharja 11,1). Während nach einem Steppenbrand das Dickicht rasch wieder nachwächst, wiegt der Schaden bei den Bäumen ungleich schwerer. Es dauert viele Jahre, bis sich ein Baumbestand wieder erholt hat.

Die Fabel nennt bewußt die *Zeder* als Opfer des Feuers. Sie gilt im Orient als »König der Bäume«. Die Zeder ist ein immergrüner Nadelbaum, der bis zu dreißig Meter hoch wird. Das Harz des Zedernbaums verströmt einen angenehmen Duft. Das Zedernholz ist von überragender Qualität. Es ist nicht anfällig für Wurmfraß. Eine Zeder kann zwei- bis dreitausend Jahre alt werden! Deshalb war sie im Orient das Symbol des Wertvollen und Dauerhaften.[6] Die Zeder ist das genaue Gegenteil eines Dornbuschs. Und doch kann ein Dornbusch, der Feuer fängt, viele Zedern vernichten.

Der zweite Bedingungssatz des Dornbuschs (»Wenn nicht, dann wird Feuer ausgehen vom Dornbusch und die Zedern

[5] Vgl. Ps 83,15f; Jes 10,17-19; Jer 21,14; Joel 1,19; Jak 3,5f.

[6] Vgl. 2. Sam 7,2; 1. Kön 5,20; 6,16-20; 2. Kön 14,8-14; 1. Chr 14,1; 22,4; Ps 92,13; Hld 5,15; Jes 6,11; 35,2.

des Libanon verbrennen«) ist eine Drohung. Der Dornbusch lockt und droht. Er droht mit Vernichtung. Menschenfeindliche Herrschaft hat es nötig, mit gezielten Drohungen zu arbeiten, damit die »Beschützten« nicht auf dumme Gedanken kommen. Gedroht wird spätestens dann, wenn die Menschen »aufmucken« und sich nicht mehr alles gefallen lassen. Wenn es nicht so läuft, wie die Herrschenden es sich denken, dann setzen sie ihre ganzen Machtmittel ein. Dann ist ihnen alles egal: »Denen werde ich´s zeigen! Ich kann auch anders! Die sollen mich kennenlernen!« Es gibt kaum ein dunkleres Kapitel in der Geschichte als die Geschichte der enttäuschten und beleidigten Mächtigen. In der Eskalation ihrer Wut sind sie ohne Maß. Wegen mangelnder Bewunderung seiner Dichtkunst zündete Nero Rom an. Hitler wollte, daß mit ihm ganz Deutschland untergeht. Notfalls kalkulieren sie das Sterben der Wälder und Regenwälder, das Umkippen der Meere, den Untergang ganzer Landstriche oder Millionen verstrahlter Menschen mit ein.
Die Fabel hat einen offenen Schluß. Sie erzählt nicht, ob der Dornbusch König geworden ist, ob die Bäume sich von seinen Drohungen einschüchtern ließen. Die Hörer sind selber gefragt, müssen selber nachdenken. »Auf, Publikum, mach dir deinen eigenen Schluß« (Bertolt Brecht).

Das Problem der Königmacher

Durch die grundsätzlich ablehnende Stellungnahme des Fabelautors zur Herrschaft von Bäumen über Bäume erscheint bereits der Beginn der Fabel in einem neuen und wesentlich kritischeren Licht. Das Problem, um das es in der Fabel geht, beginnt nicht erst mit dem Dornbusch. Es beginnt schon mit dem notorischen Wunsch der Bäume nach einem König. Die Fabel stempelt keineswegs den

Dornbusch zum alleinigen Bösewicht, zum Sündenbock für alles. Die Mitglieder der Baumgesellschaft haben ihren großen Anteil an der Situation. Sie sind nicht unschuldig. Ihr Ruf nach dem »starken Mann« macht es erst möglich, daß ein Dornbusch solchen Schaden anrichten kann.

Woher kommt die Sehnsucht der Menschen nach dem »starken Mann«? Der amerikanische Sozialpsychologe Erich Fromm ist der Auffassung, daß viele Menschen auf der Flucht vor der Freiheit sind. Freiheit bedeutet Selbständigkeit und Verantwortung. Zu ihr gehört die Last des eigenen Nachdenkens und der eigenen Entscheidungen. Das ist vielen zu anstrengend, es überfordert sie. Sie möchten, daß ein anderer für sie denkt und lenkt. Ein anderer soll ihnen sagen, wo es lang geht. Dieses Verlangen nach einer »festen Hand« ist für Politik und Religion gleichermaßen gefährlich. Es macht sowohl einen Adolf Hitler möglich als auch den unfehlbaren religiösen Guru. Lassen wir gern andere für uns denken und planen? Kümmern wir uns nur um unsere eigenen privaten Sorgen? Interessieren wir uns nur für unsere eigene kleine Welt und lassen »die da oben« schalten und walten? Dann tragen wir dazu bei, daß Dornbüsche Macht bekommen. Wir können uns keinen Unterwerfungstrieb mehr leisten, weder gegenüber einer »unfehlbaren« Partei noch gegenüber »unfehlbaren« Medien noch gegenüber einer »unfehlbaren« Kirchenleitung. Wir müssen ihnen allen auf die Finger sehen und ihre Machenschaften aufdecken. Je leichtgläubiger, unkritischer und uninformierter die Mehrzahl der Menschen ist, desto leichter ergeben sich gefährliche Machtkonzentrationen in den Händen weniger. Ängstliche und unsichere Menschen produzieren geradezu autoritäre Führergestalten. Eine entscheidende Frage im Blick auf die Mächtigen in Wirtschaft, Politik und Religion ist: Lassen sie das selbständige, kritische Denken zu und fördern es? Oder sehen sie es nicht gern? Die Drahtzieher der Wirtschaft und Werbung, die Macher in Politik und Religion wollen uns oft gängeln. Lassen wir das nicht zu. Seien wir lieber Sand im Getriebe der Mächtigen als Öl. Nennen wir die Arroganz der Macht beim Namen. Singen wir die Lieder, die sie nicht von uns erwarten. Stärken wir die Menschen, die sich aus Angst, Unsicherheit und Minderwertigkeitsgefühlen heraus (noch) keine eigene Meinung zutrauen. Machen wir sie stark durch unsere Früchte! Laßt uns miteinander den aufrechten Gang lernen in Familie, Kindergarten, Schule, Hochschule, Arbeitswelt, Politik und Kirche. Auf daß die Dornbüsche im Privatleben, in Wirtschaft, Politik und Religion möglichst wenig Schaden anrichten können.

Schlußbemerkungen

Diese althebräische Fabel lehrt uns einen fundamental wichtigen Unterschied: den Unterschied zwischen echter und falscher Autorität. Falsche Autorität bindet den Menschen zu eng an sich. Darin verletzt sie seine Würde. Sie gewährt ihm keinen Raum, in dem er zu sich selber finden kann. Sie arbeitet mit Drohungen und eskaliert im Ernstfall in maßloser Zerstörungswut. Echte Autorität dagegen liegt im Fruchtbringen, in dem, was andere Menschen ernährt, stark macht, erfreut und heilt. Diese Autorität ist für die Menschen eine Wohltat. Sie bereichert ihr Zusammenleben. Es ist eine Autorität der Zuwendung und des Helfens. Darin zeigt diese Fabel eine Lebensaufgabe für uns alle: Laßt uns zu Fruchtbäumen werden, an denen Früchte wachsen, die anderen Menschen zugute kommen.
Am Schluß dieser Fabelinterpretation ist es angemessen, eine Frage zu stellen. Sie gilt den Politikern und Politikerinnen aller Parteien. Sie gilt aber auch allen Direktoren, Chefs und Vorgesetzten in der Wirtschaft, in Banken, in Behörden, Institutionen und Medien, allen Lehrern und

Lehrerinnen, Erziehern und Erzieherinnen, Professoren und Professorinnen, Rektoren und Rektorinnen, allen Meistern, Trainern und Eltern, allen, die Macht und Verantwortung haben. Die Frage lautet: *Was haltet ihr von dieser Fabel?* Erfreut sie euch oder ärgert sie euch? Öffnet ihr euch für sie oder verschließt ihr euch vor ihr? Inspiriert sie euch? Spürt ihr, daß wir solche Fabeln brauchen als Mahnung zur Selbstkritik, oder spürt ihr das nicht? Gehört ihr eher zu denen, die solche Fabeln erfinden und weitererzählen oder eher zu denen, die sie unterdrücken und verschweigen? Die Antwort auf diese Frage zeigt, wes Geistes Kinder wir sind.

Nach dieser Fabel kann kein König mehr kommen nach der Art der Könige. In der Heiligen Schrift, die diese Fabel überliefert hat, entstand die Hoffnung auf einen Messias, der von anderer Art ist als die Herrschenden. Er reitet auf einem Esel und erweist sich als Freund der Armen und Unterdrückten. Diese Fabel hat also messianisches Format. Ihr gemäß ist ein Messias in der Qualität des Jesus aus Nazareth. Seine Früchte erfreuen, geben Kraft und heilen.

*

Im Altarraum der Kirche stand eine fünfzehn Meter lange, etwa drei Meter hohe Pappwand, gestaltet als antikes Mauerwerk. Sie diente im Gottesdienst als politische Klagewand. Nachstehende Worte leiteten eine politische Klageaktion ein:

»Ihr treibt mit der Gerechtigkeit Schindluder, ihr tretet das Recht mit Füßen, ihr nehmt Bestechungsgelder und versklavt die Ärmsten, nur weil sie ihre Schuhe nicht zahlen

können. Ihr räkelt euch auf weich gepolsterten, elfenbeinverzierten Betten und eßt das beste Fleisch ... Zu den Klängen der Harfe schmettert ihr eure Lieder. Den Wein trinkt ihr aus schweren Pokalen und salbt euch nur mit den feinsten Ölen, aber daß euer Volk dem Untergang entgegen geht, das kümmert euch überhaupt nicht.«
Dies ist ein Beispiel der politischen Klage und Anklage aus dem alten Israel, vom Propheten Amos. Zur Tradition dieses Volkes zählte es immer wieder, den Herrschenden genau auf die Finger zu schauen und sie anzuklagen, wenn Herrschaft zu Unmenschlichkeit verkam. Für diese Tradition steht in diesem Gottesdienst symbolisch die Klagemauer. Der Ort, an dem das Volk seine Klagen loswerden kann, die ganz privaten Klagen, aber auch die gesellschaftlichen, politischen Klagen, in dem Bewußtsein, von Gott gehört zu werden.
In Anlehnung an diese Tradition steht eine Mauer in diesem Kirchenraum, die Ihre Klagemauer sein soll, an der Sie Ihre Klagen loswerden können. Schreiben Sie alles auf, was Sie den Herrschenden in unserem Land schon immer mal sagen wollten. Lassen Sie Ihren politischen Frust raus, über die Politik in Deutschland und in der übrigen Welt. All das Geschriebene heften Sie dann an diese Klagemauer. Tun Sie das alles in dem Bewußtsein, daß Gott diese Klagen annimmt und seinen Geist so wirken läßt, daß von Menschen gemachtes Unheil abgewendet werden kann.

Von rund 800 Gottesdienstbesucherinnen und -besuchern hefteten rund 400 ihre politische Klage an die Wand. Die Klagen wurden nach dem Gottesdienst abgenommen, in einem Heft dokumentiert und unter dem Titel »Nachteulen klagen« an die Ludwigsburger Parteibüros und an alle Abgeordneten des baden-württembergischen Landtages verschickt.
Die Klageaktion wurde mit diesem Gebet abgeschlossen:

Du guter Gott,
du weißt, was an dieser Wand alles hängt
an Frust, an Enttäuschung, an Klage, an Wut, an Zorn
über die Politik, über die Regierenden, über die Herrschenden in unserem Land und auf dieser Erde.
Manches, was hier angeheftet ist,
stammt aus persönlicher Betroffenheit,
vielleicht von Menschen, die im Schatten unserer glänzenden Welt ihre Arbeitslosigkeit, ihre Armut leben müssen.
Die vielleicht aus ihrer Anstellung herausgemobbt wurden
und keine Zukunft mehr für sich sehen.
Alles, was hier hängt, wollen wir hineinlegen in die Bitte:
»Dein Reich komme.«
Denn dein Reich,
das ist die mutige Empörung der Arbeitslosen.
Dein Reich,
das ist der Streik der seelisch und körperlich am Arbeitsplatz Zerbrochenen.
Dein Reich,
das ist der Kampf um die Würde jedes Menschen.
Dein Reich,
das ist die Wahrheit, die wir deutlich fühlen.
Darum: Zerbrich das Lügenreich,
in welchem Menschen über Menschen herrschen.
Vereitle die Eitelkeit der Mächtigen,
nimm weg aus unseren Herzen
die angstgeduckte Fügsamkeit,
die falsche Anpassung,
den Untertanengeist
des faulen, kopfnickenden Gehorsams.
Gott, verteidige dein Ebenbild in uns
und schenke uns die Kraft,
nichts Gott zu nennen neben dir.
Dein Name, deine Wirklichkeit, dein Wesen
sei das einzige, das gilt.

Denn nur wo du herrschst, werden Menschen groß.
Kein Reich der Erde,
das sich auf Waffen, Geld und Arroganz gründet,
beherrsche fortan unsere Herzen.
Gott bist nur du,
du einzig zuverlässiger,
du einzig Dauerhafter,
du Ziel der Hoffnung aller Menschen –
dein Reich komme.
Amen.

Mit dem Lied der schwarzen Amerikaner »We shall overcome« (Evang. Gesangbuch Nr. 652) fand dieser »politische« Abendgottesdienst seinen emotionalen Ausklang. Zum Schluß reichten sich alle die Hände, um als Gemeinschaft den Segen zu empfangen.

Der Segen Gottes
sei in uns
wie der Saft, der die Trauben erfrischend macht,
wie das Grün, das die Blätter kräftig macht,
wie das Blut, das uns lebendig hält.

Der Segen des Christus
sei mit uns
wie der Faden, der durch das Labyrinth leitet,
wie der Pfeil, der den Weg weist,
wie der Steg, der durch das Gebirge führt.

Der Segen des Geistes
sei um uns
wie die Herberge, die die Wanderer aufnimmt,
wie die Luft, die den Vogel trägt,
wie der Schoß, der das Kind behütet.

Und der Friede Gottes,
der höher ist denn alle Vernunft,
bewahre unsere Herzen und Sinne in Jesus Christus.
Amen.

»... UND HÄTTE DER LIEBE NICHT«

»Du fragst mich, Kind, was Liebe ist? Ein Stern in einem Haufen Mist!« Das war die tiefe Erkenntnis von *Heinrich Heine*.

Lilli Palmer findet, daß Liebe etwas Komisches ist: »Ein Mann beißt eine Frau in den Nacken, bloß weil sie schöne Beine hat.«

Von *Frank Sinatra* stammt der Spruch: »Liebe ist, wenn man Tag und Nacht singen möchte, ohne Honorar und Manager.«

Sicherlich zutreffend ist der Satz von *Victor Hugo:* »Das höchste Glück des Lebens besteht in der Überzeugung, geliebt zu sein.«

Und der Feindesliebe Jesu kommt der Spruch von *Antoine de Saint-Exupéry* recht nah: »Die wirkliche Liebe beginnt, wo keine Gegenliebe erwartet wird.«

Über Liebe nachdenken wollen wir
im Namen des Gottes,
von dem es heißt,
daß er der Gott der Liebe sei,
im Namen des Sohnes Jesus von Nazareth,
der die Liebe lebte wie wohl kein anderer,
und im Namen des Heiligen Geistes,
der die Liebe in unseren Herzen gegenwärtig hält.

Bevor hier über die Liebe gesprochen wird, sollte jede und jeder zunächst ganz bei sich bleiben und überlegen oder frei assoziieren, was Liebe für sie oder ihn ist und bedeutet. Vervollständigen Sie für sich den Satz: Liebe ist für mich so etwas wie ...

Lassen Sie sich ein Bild, eine Metapher oder ein Minigleichnis für die Liebe einfallen ...

Den am Gottesdienst Teilnehmenden wurde die Möglichkeit gegeben, kurz die eigenen Bilder, Metaphern, Symbole oder Minigleichnisse mit den Banknachbarn auszutauschen. In der folgenden Meditation stand das Herz als Symbol für die Liebe im Mittelpunkt.

Sie sind zu einer Meditation mit einem Symbol eingeladen, welches uns bereits aus unserer Kindheit gut vertraut ist: das Herz.
Unser Herz symbolisiert die liebevolle Verbindung zu anderen Menschen, und es ist eine Metapher für unsere Lebenskraft. Das Herz ist, im Bild gesprochen, unser bester Freund, der Tag und Nacht für uns da ist.
Rücken Sie zunächst mit Ihrem Körper etwas hin und her, bis Sie eine bequeme Haltung gefunden haben; Kopf, Nacken und Wirbelsäule sollen eine gerade Linie bilden.
Gehen Sie jetzt mit jedem Atemzug in Ihren Körper hinein ... Atmen Sie gründlich ein, bis tief in den Bauch ... und atmen Sie genauso gründlich wieder aus ... Wieder tief einatmen, tief in den Bauch hinein ... Spüren Sie, wie Ihr Bauch sich hebt, wie bei einem schlafenden Kind, langsam und sanft ... Nun lassen Sie die Luft wieder hinaus ...
Wenn Sie jetzt Gedanken bemerken, die Sie ablenken, dann atmen Sie diese Gedanken einfach aus, so daß Ihr Geist für einen Augenblick ganz leer wird, für eine kurze Sekunde frei, klar und ruhig ...
Freundlich und etwas distanziert können Sie auch alle Gefühle bemerken, die in Ihnen aufsteigen ... Auch die Gefühle können Sie beim Ausatmen loslassen, so daß Sie sich immer friedlicher und ruhiger fühlen ... stabil und still, wie ein See ohne Wellen ...
Und nun lenken Sie Ihre Aufmerksamkeit auf Ihr Herz.

Wandern Sie einfach mit Ihrem Bewußtsein dorthin … neugierig, wie sich Ihr Herz gerade anfühlt … Legen Sie, wenn Sie mögen, eine Hand flach auf Ihre Brust, ganz sanft und locker, so daß Ihre Fingerspitzen mit Ihrem Herzschlag vertraut werden, den Rhythmus des Herzens spüren.
Und nun können Sie Ihren Atem auf das Herz ausrichten, so, wie wenn Sie mit dem Herzen einatmen … und wieder ausatmen … sanft und warm und gleichmäßig … herein und hinaus …
Nun können Sie an eine Zeit denken, in der Sie besonders viel Liebe erfahren und empfunden haben … Vielleicht kommt Ihnen irgendeine Erinnerung, an eine Situation, als Sie allein in der Natur waren, an einem schönen Platz, überströmt von der Wärme der Sonne … Vielleicht denken Sie auch an einen schönen Abend mit gutem Essen, Kerzenschein, Rotwein und himmlischer Musik … Oder an eine Nacht, in der Sie nah und vertraut bei jemandem lagen, den Sie sehr liebten … Vielleicht erinnern Sie sich daran, wie Sie ein Baby im Arm hielten und die zarte Haut seiner Wange spürten … Oder Ihnen fällt ein, wie Sie auf dem Schoß Ihrer Großmutter saßen und ihre sanfte, leise Stimme hörten …
Lassen Sie sich eine solche Situation einfallen und alles, was Ihre Sinne damals auffingen … eine Stimme, die Sie hörten … ein zarter Duft … eine Berührung … ein wohltuender Geschmack … ein liebevolles Lächeln. Gestatten Sie sich einfach, in der Erinnerung dorthin zurückzugehen, während Sie weiter mitten in Ihr Herz hineinatmen … Vielleicht spüren Sie jetzt, wie kraftvoll Ihr Herz ist … Oder es ist Wärme, die gerade Ihr Herz einhüllt, wohltuende Wärme …
Und auf einmal verstehen Sie, daß das Herz ein Gefäß für die Liebe ist, für geschwisterliche Liebe, für Elternliebe, für erotische Liebe, für göttliche Liebe, für Feindesliebe. Auf einmal verstehen Sie das alte Bibelwort: »Denn die Liebe

Gottes ist ausgegossen in unsere Herzen durch den heiligen Geist.«
Lassen Sie diese Liebe Ihr Herz ausfüllen. Lassen Sie die Liebe wie eine Flüssigkeit Ihr Herz ganz ausfüllen und dann überfließen in die Umgebung des Herzens, in Brust und Oberkörper, in Rücken und Bauch, in Schultern und Nacken, in Beine und Arme, in Ihren Kopf und Ihre Nervenzellen, so daß Ihr ganzer Körper den Pulsschlag dieser liebenden, göttlichen Energie spürt, den Pulsschlag des Herzens. Lassen Sie Ihren ganzen Körper diesen einen Liebes-Puls-Rhythmus spüren … Vielleicht sind Sie längst schon dabei, aus der Fülle Ihres Herzens Liebe hinauszuatmen in die Welt, die Liebe so bitter nötig hat …
Und nun kommen Sie langsam mit Ihrer Aufmerksamkeit zurück in den Raum, in dem Sie sich gerade befinden … Recken und strecken Sie sich, bis Sie wieder ganz präsent sind.

Die Meditation wurde mit einem Kurzgebet abgeschlossen, das von der Gottesdienstgemeinde wiederholt wurde:

Guter Gott, ich danke dir für mein Herz.
Guter Gott, ich danke dir, daß ich lieben kann.
Amen.

*

Das Hohelied der Liebe

Eine Auslegung von 1. Korinther 13,1–7
im Kontext der heutigen Bemühungen
um eine charismatische Erneuerung der Kirche

Wenn ich in den Zungen der Menschen und der Engel reden kann, habe aber die Liebe nicht, so bin ich ein tönendes Erz oder eine klingende Schelle. Und wenn ich die Gabe der prophetischen Rede habe und alle Geheimnisse weiß und alle Erkenntnisse besitze und wenn ich allen Glauben habe, so daß ich Berge versetze, habe aber die Liebe nicht, so bin ich nichts. Und wenn ich all meinen Besitz an die Armen verteile, und wenn ich meinen Leib hingebe, damit ich verbrannt werde, habe aber die Liebe nicht, so nützt es mir nichts.
Die Liebe ist langmütig und gütig. Die Liebe eifert nicht, sie prahlt nicht, sie bläht sich nicht auf, sie ist nicht taktlos, sie sucht nicht das Ihre, sie läßt sich nicht erbittern, sie rechnet das Böse nicht an; sie freut sich nicht über die Ungerechtigkeit, sie freut sich aber an der Wahrheit. Sie deckt alles zu, sie glaubt alles, sie hofft alles, sie überdauert alles. 1. Korinther 13,1–7

In den letzten drei Jahrzehnten wurde die »charismatische Bewegung« zu einer wichtigen Erneuerungsbewegung innerhalb der Christenheit. Sie spielt vor allem in Nord- und Südamerika, Afrika und Asien eine wichtige Rolle, zunehmend aber auch in Europa. Die charismatische Bewegung knüpft an die »charismatischen Gaben« an, die im Neuen Testament mehrfach genannt werden und dort als charakteristische Wirkung des Heiligen Geistes gelten (und deshalb auch »Geistesgaben« oder »Gnadengaben« genannt werden). Es handelt sich dabei zum Beispiel um die Gabe des Zungenredens[1], der Visionen, der prophetischen Rede, der Heilung von Kranken, aber auch um die Gabe der Weisheit, der Erkenntnis, der Freigebigkeit und des Martyriums (vgl. 1. Korinther 12,4–11.28–31; 13,1–3; 14,1–33). Die »charismatische Erneuerung« breitet sich seit längerem auch in der katholischen und evangelischen Kirche aus. Sie ist in diesen Kirchen allerdings nach wie vor umstritten.

Ich selbst stehe einer charismatischen Erneuerung der Kirche grundsätzlich positiv gegenüber, habe aber einige kritische Anfragen an den Frömmigkeitsstil, der in charismatischen Kreisen häufig zu finden ist. Anhand einer Interpretation von 1. Korinther 13,1–7 versuche ich einen Brückenschlag zwischen Anhängern und Kritikern der charismatischen Erneuerung: ein Ja zu den *charismatischen Gaben*, aber auch kritische Fragen an die *Charismatiker.*

Zur Situation der Briefempfänger

Der Text, auf den ich mich im folgenden beziehe, stammt aus dem ersten Brief, den Paulus der christlichen Gemeinde in Korinth schrieb. Paulus hatte diese Gemeinde selbst gegründet, ungefähr fünf Jahre vor dem Abfassen dieses Briefes. In diesen wenigen Jahren hatte sich in der Korinther Gemeinde etwas entwickelt, was für antike Verhältnisse ungewöhnlich ist. Bei den christlichen Korinthern leben nun schon einige Jahre Menschen verschiedener Gesellschaftsschichten eng miteinander zusammen. Zwar gab es in den damaligen Großstädten des Mittel-

[1] Im »Zungenreden« betet der Mensch in einer ihm unverständlichen Sprache. In aller Regel handelt es sich dabei nicht um eine der tatsächlich gesprochenen Sprachen. Letzteres kommt jedoch gelegentlich auch vor.

meerraums viele Vereine, auch solche mit religiösem Charakter. Doch diese Vereine waren in aller Regel homogen zusammengesetzt, nach dem Motto: »Gleich und gleich gesellt sich gern.« In der Antike waren die Gesellschaftsschichten wesentlich starrer als heute. Doch zur korinthischen Gemeinde gehörten hochgestellte Persönlichkeiten wie der Finanzbeamte Erastos (vgl. Römer 16,23) und der Synagogenvorsteher Krispus (Apostelgeschichte 18,8; 1. Korinther 1,14), gehörten Besitzer eines Handwerksbetriebes wie Aquila und Priscilla (1. Korinther 16,19; Römer 16,3; Apostelgeschichte 18,2.18.26) und Besitzer großer Häuser wie Gajus, in dessen Haus Paulus seinen Brief an die Römer schrieb (Römer 16,23; 1. Korinther 1,14). Andererseits stammte die Mehrzahl der Gemeinde aus der Unterschicht (1. Korinther 1,26–29), ein guter Teil wohl aus Kenchreae, dem Hafenviertel von Korinth (Römer 16,1f). Das dortige Publikum war das gleiche wie in allen Hafenvierteln der Welt: Matrosen, Werft- und Lagerarbeiter, Kneipenwirte, Dirnen. Außerdem gehörten auch viele Sklaven zur Gemeinde (1. Korinther 7,21ff; 12,13). In der korinthischen Gemeinde trafen sich regelmäßig Menschen verschiedenster Lebensstile und Lebensgewohnheiten und unterschiedlicher ökonomischer Interessen. Wie konnte es dazu kommen? Was hielt diese Leute trotz antiker Standesgrenzen und sozialer Spannungen (die bei einem solchen Zusammenleben unausweichlich waren) zusammen? Sie wurden zusammengeführt und zusammengehalten durch das, was sie in dieser Gemeinde erlebten. Die Anziehungskraft dieser Erlebnisse war stärker als die Abstoßungskraft der sozialen Unterschiede. Ihre Gotteserfahrung band sie zusammen.

Besonders faszinierend fanden die korinthischen Christen die Gabe des »Zungenredens« (auch »Glossolalie« genannt). Selbst für die Leute aus dem Hafenviertel, die schon viele Sprachen gehört hatten, war das etwas Neues. Es war besser als das beste Seemannsgarn. Sie beteten wohl stundenlang gemeinsam oder auch allein in allen Zungen. Das inspirierte sie, stärkte ihren Glauben und gab ihnen Zuversicht. Sie fühlten sich dabei Gott in besonderer Weise nahe. Das Zungenreden war zudem schichtenübergreifend. Da konnte der feinen Dame die derbe Sprache der Werftarbeiter nicht mehr auf die Nerven gehen und den Werftarbeitern nicht mehr die gezierte Sprache der vornehmen Damen. Die Korinther fanden es sympathisch, daß Gott seinen Geist auf so ergreifende und spannende Weise wirken läßt.

Mehrere Mitglieder der korinthischen Gemeinde bekamen auch die Gabe der Visionen, andere konnten prophetisch reden. Das gewährte ihnen Einblicke in die Zukunft, in das menschliche Herz und in die Tiefen der Gottheit (vgl. 1. Korinther 2,10). Von diesen Geheimnissen hatten sie vorher nichts gewußt. Neue Dimensionen gingen ihnen auf.

Andere bekamen die Gabe des Glaubens oder des Heilens. Das gab ihnen ein festes Zutrauen in Gottes Macht und Liebe. Die Betreffenden trauten Gott auch in aussichtslosen Situationen Lösungen und Wunder zu. Und sie geschahen. Kranke wurden unter Gebet gesund. Die Kräfte des Geistes waren der jungen Gemeinde so real wie das Geschäftsleben in den Straßen von Korinth.

Andere Gemeindemitglieder erlebten, wie sehr sich das Leben durch die Gabe der Freigebigkeit ändert. Geld und Reichtum verloren ihre suggestive Anziehungskraft. Geben machte mehr Freude als Nehmen. Korinth war neben Athen und Patras das Finanz- und Bankzentrum Griechenlands. Im Unterschied zu beiden anderen Städten war Korinth eine noch im Aufsteigen begriffene Stadt. Sie hatte noch Wachstumsraten. Deshalb kamen damals viele nach Korinth, um das große Geld zu machen. Was zählt in den großen Bankzentren und Hafenvierteln mehr als Geld und

Geschäft? Die Gabe der Freigebigkeit veränderte die bisherigen Werte und machte bewußt, wie arm der Mensch in dieser Jagd nach dem Geld bleibt. Der lebendige Gott entmachtete die toten Götzen, von denen die Menschen der Korinthergemeinde zuvor beherrscht wurden. Die wohlhabenden Gemeindemitglieder stellten ihre Häuser wöchentlich oder sogar täglich zur Verfügung. Sie gestatteten Hafenarbeitern und Sklaven genauso den Zutritt wie den sozial Gleichgestellten. Andere unterstützten die Gemeinde mit ihrem Geld.

Die Korinther Christen hörten auch die Geschichten derer, die für den Glauben in den Tod gingen. Sie wußten, wie Jesus gestorben war und daß Paulus Stockhiebe, Steinigungen und Gefängnisstrafen überstanden hatte. Sie hörten von den Verfolgungen, denen die Christen in Palästina ausgesetzt waren, und vom Martyrium des Jakobus. Vielleicht kamen Verfolgung, Gefängnis und Tod bald auch auf sie zu? Hoffentlich würde sich dann ihr Glaube bewähren und Gott auch ihnen die Gabe des Martyriums geben.

So lebten, beteten und glaubten die Korinther Christen miteinander, trotz krasser Standesunterschiede. Sie wollten nicht mehr in ihr altes Leben zurück. Sie hatten Neues, Unvergleichliches erfahren. Das verband sie untereinander. Niemand mußte ihnen einreden, daß das Leben als Christ erfüllter ist als das frühere Leben. Das war ihre ständige Erfahrung.

Die Bedeutung der Liebe
(Verse 1–3)

Paulus freut sich über die charismatischen Erfahrungen dieser jungen Gemeinde. Er will sie darin unterstützen. Deshalb gibt er den Korinther Christen Hinweise, wie sie die Gaben des Geistes angemessener – ihrem Sinn entsprechender – praktizieren können. Die Stille und Steifheit der meisten heutigen Gottesdienste war mit Sicherheit nicht das, was Paulus sich unter einem christlichen Gottesdienst vorstellte. Und doch wird er in dem zitierten Abschnitt seines Briefes ausgesprochen kritisch.

Paulus beginnt mit »Wenn ich …«, und er schreibt in den folgenden Sätzen noch vier Mal: »Und wenn ich …« So formuliert ein Mensch, der leidenschaftlich wird. »Und wenn ihr mich aus dem Haus werft, ich heirate die Cornelia trotzdem«, sagt ein Sohn zu den Eltern. »Und wenn ich nächste Woche in Mathe eine sechs schreibe, ich gehe jetzt skifahren«, sagt eine Schülerin. »Und wenn die Welt voll Teufel wär …«, sagte Martin Luther. Und Paulus schreibt: »Wenn ich in den Zungen der Menschen und Engel reden kann …« – »Und wenn ich die Gabe der prophetischen Rede habe und alle Geheimnisse weiß und alle Erkenntnis besitze …« – »Und wenn ich allen Glauben habe, so daß ich Berge versetzen kann …« – »Und wenn ich all meinen Besitz an die Armen verteile …« – »Und wenn ich meinen Leib hingebe, damit ich verbrannt werde …« Die Korinther Christen würden diese Satzanfänge vermutlich folgendermaßen fortsetzen: Dann habe ich die Fülle der Geistesgaben. Dann bin ich am spirituellen Ziel meines Lebens. Paulus fährt jedoch mit einem für die Korinther überraschenden »aber« fort. Was kann es bei den Gaben des Geistes für ein »aber« geben? Die paulinischen »aber« in 1. Korinther 13,1–3 gehören meines Erachtens zu den wichtigsten »aber« des Neuen Testaments. Sie unterwerfen alle spirituellen Erkenntnisse und charismatischen Erlebnisse, alles religiöse Fasziniertsein und alles »Übernatürliche« dem Maßstab der Liebe. Damit hatte wohl keiner der Korinther Christen gerechnet.

Charismatiker, die in den Zungen der Engel und Menschen beten und dabei ohne Liebe sind (Paulus hält so etwas für möglich), sind ein tönendes Erz und eine klingende

Schelle.[2] In den nächsten Sätzen wird Paulus noch schroffer. Und wenn ich ein Prophet bin, der »alle Geheimnisse« weiß, oder im Glauben Berge versetzen kann, aber keine Liebe habe (das hält Paulus für möglich), »bin ich nichts«. Dieser Satz ist ein kompromißloses Urteil. Und wenn ich meinen gesamten Besitz den Armen gebe oder zum Märtyrer werde, all das aber nicht aus Liebe tue (das hält Paulus für möglich), »nützt es mir nichts«. Paulus hält eine Freigebigkeit und eine religiös bedingte Hingabe des Lebens für möglich, die nicht aus der Liebe heraus geschieht. So verborgen und abgründig sind seiner Auffassung nach die Motive der Menschen, auch der Christen. In einer für die Korinther verblüffenden Radikalität konzentriert Paulus alles, was dem menschlichen Leben Sinn und Wert geben kann, auf die Liebe. Das hat in den antiken Kulturen – soweit bekannt ist – kein anderer Autor getan. Es gibt keine Schrift der Griechen oder Römer, in der die höchsten Werte mit solcher Konsequenz der Liebe untergeordnet werden. Die höchsten Werte der Griechen zum Beispiel waren Tapferkeit, Weisheit, Gerechtigkeit, Wahrheit, Freundschaft und Erotik. Die Liebe (agape) stand nicht auf den vorderen Plätzen der Skala. Auch im Alten Testament hatte die Liebe noch keinen so zentralen Stellenwert. Erst einige jüdische Rabbinen und auch Jesus aus Nazareth konzentrierten den Inhalt der Heiligen Schrift auf das Doppelgebot der Liebe. Paulus stellt die Liebe jedoch nicht nur positiv in den Mittelpunkt, sondern er schließt auch negativ alles andere als sinngebend aus, selbst dann, wenn es sich um so wertvolle Dinge handelt wie die Gaben des Geistes.

[2] Korinth war ein Zentrum der Erzverarbeitung und deshalb des Kybele-Kults. In diesem Kult wurden Instrumente verwendet, die zwar Töne von sich gaben, aber keine Melodie. Es waren Klang- und Lärminstrumente. Zu ihnen gehörte u. a. auch eine große Erzplatte. Sie erzeugte mächtige Töne, die über weite Entfernungen zu hören waren.

Paulus sagt in diesen Versen nichts gegen den Wert der Geistesgaben. Er stellt das Zungenreden und die Prophetie in eine Reihe mit Erkenntnis, Glaube, Freigebigkeit und Martyrium. Das sind für ihn ausnahmslos positiv zu wertende Dinge, deren Berechtigung außer Frage steht. Es geht Paulus in diesen Versen nicht um den Wert dieser Dinge, sondern darum, wie die korinthischen Christen mit diesen wertvollen Gaben umgehen. Seine Kritik gilt nicht den charismatischen Gaben, sondern den *Charismatikern*. Paulus sagt: »So bin *ich* (nicht das Zungenreden!) ein tönendes Erz und eine klingende Schelle«; »so bin *ich* (nicht die Prophetie!) nichts«; »so nützt es *mir* nichts«. Den Armen nützt es sehr wohl, wenn ich ihnen meinen Besitz schenke. Ihnen kann es gleichgültig sein, ob ich das mit oder ohne Liebe tue, Hauptsache, sie bekommen Hilfe. Aber Gott ist das Motiv nicht gleichgültig. Er anerkennt nur die Tat, die aus der Liebe kommt. Paulus wendet sich dagegen, daß die Geistesgaben im Dienst des eigenen Ich ausgeübt werden. Dann werden sie zu einer Spielart des Narzißmus. Zungenreden, Visionen, Prophetie und alle anderen Geistesgaben können in der Hand des Menschen narzißtisch gebraucht werden. Doch das paßt nicht zu diesen Gaben. Ihrem Wesen entspricht es nur, wenn die Liebe der Beweggrund und das »Anwendungsprinzip« ist.

Paulus wendet sich in 1. Korinther 13,1–3 gegen den *Mißbrauch* der Geistesgaben. Die Gefahr des Mißbrauchs ist aber kein Argument gegen den richtigen Gebrauch. Die besten Dinge können mißbraucht werden. Nach Paulus kann auch die Verkündigung des Evangeliums falschen Interessen dienen: »Einige verkündigen Christus aus Neid und Streitsucht, andere dagegen in guter Absicht … Aber was macht das schon? Wird doch in jedem Fall, aus diesen oder jenen Gründen, Christus verkündigt. Und darüber freue ich mich und werde mich auch künftig freuen« (Philipper 1,15–18). Der Mißbrauch des Evangeliums ändert nichts an seinem Wert. Paulus verbietet nicht die Verkündigung des Evangeliums, nur weil manche Verkündiger es instrumentalisieren. Das Neue Testament weist auch darauf hin, daß die »Ämter« in der Gemeinde nicht dazu da sind, persönliche Gewinn- und Herrschaftsbedürfnisse zu befriedigen. Trotzdem kam das offensichtlich immer wieder vor. Sind die Ämter deswegen etwas Schlechtes? Sollen wir den Armen nichts mehr geben, nur weil die Gefahr besteht, daß unsere Motive nicht ganz edel sind? Sollen wir die Kunst, die Wissenschaft, die Technik und die Demokratie abschaffen, nur weil diese Dinge mißbraucht werden können?

Paulus demonstriert in 1. Korinther 12–14, wie man mit dem Mißbrauch der Gaben Gottes umgeht. Er läßt sich durch den Mißbrauch nicht davon abhalten, die Geistesgaben zu empfehlen und zu praktizieren. Was Gott gibt, ist empfehlenswert. Daran ändern die Fehler der Menschen nichts. Auf den Mißbrauch darf man nicht so reagieren, daß man das Mißbrauchte abqualifiziert. Damit macht man den Geber dieser Gaben zum Schuldigen. Wo es Gaben gibt, können sie mißbraucht werden. Manche Christen sehen – aus lauter Angst vor Gefahren – eine Gemeinde ohne Zungenreden, Visionen, Prophetie und Gebet für die Kranken als die sicherere Alternative an. In dieser Haltung steckt eine Angst, die der Heilung bedarf. Wer sich von der Sorge leiten läßt, die Gemeinde Christi könnte durch den Mißbrauch der charismatischen Gaben in Unordnung geraten, bedenkt nicht, daß ein Ablehnen der von Gott angebotenen Gaben die unordentlichste Unordnung ist. Das Mißachten bestimmter Geistesgaben wegen der Gefahr ihres Mißbrauchs ist selbst der schlimmste Mißbrauch. Im Blick auf die Gefahr des Mißbrauchs gibt es nur eine angemessene Antwort: die Anleitung zum richtigen Gebrauch. Genau das macht Paulus in diesen Versen. Darum eignen sie sich nicht als Alibi für anti-charismatische Vorurteile.

Was allerdings die *Charismatiker* betrifft, so sind diese Verse in der Tat kritisch gemeint. Ihnen gegenüber verwendet Paulus die Liebe als kritischen Maßstab. Selbst die Gaben des Geistes, so gut und wichtig sie sind, können dem menschlichen Leben keinen Sinn geben, wenn sie nicht aus der Liebe heraus praktiziert werden. Ohne Liebe ist das Leben vertan, auch das Leben eines Charismatikers. Wenn die Liebe fehlt, fehlt alles. Von einem lieblosen Leben bleibt nichts. An der Liebe entscheidet sich Sein oder Nichtsein.

Wie auffallend Paulus alles auf die Liebe konzentriert, wird auch daran deutlich, daß die Worte »Gott« und »Jesus Christus« in 1. Korinther 13 nicht vorkommen, auch keine christologischen Hoheitstitel. Es fehlt auch jeder Hinweis auf Kreuz und Auferstehung, Rechtfertigung und Versöhnung. Man könnte sagen, in diesem Kapitel stehe überhaupt nichts Christliches. Es geht »nur« um die Liebe. Dabei unterscheidet Paulus nicht zwischen der Liebe Gottes und der Liebe des Menschen, auch nicht zwischen Nächstenliebe, Feindesliebe, Mutterliebe usw. Paulus spricht nicht von »Arten« der Liebe, sondern von der Liebe. Aber eben in dieser Konzentration drückt sich offenbar »das Christliche« aus.

Wie kommt Paulus dazu, alles in dieser Weise auf die Liebe zu konzentrieren? Ist das nicht idealistisch? Was Paulus schreibt, entstammt seiner Erfahrung. Diese Erfahrung hat sich auch in ihm selbst gegen viele Widerstände durchsetzen müssen. Sie begann mit dem »Damaskuserlebnis« (vgl. Apostelgeschichte 9,1–31; Galater 1,13–16). Damals erlebte Paulus zum ersten Mal, daß er von Christus angenommen wurde, trotz seiner bisherigen Feindschaft gegen ihn. Der gekreuzigte und auferstandene Christus berief ihn, den überzeugten Verfolger der Christen, ohne Vorbehalte oder Bestrafung und vertraute ihm große Aufgaben an. Das war für Paulus die Erfahrung einer unglaublichen Liebe. Was er von da an mit Christus erlebte, brachte ihn dazu, das dreizehnte Kapitel dieses Briefes so zu schreiben, wie er es tat. Er beschreibt darin kein Ideal, sondern faßt seine Erfahrung in Worte. Es ist dieselbe Erfahrung, die hinter seiner Kreuzestheologie und Rechtfertigungslehre steht. Deshalb haben diese Verse eine grundsätzliche Bedeutung, die über den Bezug zur korinthischen Gemeindesituation hinausgeht.

Der kritische Maßstab für die Zungenredner und Charismatiker in Korinth betrifft im Grunde unseren gesamten Umgang mit der Sprache, dem Wissen, dem Mitmenschen und Gott. Wenn Gott mir glossolalische, prophetische, rhetorische, epische oder lyrische Fähigkeiten gibt, ich sie aber nicht aus der Liebe heraus gebrauche, bin ich nur ein tönendes Erz und eine klingende Schelle. Wenn ich die Erkenntnis eines Experten habe, wissenschaftliche Bücher schreibe und die Forschung vorantreibe, und wenn ich von der menschlichen Seele so viel weiß wie Freud, Jung und Adler zusammen, vom Mehrwert so viel wie Marx, vom Sterben so viel wie Kübler-Ross, von der jenseitigen Welt so viel wie Rudolf Steiner und vom Sex so viel wie Beate Uhse, aber keine Liebe habe, bin ich nichts. Wenn ich wüßte, wie die Abrüstung gelingen kann, die Energieprobleme zu lösen sind, die Umwelt zu erhalten ist, die Menschenrechte geschützt werden können und Rassismus und Ausbeutung zu überwinden sind, aber keine Liebe habe, dann bin ich nichts. Und wenn ich mein Geld und meine Zeit für die Armen zur Verfügung stelle, meine Gesundheit und mein Leben aufs Spiel setze für Unterdrückte und benachteiligte Minderheiten, für Freiheit und soziale Gerechtigkeit, aber das alles nicht aus der Liebe heraus tue, gibt es meinem Leben vor Gott keinen Sinn.

Die Qualität der Liebe
(Verse 4–7)

Nach den drei Einleitungsversen des Kapitels beginnt ein neuer Abschnitt. Paulus schreibt jetzt nicht mehr in der Ich-Form. Nicht mehr er ist das Subjekt der Sätze, sondern die Liebe selbst. Erst ab Vers 8 kehrt Paulus wieder zum Ich-Stil zurück. In den Versen 4–7 fallen die vielen Verneinungen auf: acht Verneinungen in drei Versen. Zählt man die drei Verneinungen in den Versen 1–3 hinzu, sind es elf Verneinungen in sechs Versen. Das gibt es in dieser Häufung an keiner anderen Stelle der Bibel. Obwohl Paulus durchaus auch positive Aussagen von der Liebe macht (die Verse 4–7 enthalten acht negative und sieben positive Aussagen), sind die vielen Verneinungen außergewöhnlich. Sie geben den Versen einen ermahnenden, ja polemischen Charakter. Das muß einen Grund haben.

Dieser Grund ist leicht zu finden, wenn man berücksichtigt, daß es sich bei diesen Versen nicht um allgemeine philosophische Gedanken über die Liebe handelt, sondern um einen Brief an die Korinther. Briefe sind stets mitgeprägt von den Adressaten, an die sie sich wenden, und deren Situation. Paulus wird also durch die Situation der Korinther Gemeinde zu den vielen Verneinungen veranlaßt worden sein. Er nennt diejenigen negativen und positiven Eigenschaften der Liebe, die ihm im Blick auf die Charismatiker in Korinth besonders wichtig erscheinen (in seinem Brief an die Römer hebt er zum Beispiel andere Aspekte der Liebe hervor; vgl. Römer 12,9–21). Paulus zählt also nicht wahllos auf, sondern stellt die Aussagen mit Bedacht zusammen, wie ein Arzt die passende Medizin für eine bestimmte Krankheit. Und wie man von einem ärztlichen Rezept auf die Krankheit zurückschließen kann, können wir aus 1. Korinther 13,4–7 zurückschließen auf die wichtigsten Schwächen und Defizite der Charismatiker in Korinth. Im Unterschied zu dem, was die Korinther leider tun, sagt Paulus, was die Liebe nicht tut. Und im Unterschied zu dem, was die Korinther leider nicht oder zu wenig tun, sagt er, was die Liebe zu tun vermag. Es geht ihm um den Qualitätsunterschied zwischen dem »Lebensstil der Liebe« und dem Lebensstil der Korinther Charismatiker.

Wir haben demnach in den Versen 4–7 eine Analyse der charismatischen Frömmigkeit vor uns, und zwar eine Analyse ihrer wichtigsten Schwächen. Diese Analyse entstammt nicht den Vorurteilen anti-charismatischer Kreise. Vorurteile haben kein theologisches Gewicht. Die hier vorliegende Analyse stammt von dem Charismatiker Paulus, der selbst mehr in Zungen betet als alle anderen (vgl. 1. Korinther 14,18: »Ich danke Gott, daß ich mehr in Zungen bete als ihr alle«) und der seine charismatischen Pappenheimer als Insider kennt. Darum sollten die Charismatiker aller Zeiten und Länder diese Röntgenaufnahme des korinthischen Frömmigkeitsstils ernst nehmen und aus ihr die nötigen Konsequenzen ziehen. Denn Paulus schreibt den Korinthern nicht als Gegner, sondern als Freund. Er liebt die Charismatiker und will sie fördern. Seine Argumente haben theologisches Gewicht.

Paulus definiert die Liebe nicht, sondern er beschreibt ihr Tun. Die vier Verse enthalten dreizehn Verben. Diese handlungsorientierte Darstellung der Liebe hebt in positiver und negativer Hinsicht hervor, worauf es ankommt. Paulus gibt allerdings keine genauen Handlungsanweisungen und Rezepte. Er nennt weder einzelne Objekte noch einzelne Taten der Liebe. Es geht ihm um die Richtung, den »Weg der Liebe« (vgl. 1. Korinther 12,31). Auf diesem Weg werden wir unsere eigenen Entdeckungen machen und müssen die notwendigen Konkretionen selbst finden.

Paulus baut seine Aussagen über die Liebe folgendermaßen auf:

- zwei positive Aussagen. Sie bilden eine Art Überschrift und kommen einer Definition am nächsten;
- acht negative Aussagen und eine positive Aussage. Sie sind abgehoben durch den nochmaligen Satzbeginn: »Die Liebe …«. Mit Ausnahme der ersten Verneinung gehören jeweils zwei Verneinungen sachlich eng zusammen;
- vier zusammenfassende positive Aussagen. Paulus beginnt und endet positiv.

Zunächst zu den beiden positiven Merkmalen der Liebe, mit denen Paulus beginnt.

»Die Liebe ist langmütig.«[3] Dieses Merkmal der Liebe fällt Paulus im Blick auf die Korinther als erstes ein. Die Liebe ist zäh und ausdauernd. Sie verliert nicht schnell das Interesse an einem Menschen. Warum betont Paulus gerade das als erstes? Weil der Frömmigkeitsstil der Charismatiker oft etwas Kurzatmiges an sich hat. Wer viel Großartiges und Wunderhaftes erlebt hat, ist häufig ganz auf solche Erlebnisse ausgerichtet. Daraus resultiert eine Sehnsucht nach spirituellen Höhepunkten und schnellen Resultaten. Das lang anhaltende Interesse an schwierigen und unbequemen Menschen, die sich nicht schnell öffnen, bringt der Charismatiker oft nicht auf. Solche Menschen werden ohne viel Federlesens als »ungeistlich« eingestuft. Und mit ungeistlichen Menschen will der Charismatiker nicht viel zu tun haben. Er liebt die Gottesdienste, Tagungen, Freizeiten, Konferenzen und Massenveranstaltungen. Dort sind am ehesten Höhepunkte zu erwarten. Dort kommt es nur zu Kurzkontakten, die keine Langmut erfordern. Das Fehlen der Langmut zeigt sich auch in der Art und Weise, wie man Gespräche beendet, die nicht schnell genug zum gewünschten Resultat führen, und wie man mit denen umgeht, die sich von den charismatischen Kreisen

[3] Das mit »Langmut« übersetzte griechische Wort *makrotymia* bedeutet »einen großen Atem haben«.

wieder abwenden. Wie schnell man solche Menschen abschreibt, als »abgefallen« abstempelt, ohne sich den Gründen ihres Weggangs selbstkritisch zu stellen, ist Ausdruck einer Frömmigkeit des schnellen Urteilens und der fehlenden Langmut. In den langfristigen Beziehungen, in denen es auf Kontinuität, auf Bewältigung des Alltags und das Bemühen um kleine Verbesserungen ankommt, bewähren sich Charismatiker oft erstaunlich wenig. Ich meine das Zusammenleben mit dem Ehepartner, den Kindern und Eltern, den Nachbarn, den Arbeitskollegen und Schulkameraden. Hier verpufft die charismatische Kraft oft ernüchternd schnell. Wer auf ein Höhepunkt-Christentum fixiert ist, sitzt dann schnell auf dem Trockenen.
Zur charismatischen *Höhepunkt-Frömmigkeit* gehört die *Höhepunkt-Literatur.* Auf den Büchertischen charismatischer Kreise finden sich häufig Lebensgeschichten bedeutender Charismatiker. Diese Bücher rücken meist die großen Erlebnisse in den Vordergrund. Was aber liegt *zwischen* diesen Erlebnissen? Die typischen Situationen, Aufgaben und Spannungen des Alltags werden nur selten zum Thema. Haben aber die vielen Dinge, die sich zwischen den großen Erlebnissen abspielen, tatsächlich keinen höheren Rang, als zu »Löchern« in der Biographie eines Menschen zu werden? Besteht das Leben aus einigen Höhepunkten und ansonsten aus »Leerstellen«, mit denen zu beschäftigen sich geistlich nicht lohnt?
Bücher, die konzentrierte Information bieten und das Durcharbeiten von Sachproblemen erfordern, werden von Charismatikern meist selten gelesen und noch seltener geschrieben. Sachthemen bewältigt man jedoch nicht aufgrund charismatischer Erlebnisse, sondern nur, indem man sich lange mit ihnen beschäftigt. Bei sachlichen Qualifikationen zählt nicht das Fluidum des Sensationellen, sondern das fortwährende Bemühen. Wer aufwühlende Erlebnisse und rasche Resultate sucht, wird dem eher ausweichen.

Hinter der »Höhepunkt-Frömmigkeit« steckt eine einseitige Sicht des Wirkens Gottes, die man sich in ihrer ganzen Tragweite bewußt machen muß. Nach dem Zeugnis der Bibel wirkt Gott auf zweierlei Weise: durch sein rettendes und sein segnendes Handeln. Er wirkt als Retter und Schöpfer. Beim segnenden Wirken des Schöpfers geht es nicht um herausragende, plötzliche Ereignisse, sondern um Vorgänge anderer Art: um wachsen, gedeihen, reif werden, entfalten, zunehmen, erziehen, lernen, weise werden. Diese Verben kommen in der Bibel häufig vor. Sie gehören zur Sprache des Segens. Das Typische an den genannten Vorgängen ist, daß sie stetig und allmählich ablaufen. Darum erscheinen sie vielen als unscheinbar, als weniger wichtig und weniger geistlich. Das Handeln des Schöpfers scheint vielen weniger »christlich« zu sein als das Handeln des Erlösers (Retters). Doch das Leben ist mehr als die Summe herausragender Ereignisse. Trotz der großen Bedeutung von Schlüsselerlebnissen, die das gesamte Leben in eine neue Richtung lenken können, bleiben die kontinuierlichen Vorgänge des Lebens von grundlegender Bedeutung: aus einem Kind wird ein Erwachsener, eine Pflanze wächst heran, eine Frucht wird reif, ein Mensch wird klug.
Die Charismatiker haben zwar mit ihrer »Religion der Unstetigkeit« insofern recht, als Gott der Retter ist, der unversehens eingreifen kann. Sie haben aber Unrecht, sobald sie sich einseitig auf dieses Handeln Gottes fixieren und darüber sein kontinuierliches Wirken in den allmählichen Abläufen des Lebens unterschätzen. Die Folge ist, daß die Charismatiker der Gesamtheit des Lebens nicht mehr gerecht werden. Sie sind spezialisiert auf Grenzsituationen und dramatische Höhepunkte, haben aber oft erstaunlich wenig zu den normalen, alltäglichen, »regulären« Abläufen zu sagen. Damit bleiben große Bereiche des Lebens in Familie, Arbeitswelt, Bildung, Wissenschaft, Staat und Ge-

sellschaft außerhalb des Blickwinkels. Sobald eine religiöse Bewegung einseitig auf Gottes rettendes Handeln fixiert ist, wird sie Schwierigkeiten haben, die Bereiche der Erziehung, der Bildung, Ausbildung und der Persönlichkeitsentfaltung in ihrem ganzen Gewicht zu würdigen und in ihre Frömmigkeit zu integrieren. Dann aber werden trotz der charismatischen Erlebnisse schwerwiegende Verkümmerungen auf diesen Gebieten die Folge sein. Manche Charismatiker haben, ihren eigenen Worten zufolge, die erstaunlichsten Wunder erlebt. Aber sie sind als Menschen unreif geblieben. Sie warten auf das nächste Wunder und vergessen darüber das stetige Wachsen von Tag zu Tag. Wunder sollen und können nicht unsere normale menschliche Entwicklung ersetzen. Das ist nicht ihre Aufgabe. Wer sie so versteht, mißbraucht sie als Kompensation für Defizite und Versäumnisse.

Als zweites Merkmal der Liebe nennt Paulus die Güte: *»Die Liebe ist gütig.«* Güte hat vor allem zwei Eigenschaften: Sie ist nicht hart, und sie übt keinen Druck aus. Das zu betonen ist gerade bei Charismatikern wichtig. Zu den größten Wünschen eines Charismatikers gehört es, »vollmächtig« zu sein. Dabei kann es ihm leicht passieren, daß er »Vollmacht« mit Härte verwechselt, mit Formen der Rücksichtslosigkeit. Entsprechend wird er in der Güte eher ein Zeichen von Schwäche und »Menschenfurcht« sehen. In Wahrheit ist es aber umgekehrt. Härte ist ein Zeichen von Schwäche. Güte ist ein Zeichen von Kraft. Wer hart ist, hat es nötig. Die Liebe hat es nicht nötig.

Ein gütiger Vater, Lehrer oder Prophet kann durchaus auch streng sein. Es handelt sich dabei aber um eine andere Strenge als bei der Strenge des Hartherzigen. Die Strenge eines gütigen Menschen ist verständnisvoll. Sie bemüht sich, den anderen von seinen Voraussetzungen her zu verstehen, an seinen Schwächen Anteil zu nehmen, sich in seine Lage hineinzufühlen. Gütigsein heißt spüren, wie dem anderen zumute ist. Die kalte und harte Strenge hat eine zerstörende Wirkung. Die verständnisvolle Strenge wirkt aufbauend. Was die Hartherzigkeit so hart macht, ist ihre Verständnislosigkeit und Teilnahmslosigkeit. Viele Charismatiker haben Angst, daß zu viel Verständnis auf Kosten der »Vollmacht« geht. Der Hartherzige kann und will nicht mitfühlen, weil er fürchtet, daß seine harten Aussagen dann nicht mehr angemessen sind. Die Härte der Hartherzigen zeigt sich vor allem gegenüber den Schwächeren (zum Beispiel Kindern) und Andersdenkenden. Gegenüber Andersdenkenden äußert sie sich gern in pauschalen Urteilen. Geistesgaben aber, die aus der Liebe heraus praktiziert werden, verbreiten auch dann, wenn sie verborgene Schuld und Fehler des Menschen aufdecken, eine Atmosphäre der Güte. Die biblischen Propheten, Jesus aus Nazareth und die Apostel waren in mancher Hinsicht radikal. Es war jedoch keine Radikalität, die aus einem Mangel an Güte entstand.

Nachdem Paulus im ersten, positiven Aussagenpaar die Richtung gezeigt hat, in die sich die Korinther Charismatiker entwickeln sollen, konkretisiert er das Gesagte durch neun weitere Hinweise. Die ersten fünf richten den Blick auf Probleme, die von mir ausgehen und andere belasten. Die anschließenden vier nennen Probleme, die von anderen ausgehen und mich zu falschen Reaktionen veranlassen können. Es geht um mein Agieren und Reagieren.

»Die Liebe eifert nicht.« Es ist kein Zufall, daß Paulus mit dieser Verneinung beginnt. Die Intensität und der Schwung der Geistesgaben können zum Eifern führen. Man kann als Zungenredner, Prophet, Visionär, Heiler, Glaubender, Freigebiger und Märtyrer ein Eifernder sein. Der Eifernde will etwas Gutes und Richtiges, schlägt aber die falschen Wege ein. Er unterschätzt die Bedeutung des »Wie«. Hauptsache, das Ziel stimmt. Die Art und Weise, es zu erreichen, wird demgegenüber unwichtig. Der gute Zweck heiligt die Mit-

tel. Das führt zu einer Frömmigkeit des »Ich habe es doch gut gemeint«. Einem Eifernden, der das beteuert, muß man oft antworten: »Du hast es zwar gut gemeint, aber schlecht gemacht.« Im Eifer liegt ein Moment der Blindheit (»Blinder Eifer schadet nur«). Der Eifernde ist blind für die angemessenen Methoden, für den passenden Zeitpunkt, für die kleinen Nuancen und den zeitgemäßen Stil. Er fällt mit der Tür ins Haus, will überreden und alles auf einmal erreichen. Im Gespräch kann er Widerspruch und Mißverständnisse nicht gelassen stehen lassen. Er muß den Gesprächspartner sofort von der eigenen Dogmatik her belehren und korrigieren.

Vor allem ist der Eifernde blind für die eigenen Schwächen und Grenzen. Er kann nicht wahrhaben, daß auch er von bestimmten Traditionen und Interessen geprägt ist, alles nur aus einer Perspektive sieht und deshalb auch die Bibel mit einer bestimmten Brille liest, daß also seine Erkenntnis »Stückwerk« ist (vgl. 1. Korinther 13,9f). Der Eifernde kann sich selbst nicht relativieren und kritisch sehen. Darum steckt im Eifer die Tendenz zum Fanatismus (nach dem Motto: »In meiner Bibel steht ...« und: »Der Herr hat mir gezeigt«). In dem allem fehlt der Humor. Der Eifernde erträgt es nicht, wenn andere über seine Schwächen und Stärken schmunzeln, und kann es auch selbst nicht.

Wie kommt es zum charismatischen Eifer? Der Charismatiker sagt sich: Gott hat mich mit seinem Geist erfüllt, also vertrete ich den Standpunkt Gottes. Wer anders denkt als ich, beweist damit, daß er nicht auf der Seite Gottes steht. Ich habe den Heiligen Geist, also habe ich recht. Doch der Charismatiker hat den Geist nicht pur. Er hat nur eine Erfahrung des Geistes. Jede Erfahrung aber ist subjektiv. Sie ist gefärbt von meiner menschlichen Prägung und Tradition. Der Heilige Geist löscht meine biographische, kulturelle, kirchliche und politische Prägung nicht einfach aus. Darum gibt es auch innerhalb der charismatischen Kreise viele Unterschiede, sowohl in dogmatischer als auch ethischer Hinsicht, je nachdem, ob es sich um amerikanische, europäische, afrikanische oder asiatische, um volkskirchliche oder freikirchliche, um evangelikal oder nichtevangelikal geprägte Charismatiker handelt. Infolge dieser Prägungen kann der Charismatiker mit den Geistesgaben falsch umgehen und auch sonst falsche Methoden anwenden. Deshalb reichen gute Motive nicht aus und sind keine Entschuldigung für falsche Mittel. Auch wer andere Menschen unabsichtlich verletzt, verletzt sie.

»Die Liebe prahlt nicht.« Auch mit dieser zweiten Verneinung trifft Paulus einen neuralgischen Punkt der charismatischen Frömmigkeit. Die Liebe hat es nicht nötig, ständig die eigenen Vorzüge hervorzukehren und die eigenen Highlights zu erzählen. Sie braucht keine Erfolgsmeldung. Daß sich das Evangelium ausbreitet und bei den Menschen »bekannt wird« (Römer 16,19), ist etwas anderes, als dahinter her zu sein, daß der kleinste Erfolg hinausposaunt wird (und die Mißerfolge verschwiegen werden). Zum Prahlen gehört auch der eigenartige Flirt vieler Charismatiker mit der Statistik. Wird ein bekannter Redner angekündigt, heißt es oft: »XY hat schon vor 50 000 Menschen gesprochen« oder: »XY ist Leiter einer Gemeinde mit 30 000 Mitgliedern« oder: »Als XY die Gemeinde von YZ leitete, nahm diese um 5000 Mitglieder zu.«

»Die Liebe bläht sich nicht auf.« Das ist fast dieselbe Kritik wie die eben geäußerte. Paulus hält an dieser Stelle einen doppelten Tropfen Medizin für notwendig. Das Substantiv des hier verwendeten griechischen Verbs bezeichnet den Blasebalg. Das Verb meint demnach einen Vorgang, in dem etwas groß aufgebläht wird, was nur wenig Inhalt hat. In der Tat, viele Charismatiker haben ein spezielles Problem: das sind die »religiösen Blähungen«. Sie glauben den großen Durchblick zu haben, weil Gott ihnen einige Visionen geschenkt hat. Schon fühlen sie sich der Wissen-

schaft überlegen und meinen, Theologie und Psychologie und dergleichen nicht mehr nötig zu haben. Das Aufgeblähte zeigt sich auch in der Sprache: lange Redezeit mit wenig Inhalt. Manche können sich kaum mehr kurz fassen. Der doppelte Tropfen Medizin gilt den religiösen Gecken, den Aufgeblasenen, die mit einem überhöhten Anspruch auftreten, der inhaltlich nicht gedeckt ist, gilt denen, die sich als »Gesalbte des Herrn« und »man of God« in Szene setzen.

»Die Liebe handelt nicht taktlos.« Sie nimmt Rücksicht auf die Gefühle anderer. Sie läßt sich nicht gehen. Auch mit dieser Bemerkung trifft Paulus eine Schwachstelle. Wer Beeindruckendes mit Gott erlebt hat und sich auf der Seite Gottes fühlt, kann den Eindruck haben, daß er sich immer mehr herausnehmen darf. Wer nicht den Menschen, sondern Gott gefallen will, kann leicht taktlos und geschmacklos werden. Die Liebe will eine Freiheit des Geistes, die Takt- und Geschmacklosigkeiten nicht nötig hat.

»Die Liebe sucht nicht das Ihre.« Das hängt mit der vorherigen Verneinung eng zusammen: Der Taktlose denkt nicht vom anderen her. Die charismatischen Erlebnisse können zu einer ichbezogenen Frömmigkeit führen: meine Erfahrungen, meine Visionen und Gebetserhörungen, mein Draht zu Gott. Die Liebe sucht nicht das Ihre, auch nicht bei Gott und im Himmel. Sie macht auch den Gruppenegoismus nicht mit, der nur an die eigene Gruppe, Bewegung und Kirche denkt und sich nicht an dem freuen kann, was Gott in anderen Kirchen und Bewegungen bewirkt.

»Die Liebe läßt sich nicht erbittern.« Erst ab jetzt geht es Paulus um Reaktionsweisen auf Probleme, die durch andere auf mich zukommen. Wer sich ganz Gott widmen will, kann leicht bitter reagieren auf das Desinteresse und den Unglauben der Menschen, aber auch auf Verfehlungen

innerhalb der Gemeinde. In der Liebe aber steckt diesbezüglich eine große Gelassenheit. Sie läßt sich nicht erbittern, auch nicht durch das Desinteresse und den Unglauben. Sie ist nicht verstimmt und beleidigt und bleibt deshalb offen für notwendige Korrekturen. Aus Verbitterung wird man leicht zum charismatischen Einzelkämpfer. Die Gelassenheit der Liebe aber führt zur Gemeinschaft.

»Die Liebe rechnet das Böse nicht an.« Das ist gerade für den Visionär oder Propheten wichtig. Er sieht das Böse tiefer und genauer als andere. Es kann deshalb dazu kommen, daß er das Böse den betreffenden Menschen »anrechnet«. Dann wird die Prophetie zur Schnüffelei und der Prophet zum Spion, der »Dossiers« über andere anlegt. Man nimmt die Fehler der anderen »zu Protokoll«, führt darüber Buch, kommt immer wieder darauf zurück und knebelt die Betreffenden damit. Das kann zu einer Herrschaft von Menschen über Menschen führen. Die Liebe sieht durchaus das Böse. Sie ist nicht blind, weltfremd oder idealistisch. Aber sie löscht das Konto des anderen rasch und gern wieder aus. Sie ist nicht nachtragend. Kaum etwas schafft so sehr Heimat und Gemeinschaft zwischen den Menschen wie das Nichtanrechnen des Bösen.

»Die Liebe freut sich nicht an der Ungerechtigkeit.« Paulus kommt auf eine unheimliche Seite am Menschen, auch am Christen und Charismatiker zu sprechen: Der Mensch kann sich am Unrecht freuen. Wie kommt das? Ich nehme an, das hat vor allem zwei Ursachen: Es kann sich um Schadenfreude darüber handeln, daß andersdenkende und mir unsympathische Menschen und Gruppen unter einer Ungerechtigkeit zu leiden haben. Ich sehe es mit einer gewissen Befriedigung, wenn es auch mal den Studenten, Lehrern, Palästinensern, Israelis, Unternehmern, Künstlern, Reichen, Berühmten usw. schlecht geht. Oft schon hat sich diese Form der Freude ein geistliches Mäntelchen umgehängt. Vielleicht spricht man sogar mit charismatischem

Durchblick von der »Strafe Gottes«. Die andere Ursache kann darin liegen, daß der Mensch die schlechten Taten anderer gern dazu benutzt, sich von ihnen um so vorteilhafter abzuheben. Im Blick auf die Ungerechtigkeiten des anderen sehe ich doch noch ganz gut aus. Die Boulevardpresse spricht diesen Mechanismus an und profitiert von ihm. Mancher Bürger liest nicht ungern von Mord, Raub, Vergewaltigung und Korruption, weil er sich dann leichter als anständiger Mensch fühlen kann. Darum die Suche nach Sündenböcken, die von den Schattenseiten der eigenen Person ablenken. Die Liebe hat es nicht nötig, vom Unrecht zu profitieren. Sie muß nicht andere abwerten, um sich selber aufzuwerten. Sie braucht die Schlechtigkeit der anderen nicht als Kontrast für die eigenen Vorzüge. Die Liebe freut sich nicht an der Ungerechtigkeit. Sie verbündet sich nur mit der Gerechtigkeit. Darin liegt ihre öffentliche und politische Relevanz.

»Die Liebe freut sich aber an der Wahrheit.« Dieser positive Abschluß nach acht Verneinungen ist erstaunlich. Man erwartet die Fortsetzung: »Sie freut sich aber an der Gerechtigkeit.« Doch für das Neue Testament hängen Wahrheit und Gerechtigkeit eng zusammen. Darum kann »Wahrheit« zum Gegenbegriff von »Ungerechtigkeit« werden (vgl. Römer 1,18; 2,8; 2. Thessalonicher 2,10 und 12). Wahrheit gibt es nur in der Gerechtigkeit und umgekehrt. Wo es keine Gerechtigkeit gibt, da gibt es auch keine Wahrheit. Ungerechtigkeit ist auf Lügen aufgebaut und ist selbst eine einzige Lüge: Sie ist die verbogene und verlogene Wirklichkeit. Wir treten nur in dem Maße für die Wahrheit ein, wie wir gegen die Ungerechtigkeit eintreten und umgekehrt. Oft aber freut sich der Mensch an der Wahrheit nicht, sondern fürchtet und verdrängt sie. Er hat Angst, die Wahrheit zermalme ihn, sie sei sein Feind. In der Liebe aber steckt das tiefe Urvertrauen: Die Wahrheit ist letztlich das Beste. Sie mag bitter sein, aber ohne sie gibt es keine Hei-

lung. Darum ist sie besser als die schönste Illusion und Projektion. Darum freut sich die Liebe zum Beispiel auch dann an der Wahrheit, wenn diese unsere Illusionen und Projektionen, unsere verborgenen Verdrängungen und Komplexe (auch die des Glaubenden) aufzeigt. Das Annehmen einer unbequemen Wahrheit – sofern man das überhaupt kann – macht frei und gütig. Der Mensch ist anderen gegenüber meist um so härter, je weniger er sich die Wahrheit über sich selber eingesteht. Insofern ist die kritische Selbsterkenntnis eine Quelle der Humanität.

Nach den neun Konkretionen, die fast ausschließlich negativ formuliert sind, faßt Paulus die Eigenart der Liebe nochmals positiv zusammen. Er hatte seine Beschreibung positiv begonnen und beendet sie positiv. Damit drückt er aus: Die Liebe ist zwar ein kritischer Maßstab, aber sie lebt nicht von der Kritik. Sie ist nicht durch Anti-Affekte geprägt, sondern positiv ausgerichtet. Die Zusammenfassung des Paulus ist dermaßen radikal, daß sie uns unglaubwürdig und unrealistisch vorkommt: »Alles deckt sie zu. Alles glaubt sie. Alles hofft sie. Alles überdauert sie.« Das Wort »alles«, das zur Pointe aller vier Aussagen gehört, ist uns denkbar fremd. Doch Paulus läßt sich in dieser Hinsicht durch keine Skepsis beirren. Für ihn hat die Liebe etwas Totales, Restloses, Kompromißloses, Ungeteiltes. Es mag sein, daß wenig Liebe unter uns zu finden ist. Doch die Liebe selbst bleibt, in welcher Quantität auch immer, stets etwas Vollkommenes. Wenn wir lieben, ist die Liebe meist mit anderen Motiven verknüpft. Sie selbst hat aber auch in diesem Gestrüpp von Motiven etwas Ungeteiltes und Kompromißloses, oder es ist keine Liebe.

»Alles deckt sie zu.« Die Liebe ist diskret. Sie läßt vieles in der Stille des Ungesagten. Was andere gern ins Rampenlicht zerren und vor anderen breittreten, deckt sie schützend zu. Gerade Propheten und Visionäre sollen nicht nur das Aufdecken lernen, sondern auch das Zudecken. Damit

ist kein Vertuschen und Bagatellisieren gemeint, auch kein Unter-den-Teppich-Kehren und keine Unfähigkeit, Konflikte offen auszutragen. Gemeint ist vielmehr der schonende Umgang mit den schwächsten und dunkelsten Stellen des anderen (vgl. Sprüche 10,12; 1. Petrus 4,8). Diejenigen Punkte, an denen man den anderen schwer und bleibend verletzen würde, deckt die Liebe zu. Zweifellos steckt im Aufdecken ein Reiz und eine Befriedigung. Das lehrt jede Strip-tease-Show, jeder Klatsch und jede Enthüllungsgeschichte. Viele Menschen sind süchtig nach dieser Art von Reiz. Doch auch im beschützenden Zudecken liegt ein eigentümlicher Reiz. Wer schon einmal ein schlafendes Kind zugedeckt hat, weiß das. Es kann einen Menschen im Innersten umkrempeln, wenn ihm bei bestimmten Gelegenheiten aufgeht, welchen Reiz das beschützende Zudecken hat. Die Liebe lebt von diesem Reiz.

»Alles glaubt sie.« In der Liebe steckt ein Vertrauen, das nicht durch Absicherung, Skepsis und Mißtrauen angekränkelt ist. Dieses Vertrauen ist nicht naive Leichtgläubigkeit, die von falschen Voraussetzungen ausgeht und darum früher oder später enttäuscht wird. Aus Enttäuschung entsteht Mißtrauen. Die Liebe ist nicht mißtrauisch, weil sie nicht enttäuscht ist. Sie ist weder mißtrauisch gegenüber den Atheisten noch gegenüber der lauen Volkskirche noch gegenüber dem Charismatiker. Die Liebe glaubt unbeirrbar an die Möglichkeit der Besserung und des Neuen. Sie glaubt an Gottes Möglichkeiten. Dieser Glaube »ist der Sieg, der die Welt überwunden hat« (1. Johannes 5,4).

»Alles hofft sie.« Die Liebe begegnet dem anderen und der Welt in ehrlicher Erwartung. Sie gibt keinen Menschen verloren und schreibt niemanden endgültig ab. Nicht weil sie sich Illusionen über den Menschen macht, sondern weil sie mit Gottes Menschenfreundlichkeit rechnet, die in Jesus erschienen ist und erscheinen wird (vgl. Titus 3,4). Die

Liebe denkt von Gottes Ziel her. Darum läßt sie sich nicht durch die Vergangenheit bestimmen und bleibt auch in der verfahrensten Situation offen für Neues. Sie kommt der Wandlung mit ihrer Hoffnung zuvor und bereitet ihr den Boden. Diese Hoffnung »läßt nicht zuschanden werden« (Römer 5,5).

»Alles überdauert sie.« So beschließt Paulus seine Beschreibung der Liebe. Diese letzte Aussage knüpft einerseits an die erste Aussage über die Langmut an und leitet andererseits über zum Schlußteil dieses Kapitels. Ausgerechnet die auf uns so unrealistisch wirkende Liebe überdauert alles andere. Wir hätten eher vermutet, sie überdauere keine fünf Minuten. Aber Paulus behauptet, die Liebe überlebt jede Gemeinheit, jeden Egoismus, jede Ellenbogengesellschaft, jedes Karriere- und Erfolgsdenken, jede Gewinnmaximierung und jeden Kapitalismus. Sie lebt länger als Krieg, Schmerz, Trauer, Krankheit und Tod. Die Liebe bricht nicht zusammen, wird nicht müde, nutzt sich nicht ab. Sie wird nicht irre, weder an Gott noch an den Menschen. Am Ende wird sie alles Finstere überwinden.

»Ich gebe euch ein neues Herz ...«
(Ezechiel 36,26)

Diese Zeichnung von Ivan Steiger wurde ohne Kommentar auf eine Leinwand projiziert, während die Musiker meditative Instrumentalmusik spielten.

Da Liebe auch eine starke körperliche Dimension hat, war es an dieser Stelle wichtig, den Gottesdienst mit einer Körperübung weiterzuführen, die mit einem Gebet beendet wurde:

Halten Sie bitte Ihre beiden Hände vor Ihrem Körper auf Brusthöhe, mit den Handflächen nach oben. Bilden Sie nun aus diesen Handflächen je eine Faust, so stark, daß es im Handinneren geradezu schmerzt ...
Die Faust: ein Symbol für Aggressivität, für Gewalt, für Zuschlagen, für Brutalität, für Kampf und Krieg.

Nun halten Sie Ihre Fäuste parallel nebeneinander und fangen an, in sie hineinzuatmen. Jedesmal, wenn Sie in die Fäuste hineinatmen, dürfen sich diese etwas weiter öffnen, solange, bis die offenen Hände wieder da sind.

Offene Hände – ein Symbol für Entkrampfung.
Offene Hände – ein Symbol für Empfänglichkeit.
Offene Hände – ein Symbol für: Ich gebe den Kampf, den Krieg auf.
Offene Hände – ein Symbol für: Ich komme und helfe dir.
Offene Hände – ein Symbol für Liebe, Zärtlichkeit und Annahme.

Du Wind, du Hauch, du Atem Gottes,
du Heiliger Geist,
hauche hinein in unsere Hände,
daß sie Liebeshände werden,
daß sie behutsam seien,
daß sie halten können, ohne zur Fessel zu werden,
daß sie geben können ohne Berechnung,
daß ihnen innewohne die Kraft
zu trösten, zu heilen, zu segnen.

Geist Gottes,
hauche den Grauschleier von unseren Augen,
daß sie die Schönheit der Schöpfung wieder entdecken,
daß sie die Bedürftigkeit beim Menschenbruder,
bei der Menschenschwester wahrnehmen,
daß sie das Unscheinbare nicht übersehen,
daß sie hindurchschauen durch das Vordergründige,
daß andere sich wohlfühlen können unter unserem Blick.

Geist Gottes,
hauche das Taube hinaus aus unseren Ohren,
daß sie die zarten Töne der Kreatur wieder verstehen,

daß sie deine leise Stimme, Gott,
zu erhorchen vermögen,
daß sie hellhörig seien, wo Leid die Stimme bricht,
daß sie Unbequemes nicht überhören.

Geist Gottes,
hauche hinein in unseren Mund,
zur Wiederbelebung all unserer kreatürlichen Kräfte,
daß unser Mund die Sprache der Liebe findet,
daß unser Mund befähigt wird
zum Dichten, zum Singen, zum Jubeln und Jauchzen,
daß unser Mund
heilende und segnende Worte sprechen kann
und Worte, die Feindschaft abbauen.

Und zum Schluß, guter Geist Gottes,
ergieße dich in unsere Herzen,
nimm Wohnung in uns,
durchdringe uns mit deiner göttlichen Liebe
bis in die letzten Fasern unseres Leibes,
denn von deiner Liebe leben wir
und die ganze Schöpfung.
Amen.

Zum Segen reichten sich alle Anwesenden die Hände.

Gesegnet sei das Werk deiner Hände.
Gesegnet seien deine Hände,
wenn sie zärtlich sind und streicheln.
Gesegnet seien deine Hände,
wenn sie Schmerzen fühlen.
Gesegnet seien deine Hände,
wenn sie im Garten arbeiten,
am Computer, an Maschinen.
Gesegnet seien deine Hände,

wenn sie Hausarbeit tun,
waschen, putzen, bügeln.
Gesegnet seien deine Hände,
wenn sie alt und knotig sind,
runzelig und verbraucht.
Gesegnet seien deine Hände
bei der Arbeit und beim Spiel.
Gesegnet seien deine Hände
von der unendlichen, unverbrauchten,
immer wieder neuen Liebe Gottes.
Amen.

Mit dem gemeinsamen Summen des Liedes »Der Mond ist aufgegangen« klang dieser Abendgottesdienst aus.

»VOR ALLEM LIEBE ICH DIE KINDER«

»Ich liebe die Kinder, sagt Gott, ich will, daß die Menschen ihnen gleichen.
Ich liebe nicht die Alten, sagt Gott, es sei denn, sie wären noch Kinder.
Außerdem will ich nur Kinder in meinem Reich, das ist beschlossen seit ewig.
Verschrumpfte Kinder, bucklige Kinder, verrunzelte Kinder, weißbärtige Kinder, alle Arten von Kindern, die ihr wollt; aber Kinder, nichts als Kinder.
Da gibt es kein Zurück mehr, das ist beschlossen, es gibt keinen Platz für die anderen. …
Ich liebe die Kinder, sagt Gott, weil sie noch fähig sind, größer zu werden,
weil sie noch fähig sind, sich zu erheben.
Sie sind unterwegs, auf dem Weg.
Aus den Erwachsenen aber, sagt Gott, ist nichts mehr herauszuholen.
Sie werden nicht mehr größer, sie erheben sich nicht mehr.
Sie sind steckengeblieben.
Das ist ein Unglück, sagt Gott, die Erwachsenen meinen, sie seien schon angekommen. …
Vor allem aber, sagt Gott, vor allem liebe ich die Kinder ob ihres Blickes.
Da lese ich ihr Alter ab.
In meinem Himmel wird es höchstens Augen von Fünfjährigen geben;
denn ich kenne nichts Schöneres als einen reinen Kinderblick.«
Von diesem Kinderblick muß Janusz Korczak ebenso faszi-

niert gewesen sein wie der Franzose *Michel Quoist,* von dem der obige Text stammt.
Zudem werden wir hier erinnert an den Juden Jesus von Nazareth, der sich vorbehaltlos zu den Kindern stellte und die Erwachsenen mit dem Spruch aufhorchen ließ: »Wenn ihr nicht werdet wie die Kinder, könnt ihr nicht in das Reich Gottes kommen.«

Vor der Janusz Korczak-Geschichte wollten wir allen Teilnehmerinnen und Teilnehmern die Möglichkeit geben, einen Bezug zur eigenen Kindheit herzustellen. Dem sollte die folgende Meditation vom »Inneren Kind« dienen.

Wahrscheinlich hat jeder Mann und jede Frau ab und zu das Gefühl, kindlich zu empfinden oder kindlich zu handeln. Das sind vermutlich Situationen, in denen sich unser inneres Kind meldet, weil es gerne Beachtung finden möchte. Die kleine Katrin, die Sie selbst mal waren, der kleine Klaus, der Sie selbst mal waren, die kleine Elfriede, der kleine Sebastian … Wir tun gut daran, wenn wir das Kind in uns beachten.
Sie sind eingeladen, Ihrem inneren Kind zu begegnen.
Setzen Sie sich so bequem wie möglich hin und achten Sie auf Ihre Atmung, lassen Sie mit jedem Atemzug Ihren Körper ruhiger und entspannter werden.

Einatmen – Ausatmen
Einatmen – Ausatmen
Die Bauchdecke hebt sich – Die Bauchdecke senkt sich
Die Bauchdecke hebt sich – Die Bauchdecke senkt sich

Nun lassen Sie ein Bild in Ihrem Geist entstehen, das Sie selbst als Kind zeigt, im Alter von fünf bis sieben Jahren … Wie sehen Sie aus … Welche Frisur haben Sie … Welche Kleidung tragen Sie … Was tun Sie gerade … Welchen Ge-

sichtsausdruck zeigen Sie … Lächeln Sie … sind Sie neugierig … sind Sie ärgerlich … weinen Sie?
Wenn Sie ein lebendiges Bild von sich selbst als Kind haben, dann können Sie beginnen, mit diesem Kind zu sprechen. Fragen Sie das Kind, wie es ihm geht und was es heute gerne tun möchte … Bieten Sie dem Kind Ihre Hand, um gemeinsam zum Spielen zu gehen … Finden Sie heraus, was das Kind gerne spielen möchte, und spielen Sie mit ihm. Nehmen Sie sich genügend Zeit dazu … Geben Sie dem Kind Gelegenheit aufzutauen …
Jetzt können Sie das Kind fragen, was es von Ihnen haben möchte … Vielleicht möchte es in den Arm genommen werden. Vielleicht wünscht es sich ein Pony zum Reiten oder irgendein Spielzeug. Vielleicht möchte es, daß Sie ihm sein Lieblingsgericht kochen oder daß Sie ihm eine Geschichte erzählen. Gehen Sie auf die Wünsche des Kindes ein und verwöhnen Sie es, so gut Sie es können. Sie brauchen keine Angst zu haben, daß Sie vielleicht zu nachgiebig sind. Was Sie jetzt tun, ist möglicherweise ein fälliger Ausgleich dafür, daß Sie das Kind in Ihnen lange Zeit etwas vernachlässigt haben …
Sie können ihm jetzt helfen, daß alte Verletzungen geheilt werden … Wenn es traurig ist, können Sie es in die Arme schließen und trösten … Lassen Sie das Kind wissen, daß Sie es lieben … Und wenn das innere Kind ärgerlich ist, geben Sie ihm Gelegenheit, diesen Ärger kräftig auszudrücken. Lassen Sie es schreien, trampeln oder Gegenstände werfen. Sie sind ein Erwachsener, Sie können das aushalten … Lassen Sie das Kind wissen, daß Sie es auch dann lieben, wenn es ärgerlich ist …
Das innere Kind ist ein wichtiger Teil von Ihnen. Wenn Sie es beachten, dann lernen Sie auch sich als Erwachsenen besser kennen. Wenn Sie das Kind in sich lieben, trösten und ihm seine Fehler verzeihen, dann tun Sie dasselbe auch viel eher für sich selbst als Erwachsenen.

Wenn Sie in dieser Weise mit sich selbst umgehen, dann tun Sie etwas, was der Menschenfreund Jesus im Umgang mit Kindern tat: Er rief die Kinder zu sich, er nahm sie in die Arme, er legte ihnen die Hände auf und segnete sie und sprach ihnen das Reich Gottes zu ...
Nun können Sie für heute Ihrem inneren Kind mit einer Liebkosung Adieu sagen ... kehren Sie mit Ihrer Aufmerksamkeit wieder dorthin zurück, wo Sie sich gerade aufhalten, mit einem wohltuenden Räkeln ...

Kindheit und Spiel gehören zusammen. Dafür hat ein Ball geradezu symbolische Bedeutung. Deshalb erhielten alle bereits am Eingang einen kleinen Ball, der nach der Meditation bei einem »Ball-Kontakt-Spiel« Verwendung fand.

Sie sind zu einem Spiel eingeladen, an dem sich sehr viele Personen beteiligen können. Sie stellen sich in einem Kreis oder in Reihen auf, nehmen einen kleinen Ball in die rechte Hand und heben Ihre beiden Hände hoch, rechts und links zur Seite, und nehmen über den Ball Kontakt mit Ihrem Nachbarn oder Ihrer Nachbarin auf, so daß sich der Ball zwischen Ihren beiden Händen befindet. Nun lassen Sie den Ball zwischen Ihren Händen rollen, hoch und runter, kreuz und quer, und dabei darf gelacht und gejohlt werden. Fühlen Sie sich wie in Ihre Kindheit versetzt ...

Um den Übergang zur Lebensgeschichte von Janusz Korczak zu finden, wurde zur stillen Betrachtung ein Bild aus dem Warschauer Ghetto auf eine Leinwand projiziert.

Kinder im Warschauer Ghetto

Das Leben des Janusz Korczak

Erzählt für Jugendliche
ab zwölf Jahren

Die Kindheit

Janusz Korczak wurde 1879 in Warschau geboren, der Hauptstadt von Polen. Seine Eltern waren Juden. Doch das war ihm als Kind nicht wichtig. Er wollte ein Kind sein wie die anderen polnischen Kinder in seiner Straße und in der Schule.

Der Vater von Janusz war Rechtsanwalt, ein geachteter und wohlhabender Mann. Wie es bei den wohlhabenden Leuten damals üblich war, hatten seine Eltern ein eigenes Haus, eine Köchin, ein Kindermädchen und einen »Salon«. So nannte man ein Wohnzimmer mit wertvollen Möbeln, Bildern, Büchern und Gardinen.

Obwohl Janusz Korczak sehr behütet aufwuchs, war er kein besonders glückliches Kind. Für sein Alter war er ziemlich klein und schwach. In der Schule wurde er häufig gehänselt. Vor Raufereien hatte er Angst, weil er meistens der Verlierer war. Wenn er aus der Schule nach Hause kam, war er oft neidisch auf die Straßenkinder aus den ärmeren Häusern. Mit ihnen durfte er nicht spielen. Seine Eltern sagten zu ihm: »Auf der Straße machst du dich nur schmutzig. Die Straßenkinder sind schlecht erzogen. Sie haben Läuse und bringen dir häßliche Wörter bei. Lerne lieber für die Schule, oder lies etwas im Salon.« Manchmal dachte Janusz: »Die Straßenkinder haben es besser als die Salonkinder. Sie haben mehr vom Leben.«

Die große Veränderung

Als Janusz Korczak sechzehn Jahre alt war, geschah etwas, das sein ganzes Leben veränderte. Sein Vater benahm sich immer seltsamer. Die Ärzte sagten, er sei geisteskrank. Deshalb konnte der Vater nicht länger zu Hause wohnen. Man brachte ihn in eine Nervenklinik. Dort lebte er noch einige Monate, dann starb er.

Mit dem Tod des Vaters begann in der Familie die Armut. Das Geld, das der Vater jeden Monat reichlich verdient hatte, fehlte jetzt. Es gab damals in Polen noch keine Krankenversicherung, auch keine Lebensversicherung. Die Mutter hatte keinen Beruf erlernt. So vermietete sie einen Teil des Hauses, damit die Familie wenigstens ein kleines Monatseinkommen hatte. Sie entließ die Köchin und das Kindermädchen, weil sie ihnen keinen Lohn mehr zahlen konnte. Nach und nach brachte sie ihren ganzen Schmuck zum Pfandleiher, dann die Bilder aus dem Salon, schließlich die Kleider des Vaters. Janusz und seine Schwester gaben Nachhilfeunterricht, um etwas Geld zu verdienen. Doch das alles reichte nicht aus. Es kamen die Rechnungen der Ärzte, des Nervenkrankenhauses, der Beerdigung, und auch Janusz selbst war oft krank. Die Familie mußte das Haus verkaufen und in eine kleine Mietwohnung umziehen.

Für Janusz brachte der Tod des Vaters nicht nur die Armut mit sich. Von jetzt an hatte er auch Angst, daß es ihm genauso gehen könnte wie seinem Vater. Manchmal lag er im Bett und dachte: »Ich bin der Sohn eines Wahnsinnigen. Vielleicht werde ich auch einmal geisteskrank. Vielleicht übertrage ich die Krankheit später auf meine Kinder.« Diese Angst konnte Janusz lange Zeit nicht loswerden. Öfter kam ihm der Gedanke, sich umzubringen. Aber das wollte er dann doch nicht tun.

Nach dem Umzug der Familie in die Mietwohnung versuchte Janusz Korczak zusätzlich zum Nachhilfeunterricht durch Gelegenheitsarbeiten Geld zu verdienen. Er ging mehrmals in der Woche zu einem Annoncenbüro. Dort konnte man nachfragen, ob wohlhabende Leute kleinere Hilfsdienste oder Botengänge gegen Bezahlung anboten. In diesem Annoncenbüro sah Janusz zum ersten Mal, wie viele Jungen und Mädchen in seinem Stadtviertel nach Arbeit suchten. Meistens fragten sie vergeblich. Es gab einfach nicht so viele Leute, die Hilfsdienste benötigten. Die meisten der Jungen und Mädchen, die Janusz auf dem Annoncenbüro kennenlernte, waren ärmer als er. Manche waren Halbwaise wie er, andere sogar Vollwaise. Schon mit zehn, zwölf oder vierzehn Jahren mußten sie ohne die Hilfe von Erwachsenen leben, zusammen mit ihren Geschwistern oder mit anderen Vollwaisen. Vom Elend dieser Kinder hatte Janusz bisher nichts gewußt. Er erinnerte sich daran, daß er früher gedacht hatte, die Straßenkinder hätten es besser als er. »So dumm bin ich gewesen. So dumm, wie verwöhnte Salonkinder eben sind.«

Medizinstudent und Schriftsteller

Janusz Korczak hatte nur noch wenig Zeit für die Schule. Trotzdem hielt er auf dem Gymnasium bis zum Ende der Schulzeit durch und bestand mit neunzehn Jahren das Abitur. Er beschloß Arzt zu werden, und zwar Kinderarzt. Er konnte die vielen Kinder nicht mehr vergessen, die er auf dem Annoncenbüro getroffen hatte. Er wollte solchen Kindern helfen. Sechs Jahre lang, von 1898 bis 1904, studierte er in Warschau Medizin. Das Geld für das Studium mußte er selbst verdienen durch Nachhilfeunterricht und Gelegenheitsarbeiten.

In diesen Jahren ging Janusz Korczak oft abends in die Stadtviertel von Warschau, wo die ärmsten Leute wohnten.

Er wollte genauer wissen, wie sie und ihre Kinder leben. Zu anderen Medizinstudenten sagte er: »Wir wissen zu wenig von diesen Kindern, die wir später behandeln.« Damals zogen in Polen viele Menschen vom Land in die Hauptstadt Warschau. Sie hatten gehört, daß dort ständig neue Fabriken gebaut werden. Es gebe dort Arbeit und guten Lohn. Doch nur wenige der neu ankommenden Menschen fanden eine feste Arbeit. Die meisten lebten enttäuscht und verbittert in den Armenvierteln der Stadt, als Tagelöhner oder Gelegenheitsarbeiter. Arbeitslosenversicherung, Arbeitslosengeld oder Sozialhilfe gab es damals in Polen noch nicht. Viele Väter versuchten ihre Sorgen durch Alkohol zu vergessen. Wenn sie betrunken waren, gab es in den Familien häufig Streit. Dann schlugen sie oft auch ihre Kinder. Es gab in jener Zeit in Polen auch noch keine allgemeine Schulpflicht. Die Kinder der armen Familien gingen meistens nur kurze Zeit in die Schule, oder überhaupt nicht. Viele Kinder konnten weder lesen noch schreiben.

Janusz Korczak beobachtete, wie die Tagelöhner abends von der Arbeit nach Hause kamen. Im Winter hatten sie ihre billigen Wattejacken an. Manche trugen – in Tüchern versteckt – gestohlenes Brennholz unter dem Arm. Die Winter in Warschau sind kälter als bei uns. Korczak schaute auch in die dunklen Hinterhöfe, in denen die Kinder spielten. Hier schien nur wenige Stunden am Tag die Sonne herein. Er sah die feuchten Kellerwohnungen, in denen die Kinder lebten. Weil Medikamente, Ärzte und ein Aufenthalt im Krankenhaus viel Geld kosteten, gingen die Menschen aus den Armenvierteln nur selten zum Arzt, oft auch zu spät. Sie starben im Durchschnitt früher als die Bewohner der besseren Viertel. Das war auch der Hauptgrund dafür, daß es bei den Kindern der Armenviertel so viele Halb- und Vollwaisen gab. Wer von ihnen Glück hatte, kannte Verwandte in der Stadt, die ein verwaistes Kind bei sich aufnahmen, obwohl sie häufig selbst kaum Platz hatten. Ein großer Teil der Vollwaisen hatte keine Wohnung mehr. Sie lebten unter Brücken oder in Hausfluren. Mit Lügen, Stehlen und Betteln versuchten sie sich durch das Leben zu schlagen.

Zusammen mit Freunden gründete Janusz Korczak in einem der Armenviertel eine kleine Privatschule. Hier unterrichteten sie Kinder einige Stunden in der Woche kostenlos in Lesen und Schreiben. Außerdem richteten sie eine Leihbibliothek ein. Sie liehen den Kindern kostenlos Kinderbücher aus, die sie unter den Medizinstudenten gesammelt hatten. Korczak brachte den Kindern unter den Brücken oft Medizin und Schokolade. Er spielte mit ihnen und erzählte Geschichten. An den Weihnachtstagen verkleidete er sich als Weihnachtsmann und verteilte Spielzeug. Bei diesen Unternehmungen spürte Korczak, wieviel Freude es ihm machte, sich mit Kindern zu beschäftigen. Wenn er sich ihnen widmete, vergaß er seine eigenen Sorgen, sogar die Angst vor der Krankheit seines Vaters. Korczak wurde klar: Nicht nur er gab den Kindern etwas, sie gaben ihm genauso viel. Sie gaben ihm Freude, Widerstandskraft und neuen Tatendrang.

Was Korczak in den Armenvierteln Warschaus sah, beschäftigte und erschütterte ihn so sehr, daß er es nicht für sich behalten konnte und wollte. Er begann Artikel für die Warschauer Zeitung zu schreiben. Die wohlhabenden Bürger und Bürgerinnen der Stadt sollten erfahren, wie die Kinder in den Armenvierteln leben. Nach einigen Zeitungsartikeln entschloß sich Korczak sogar, über das, was er erlebt hatte, ein Buch zu schreiben. Es hieß »Kinder der Straße« und erschien im Jahr 1901. Obwohl Korczak noch ein junger Student von zweiundzwanzig Jahren war, wurde das Buch ein beachtlicher Erfolg.

Kinderarzt in Warschau

Nach dem Ende des Medizinstudiums im Jahr 1904 wurde Janusz Korczak Kinderarzt in einem Warschauer Kinderkrankenhaus. Er war jetzt fünfundzwanzig Jahre alt. Er verdiente gut und hatte eine Dienstwohnung. Obwohl es ihm gut ging und er im besten Heiratsalter war, entschloß er sich, nicht zu heiraten. Er hatte noch immer Angst, die Nervenkrankheit seines Vaters könnte auch einmal bei ihm ausbrechen. Dann würde er vielleicht seine Kinder anstecken oder sie nach seinem Tod in Armut zurücklassen.

Gleich in seinen ersten Jahren als Kinderarzt schrieb Korczak ein zweites Buch. Es hieß »Das Salonkind« und erschien im Jahr 1906. Korczak beschrieb in diesem Buch das Leben der verwöhnten Kinder und ihrer reichen Eltern und wie wenig beide die Welt der anderen Menschen kennen. Dieses Buch wurde ein noch größerer Erfolg als das erste. Es machte Korczak in ganz Warschau bekannt. Der Inhalt des Buches rüttelte das Gewissen vieler Warschauer wach. Korczak wurde jetzt oft in das Haus wohlhabender Leute gerufen, um ein krankes Kind zu behandeln. Im Grunde aber wollten viele von ihnen nur den bekannten Kinderarzt kennenlernen, der so mutige Bücher schrieb und freiwillig in die Armenviertel der Stadt ging. Bei den reichen Leuten verlangte Korczak viel Geld für die Behandlung der Kinder. Dafür konnte er die armen Kinder kostenlos behandeln.

Als Janusz Korczak zweiunddreißig Jahre alt war – sieben Jahre arbeitete er jetzt schon als Kinderarzt am Kinderkrankenhaus –, bekam er eine Einladung von einem Arztkollegen. Dieser Kollege war ebenfalls Jude. Damals lebten in Warschau viele Juden. Von den 900 000 Einwohnern, die Warschau am Anfang des 20. Jahrhunderts hatte, waren etwa 300 000 Juden. Der Arztkollege lud Korczak zu einem

Fest in einem jüdischen Waisenheim ein. Da Kinderheime damals noch kein Geld vom Staat bekamen, waren sie auf Spenden angewiesen. Als Korczak das Heim betrat, sah er sofort, daß es nicht viele Spenden bekam. Das Haus war in einem schlechten Zustand. Trotzdem fühlte er sich unter den Kindern, den Erzieherinnen und Erziehern sehr wohl. Er versprach, öfter zu kommen und mitzuhelfen.

Eines Tages sagten die Mitarbeiter dieses Kinderheims zu ihm: »Dr. Korczak, wir möchten Ihnen von unserem Plan erzählen. Wir wollen ein neues, schönes Waisenhaus bauen. Es soll Platz haben für hundert Waisenkinder. Und zwar für diejenigen, die es am dringendsten brauchen. Unser jetziges Haus ist dafür zu klein. Außerdem ist es dunkel und feucht. Wollen Sie nicht der Leiter des neuen Waisenhauses werden? Sie sind in ganz Warschau bekannt. Wenn die Warschauer hören, daß Sie der Leiter des neuen Kinderheims sind, werden viele bereit sein, Geld zu spenden. Und wir brauchen für so ein Haus viel Geld. Sie haben Erfahrung mit Kindern. Außerdem könnten Sie die Kinder medizinisch betreuen.«

Diese Anfrage stellte Janusz Korczak vor die größte Entscheidung seines bisherigen Lebens. Im Kinderkrankenhaus verdiente er gut. Durch seine Bücher war er in Warschau ein bekannter Mann. Er könnte bald eine eigene Praxis eröffnen und als Kinderarzt Karriere machen. Um Leiter eines Waisenhauses zu werden, müßte er seine Stelle im Krankenhaus aufgeben und auch auf die eigene Arztpraxis verzichten. Er wäre mitsamt dem Waisenhaus von den Spenden anderer Leute abhängig. Und Leiter eines Waisenhauses kann man nicht nur für ein paar Monate werden und wieder gehen, wenn es einem nicht mehr gefällt. Nein, das mußte man sich vorher gründlich überlegen. Korczak dachte tagelang nach. Welcher Aufgabe sollte er sein restliches Leben widmen? Es fiel ihm nicht leicht, seine gut bezahlte und sichere Stelle im Kinderkrankenhaus aufzugeben. Aber dann dachte er: »Im Krankenhaus sehe ich die Kinder nur für kurze Zeit. Dann gehen sie wieder zurück in ihre alte, schlechte Umgebung. Bald sind sie wieder krank und aggressiv. In einem Waisenheim könnte ich mit den Kindern zusammen leben. Ich könnte mit ihnen gemeinsam eine neue Heimat und ein besseres Leben aufbauen.« Dieser Gedanke gab den Ausschlag für seine Entscheidung. Korczak nahm das Angebot seiner Freunde an. Er sagte: »Ich habe mich entschlossen, mein Leben der Sache der Kinder zu widmen.«

Leiter eines jüdischen Waisenhauses

Im Oktober 1911 war das neue Waisenhaus endlich fertig. Es kamen so viele Spendengelder zusammen, daß das Haus größer und moderner gebaut werden konnte als geplant. Das Waisenhaus hatte drei Stockwerke, elektrisches Licht, fließend kaltes und warmes Wasser, gekachelte Badezimmer, Waschbecken aus Porzellan und Toiletten mit Spülung. Außerdem war es eines der ersten Warschauer Gebäude mit Zentralheizung. Als die ersten Waisenkinder ankamen, die nur rattenverseuchte Plumpsklos kannten, gingen sie andächtig durch das Haus. Sie sagten: »Wie ein Haus für wichtige Leute.« Das Waisenhaus bekam den Namen »Dom Sierrot«. Das ist polnisch und bedeutet »Haus der Waisen«. Die Adresse des Hauses in Warschau lautete: Krochalma 92. Nach einem späteren zusätzlichen Ausbau des Hauses wurden weitere hundert jüdische Waisenkinder aufgenommen. Jetzt lebten doppelt so viele Kinder im Haus wie ursprünglich vorgesehen. Es waren Jungen und Mädchen im Alter von sieben bis vierzehn Jahren. (Das Haus steht übrigens heute noch und ist noch immer ein Waisenhaus.)

Mit den Kindern zogen mehrere Erzieherinnen und Erzieher in Dom Sierrot ein. Sie waren jeweils für eine Kindergruppe verantwortlich. Außerdem zogen einige Frauen mit ein, die für die Küche und die Wäsche zuständig waren. Die wichtigste Mitarbeiterin von Janusz Korczak hieß Stefanja Wilczynska. Sie leitete mit ihm zusammen das Haus. Korczak verstand sich mit dieser jüngeren Frau sehr gut. Stefanja Wilczynska hatte ebenfalls Erfahrung im Umgang mit Kindern. Vor allem hatte sie eine ähnliche Auffassung wie Korczak davon, was eine gute Kindererziehung ist. Janusz Korczak und Stefanja Wilczynska einigten sich auf folgende Hauptregeln für das Leben in Dom Sierrot:

1. Ein Kind ist genauso wichtig wie ein Erwachsener.
2. Jedes Kind hat das Recht, so zu sein, wie es ist.
3. Jedes Kind hat das Recht auf Eigentum, Information und Selbstverteidigung.
4. Jedes Kind hat das Recht auf gleichberechtigte Mitbestimmung.
5. Das Zusammenleben in Dom Sierrot ist auf der Grundlage der Gerechtigkeit aufgebaut: gleiche Rechte, gleiche Pflichten.
6. Möglichst wenig Zwang und Kontrolle. Möglichst viel Freiwilligkeit.
7. Die Hausordnung gilt für Kinder und Erwachsene gleicherweise.
8. Kein Erwachsener darf ein Kind schlagen.
9. Der Erzieher soll dem Kind helfen, sich selbst zu erziehen.
10. Kein Kind darf ein anderes Kind bei den Erwachsenen verpetzen.
11. Jedes Kind soll versuchen, seine guten Eigenschaften zu vergrößern und seine schlechten Eigenschaften zu verkleinern.
12. Die Kinder sollen lernen, möglichst viele ihrer Dinge selber zu organisieren und ihre Probleme selber zu lösen.

Nach diesen Regeln wollten Janusz Korczak und Stefanja Wilczynska mit den Kindern in Dom Sierrot leben. Das war leichter gesagt als getan. Die Kinder waren es gewohnt zu lügen, zu stehlen und zu betteln. Sie kannten keinen festen Tagesrhythmus. Schlägereien gehörten zu ihrem Alltag. Das erste Jahr in Dom Sierrot bezeichnete Korczak später als das schwerste Jahr seines Lebens.

Doch im Lauf der Zeit entwickelten Korczak und Stefanja Wilczynska Ideen, wie man die genannten Regeln in die Praxis umsetzen kann. Fünf der wichtigsten Ideen möchte ich im folgenden beschreiben. Es handelt sich um die Organisation des Arbeitsdienstes, die Waisenhauszeitung, das Wettbüro, das Kameradschaftsgericht und das Kinderparlament.

Die Arbeit im Waisenhaus: In Dom Sierrot gab es keine Putzfrauen. Die Kinder und die Erwachsenen mußten alle Arbeiten selbst erledigen: Betten machen, Schränke aufräumen, Tisch decken, Tisch abräumen, Geschirr spülen, Wäsche zusammenlegen, Matratzen klopfen, Haus putzen, Toiletten putzen, den Garten pflegen. Es gab auch einen Bereitschaftsdienst, einen Krankendienst und einen Patendienst für Kinder, die neu ins Waisenhaus kamen. Mit der Arbeit verdienten sich die Kinder ihr Taschengeld. Was sie damit machten, konnten sie selbst bestimmen.

Die Arbeit wurde jeweils für eine Woche eingeteilt. Sie fand am Nachmittag statt. Am Vormittag war Schule. Kein Kind sollte zu stolz sein für eine bestimmte Arbeit. Die unbeliebtesten Arbeiten wurden gerecht verteilt. Die anderen Arbeiten konnten die Kinder – soweit möglich – selber wählen. Kein Kind mußte eine Arbeit tun, die ihm zu schwer war. Jedes Kind sollte bei seiner Arbeit Erfolg haben. Körperliche und geistige Arbeit waren gleich wichtig. Im Waisenhaus gab es niemanden, der *nur* körperlich oder *nur* geistig arbeitete. Gleich neben dem Eingang des Waisenhauses hingen Schaufel und Besen an der Wand.

Korczak sagte: »Die Geräte, die uns helfen, unser Haus sauber zu halten, haben einen Ehrenplatz verdient.«
Janusz Korczak, Stefanja Wilczynska und die Erzieher wurden genauso zur Arbeit eingeteilt wie die Kinder. Eine Woche putzte Korczak die Schuhe der Kinder, eine andere Woche half er beim Wäsche waschen oder leerte die Nachttöpfe der kranken Kinder. Seine Lieblingsarbeit war es, den Jungen und Mädchen die Haare zu schneiden. Kinder, die ihre Arbeiten über längere Zeit besonders gut gemacht hatten, konnte für eine Auszeichnung durch das Kinderparlament vorgeschlagen werden. Man konnte auch sich selbst vorschlagen. War das Kinderparlament der Meinung, die Auszeichnung sei verdient, dann bekam das betreffende Kind eine schöne Karte mit einer Blume oder einem Tier und dem Stempel des Waisenhauses. Viele Kinder haben sich diese Karten ihr ganzes Leben aufbewahrt.
Die Waisenhauszeitung: In Dom Sierrot gab es jede Woche eine eigene Zeitung. Korczak und eine Gruppe von Kindern überlegten gemeinsam, was in der Zeitung stehen soll. Jeden Donnerstag Nachmittag war Redaktionssitzung. Die ersten Zeitungen waren handgeschrieben. Später wurden sie auf Schreibmaschine getippt. Korczak war der Meinung, eine Zeitung sei für ein Waisenhaus wichtig. Und zwar aus folgenden Gründen:

1. Eine Zeitung ist wie ein Band, das alle Menschen im Waisenhaus miteinander verbindet: die Kinder, die Erzieher, die Köchinnen und die Waschfrauen.
2. ine Zeitung verbindet auch eine Woche mit der nächsten.
3. Eine Zeitung hilft, sich an all das zu erinnern, was im Lauf einer Woche im Waisenhaus geschehen ist. Ohne eine Zeitung würde man alles viel schneller vergessen.
4. Eine Zeitung bietet Platz für neue Ideen und Vorschläge, für Kritik und Diskussion.

Nach einigen Jahren bekam das Waisenhaus eine Druckmaschine. Von da an wurde zusätzlich zur Waisenhauszeitung eine Kinder- und Jugendzeitung für ganz Warschau gedruckt. Sie hieß »Kleine Rundschau« und erschien als Beilage einer großen Warschauer Zeitung. In der »Kleinen Rundschau« schrieben Kinder für Kinder und Jugendliche für Jugendliche. Die Zeitung wurde ein großer Erfolg. Viele Warschauer Jungen und Mädchen kamen und fragten, ob sie mitarbeiten könnten. In der Nähe des Waisenhauses wurde ein eigenes Redaktionsbüro gemietet. Die »Kleine Rundschau« berichtete über die Sorgen und Wünsche von Kindern und Jugendlichen, aber auch über Politik und Sport. Das Redaktionsteam organisierte Sportveranstaltungen und Aufsatzwettbewerbe für Kinder und Jugendliche. In den ersten Jahren war Korczak bei den Redaktionssitzungen dabei. Später überließ er die Leitung einigen begabten Jugendlichen. Die Zeitung wurde in ganz Polen bekannt. Von überall her schrieben Kinder an die Redaktion. Manchmal kamen zweihundert oder dreihundert Briefe pro Woche. Die interessantesten Briefe wurden in der Zeitung abgedruckt.

Das Wettbüro: Korczak war aufgefallen, daß die Kinder gern Wetten abschlossen. Er hörte sie oft sagen: »Was wetten wir?« Deshalb machte er jede Woche einmal sein Büro zum Wettbüro. Dann konnte jedes Kind mit ihm eine Wette abschließen. Meistens standen die Kinder Schlange vor seinem Büro, weil so viele mit ihm wetten wollten. Jede Wette galt für eine Woche. Korczak hatte ein dickes Heft. Darin schrieb er alle Wetten auf. Die Wette, die man mit Korczak abschloß, hatte einen ganz bestimmten Sinn. Sie war ein Kampf gegen die eigenen schlechten Angewohnheiten. Ein Junge zum Beispiel, der ein Raufbold war, sagte zu Korczak: »Ich möchte mir die Schlägereien abgewöhnen. Bis jetzt habe ich mich fast jeden Tag zwei- oder dreimal geprügelt. Ich wette, daß ich mich eine Woche lang nicht prügeln werde.« Korczak hörte sich die Wettvorschläge an. Oft verhandelte er mit den Kindern. Er sagte etwa: »So plötzlich kannst du dir die Schlägereien nicht abgewöhnen. Wette lieber, daß du dich in der nächsten Woche nicht öfter als dreimal prügeln wirst.« Oder er sagte: »Einen Fluch pro Tag kannst du dir erlauben, sonst verlierst du die Wette.« Oder: »Einmal in der Woche darfst du noch zu spät aufstehen.« War man sich über die Wette einig geworden, dann galt sie. Jedes Kind konnte das Thema seiner Wette selber bestimmen. Man konnte auch um etwas wetten, das man als Geheimnis für sich behielt. Korczak schrieb dann in sein Heft: »Anna hat mit mir um X gewettet.«

Nach einer Woche konnte man wieder in Korczaks Wettbüro gehen und ihm berichten, ob man die Wette gewonnen oder verloren hatte. Korczak glaubte das Ergebnis immer, im Vertrauen auf die Ehrlichkeit der Kinder. Hatte man die Wette gewonnen, dann »zahlte« Korczak als Gewinn zwei Bonbons. Diese Wettbonbons waren bei den Kindern sehr begehrt. Danach konnte man mit Korczak nochmals die gleiche Wette abschließen oder eine andere.

Das Kameradschaftsgericht: In Dom Sierrot gab es ein Kameradschaftsgericht. Nur Kinder konnten Richter in diesem Gericht werden, und zwar Kinder aus allen Altersjahrgängen, also auch schon die Siebenjährigen. Das Kameradschaftsgericht tagte am Ende jeder Woche. Es bestand aus fünf Richtern. Sie wurden jede Woche neu durch Los bestimmt. Jedes Kind, das sich ungerecht behandelt fühlte, konnte sich beim Kameradschaftsgericht beschweren. Wer sich beschweren wollte, schrieb im Lauf der Woche auf eine Wandtafel seinen eigenen Namen, den Namen des Angeklagten und das, was passiert war. Es war auch möglich, Erwachsene anzuklagen. Der Angeklagte konnte sich vor Gericht verteidigen. War ein Angeklagter der Überzeugung, die Richter seien nicht fair gewesen, konnte er beantragen, den Fall noch einmal in der nächsten Woche mit fünf anderen Richtern prüfen zu lassen. Spätestens dann aber mußte er das Urteil akzeptieren.

Das Kameradschaftsgericht hatte folgende Aufgaben:

- Es sollte auf Gerechtigkeit und Ordnung achten.
- Es sollte die Kinder vor den Erwachsenen schützen.
- Es sollte die stillen und schwachen Kinder vor den lauten und starken Kindern schützen.
- Es sollte die Fleißigen vor den Faulpelzen schützen.
- Es sollte öfter verzeihen als verurteilen.
- Es sollte immer dann, wenn es möglich war, milde urteilen.

Allein die Tatsache, daß Ungerechtigkeiten in aller Öffentlichkeit verhandelt wurden und jeder gemeldete Fall genau geprüft wurde, hatte eine große Wirkung auf die Kinder. Es machte sie vorsichtiger. Korczak selbst wurde sechs Mal vor Gericht angeklagt. Einmal, weil er einem Kind eine Ohrfeige gegeben hatte. Einmal, weil er einen Jungen aus dem Schlafsaal geworfen hatte. Einmal, weil er einen Jungen in die Ecke gestellt hatte. Einmal wegen Beleidigung eines Richters. Einmal, weil er ein Mädchen zu schnell des Diebstahls beschuldigt hatte. Und einmal, weil er das Treppengeländer heruntergerutscht war. Das war nach der Hausordnung verboten. Korczak hat in jedem Fall das Urteil des Gerichts akzeptiert.

Das Kinderparlament: Korczak verstand Dom Sierrot als eine »Republik der Kinder«. Das Haus- und Disziplinarrecht lag in der Hand des Kinderparlaments (bis hin zur Frage, wer Dom Sierrot wieder verlassen mußte, wegen fortgesetzt gemeinschaftsschädigenden Verhaltens). Mitglied des Kinderparlaments konnte nur werden, wer sich über längere Zeit im Zusammenleben bewährt hatte und im Waisenhaus einen guten Ruf genoß.

Die beiden zuletzt genannten Einrichtungen waren gewagt und durchaus auch problematisch. Immer wieder waren Kinder von dem Ausmaß an Verantwortung überfordert.

Korczak sah das. Trotzdem hielt er an diesen Einrichtungen fest. Es ging ihm darum, daß sich die Kinder immer wieder neu um Gerechtigkeit bemühten, daß sie vernünftig zu argumentieren lernten und eine Ordnung zu schätzen wußten, die jeder durchschauen konnte.
Im Lauf der Zeit wurde Dom Sierrot in ganz Europa bekannt. Das lag vor allem auch daran, daß Janusz Korczak weitere Bücher schrieb. Sie wurden in mehrere Sprachen übersetzt. Korczak schrieb sowohl Kinderbücher als auch Bücher für Erwachsene. Sein berühmtestes Kinderbuch heißt »König Hänschen« (1923). Es wurde auch in Deutschland eines der beliebtesten Kinderbücher. Man kann es heute noch kaufen. In diesem Buch regiert ein Kind als König über das Land. Deshalb geht es in diesem Land menschlicher zu als anderswo. Auf Wunsch vieler Leser und Leserinnen schrieb Korczak einen Fortsetzungsband. Er heißt: »König Hänschen auf der einsamen Insel«. Die anderen Kinderbücher von Korczak heißen: »Der kleine Prophet«, »Die Kinder der Bibel« und »Wladek«. Korczak schrieb aber auch Fachbücher für Erzieherinnen und Erzieher, Lehrerinnen und Lehrer. Die bekanntesten heißen: »Wie man ein Kind lieben soll«, »Das Recht des Kindes auf Achtung«, »Verteidigt die Kinder«, »Von Kindern und anderen Vorbildern«, »Wenn ich wieder klein bin«.
Immer wieder bekam Korczak Besuch von Erzieherinnen, Erziehern und Professoren aus ganz Europa. Die Besucher wollten das Waisenhaus kennenlernen und den Mann, der »nebenher« auch noch so beeindruckende Bücher schrieb. In Polen wurde Korczak außerdem durch seine Radiosendungen bekannt. Von 1931 bis 1939 lud ihn der polnische Rundfunk zu regelmäßigen Sendungen ein mit dem Titel: »Plaudereien des alten Doktors«. In diesen Sendungen wandte Korczak sich vor allem an Kinder, aber auch an deren Eltern.

Das Warschauer Ghetto

Im Jahr 1939 begann der Zweite Weltkrieg. Die deutsche Armee eroberte Polen. Überall in Polen waren jetzt deutsche Soldaten. Im November 1940 gab der deutsche Stadtkommandant von Warschau im Auftrag von Hitler folgenden Befehl: »Alle Juden aus Warschau und Umgebung müssen in das Warschauer Ghetto ziehen! Die Polen, die hier wohnen, müssen das Stadtviertel verlassen!« Auch Korczak und Stefanja Wilczynska mußten mit den zweihundert jüdischen Waisen in das Ghettoviertel umziehen. Es war eines der schlechtesten Stadtviertel von Warschau. Es gab keine Grünanlagen und Parks. Das Haus, in das sie einziehen mußten, war viel kleiner als Dom Sierrot.

In den anderen Großstädten Polens wurden ebenfalls Ghettos eingerichtet. Beim Umzug in ein Ghetto durften die jüdischen Familien nur das mitnehmen, was sie tragen oder auf einem Hand- oder Pferdekarren transportieren konnten. Das Haus oder die Wohnung, in der sie bisher gewohnt hatten, die Möbel, Werkstätten und Maschinen mußten sie den Deutschen überlassen. Im Ghetto dauerte es oft Wochen, bis man sich einig war, wer wo wohnen sollte.

Im Warschauer Ghetto wohnten bis zu einer halben Million Juden. Das waren fast zehnmal so viel Menschen, wie bisher in diesem Viertel gelebt hatten. Es herrschte eine unvorstellbare Enge. In einem einzigen Raum lebten oft zehn Menschen und mehr. In einem dreistöckigen Haus wohnten dreihundert bis vierhundert Menschen.

Das Ghetto war fast ganz von der Außenwelt abgeschnitten. Um das Ghetto herum wurde eine hohe Mauer gebaut. Es war bei Todesstrafe verboten, das Ghetto ohne Genehmigung zu betreten oder zu verlassen. Die meisten Menschen fanden im Ghetto keine Arbeit. Es gab zwar einige Fabriken, Werkstätten, Büros, Kaufläden und soziale Einrichtungen, aber viel zu wenig für diese Menschenmenge.

Aus den anderen Stadtvierteln durfte man keine Lebensmittel oder sonstige Waren in das Ghetto liefern. Deshalb fehlte es im Ghetto bald an allem, vor allem an Lebensmitteln und Medikamenten. Im Winter fehlte es auch an Heizmaterial. Weil alles so knapp war, stiegen im Ghetto die Preise immer mehr. Ein Pfund Brot kostete (umgerechnet) 200 DM, ein Pfund Fleisch 600 DM, ein Paar gut erhaltene Schuhe 2000 DM. Schon im ersten Winter starben im Ghetto Tausende von Menschen an Kälte und Hunger. Weil es zu wenig Toiletten und Waschmöglichkeiten gab, breiteten sich ansteckende Krankheiten wie Typhus und Tuberkulose aus.

Die einzige Möglichkeit, etwas Nachschub in das Ghetto zu bringen, war der Schmuggel. Man schmuggelte durch unterirdische Abwasserkanäle und Kellergänge, durch kleine versteckte Löcher in der Ghettomauer oder in Särgen. Bei diesen Schmuggelaktionen hatten die Kinder eine wichtige Aufgabe. Kinder konnte man leichter über eine Mauer heben. Sie paßten durch kleinere Löcher. Wer aber beim Schmuggeln ertappt wurde, der wurde sofort erschossen. Auch aus dem Waisenhaus beteiligten sich einige Kinder am Schmuggel, obwohl Korczak es verboten hatte. Ein Kind wurde erwischt und erschossen.

Korczak achtete darauf, daß die Alltagspflichten im Waisenhaus möglichst so weitergingen wie bisher. Das sollte den Kindern wenigstens etwas Sicherheit geben und sie vom Elend des Ghettos ablenken. Die Aufstehzeit blieb die gleiche wie bisher. Danach kam zu den gewohnten Zeiten das Frühstück, das Morgengebet und die Schule. Nachmittags waren die Arbeits- und Putzdienste an der Reihe. Auch das Kameradschaftsgericht und die Waisenhauszeitung blieben bestehen.

Gleich in den ersten Wochen ließ Korczak eine Fahne für das Waisenhaus anfertigen. Es war eine grüne Fahne, wie König Hänschen eine hatte. Auf das Grün war eine Kastanienblüte gestickt als Zeichen des Frühlings. Um die Kastanienblüte herum waren Sterne zu sehen. Diese Fahne sollte für die Kinder ein Zeichen der Hoffnung sein in schwerer Zeit.

Im Ghetto hatte Korczak kein eigenes Büro und kein eigenes Schlafzimmer mehr. Er arbeitete und schlief jetzt im Krankenzimmer des Waisenhauses. Die kranken Kinder brauchten ihn am dringendsten. Tagsüber ging Korczak meistens durch das Ghetto, um für die Waisenkinder zu betteln. Er ging in die Kaufläden und Werkstätten und zu den wenigen Leuten, die noch genügend hatten. Wenn er nichts bekam, schimpfte und tobte er. Manchmal ging er nicht eher, bis man ihn regelrecht hinauswarf. Abends kam er dann im Waisenhaus an mit etwas Geld oder einem Sack Mehl oder Kartoffeln oder Kohle, oder einem Topf Sauerkraut, einem Paar Kinderschuhe oder einem Kindermantel. Bei diesen Streifzügen durch das Ghetto fand Korczak manchmal Kinder, deren Eltern in den letzten Wochen gestorben waren. Solche Kinder brachte er mit ins Waisenhaus. Dort wurden sie erst einmal gebadet und bekamen etwas zu essen.

Selbst in dieser bitteren Zeit verlor Korczak seinen Humor nicht. Das zeigte sich zum Beispiel, als es im Waisenhaus zu einer Fliegenplage kam. Die Fliegen vermehrten sich so stark, daß die Gefahr der Krankheitsübertragung bestand. Vor allem auf den Toiletten wimmelte es von Fliegen. Eines Tages sahen die Kinder an der Toilettentür ein großes Plakat:

»Toilettengebührenordnung:

1. Für ein kleines Geschäft müssen 5 Fliegen gefangen werden.
2. Ein großes Geschäft zweiter Klasse (Kübelhocker mit ausgesägter Öffnung) kostet 10 Fliegen.
3. Ein großes Geschäft erster Klasse (mit Sitz) kostet 15 Fliegen.«

Und tatsächlich: Alle Kinder zusammen schafften es, die Fliegenplage zu besiegen.
Doch die Zeiten im Ghetto wurden immer schlimmer. Zunächst hatten Hitler und seine Helfershelfer angenommen, die Menschen in den Ghettos würden unter diesen Umständen schnell sterben. Diese Rechnung ging aber nicht auf. Deshalb beschlossen Hitler und seine Handlanger, alle Juden in den Ghettos zu vernichten. Sie gaben den Befehl, Vernichtungslager zu bauen. Dort sollten die Juden durch giftiges Gas getötet werden. Auch in der Nähe von Warschau wurde ein Vernichtungslager gebaut. Es hieß »Treblinka«. Am 22. Juli 1942 gab der deutsche Stadtkommandant von Warschau Folgendes bekannt: »Alle Bewohner des Ghettos werden nach Osteuropa umgesiedelt. Ab heute werden jeden Tag 6000 Menschen vom Bahnhof des Ghettos aus nach Osten abtransportiert.« Und so geschah es. Jeden Morgen trieben deutsche Soldaten mit Gewehren 6000 Bewohner des Ghettos auf den Bahnhof. Eine Straße nach der anderen kam dran. Im Ghetto wußten viele, daß diese Bekanntmachung gelogen war. Sie hatten geheime Nachrichten von außerhalb des Ghettos erhalten, daß das Ziel der Fahrt in Wirklichkeit das Vernichtungslager Treblinka war. Auch Korczak hatte das von guten Freunden erfahren. Aber er sagte es den Kindern nicht. Zum ersten Mal log er die Kinder an. Er sagte ihnen, sie würden bald einen Ausflug nach Osten machen. »Es passiert euch nichts. Ich bin ja bei euch.«
In den ersten Augusttagen des Jahres 1942 war das Waisenhaus an der Reihe zum Abtransport. Morgens um 6 Uhr standen deutsche Soldaten mit Gewehren vor dem Haus: »Fertigmachen zum Abtransport! In 15 Minuten müssen alle Kinder auf der Straße stehen!« Janusz Korczak und Stefanja Wilczynska beruhigten die Kinder. Sie ließen sie in Viererreihen antreten und gingen mit ihnen zum Bahnhof des Ghettos. Korczak ging voran, Stefanja ging am Schluß.

Als die Menschen im Ghetto die Kinder in Viererreihen durch die Straßen gehen sahen, telefonierten einige jüdische Vertreter der Ghettoverwaltung mit dem deutschen Stadtkommandanten von Warschau. Sie sagten: »Der Mann, der gerade mit den jüdischen Waisenkindern zum Ghettobahnhof geht, ist der berühmte Dr. Korczak. Er hat viele Kinderbücher geschrieben, zum Beispiel ›König Hänschen‹, das auch bei den deutschen Kindern so beliebt ist.« Als der Stadtkommandant das hörte, entschloß er sich, bei dem Ghettobahnhof anzurufen und zu sagen, daß man Dr. Korczak freilassen solle.
Hört euch nun das Ende von Janusz Korczak, von Stefanja Wilczynska und den jüdischen Waisenkindern in einem Lied an:

Leute höret die Geschichte
die in Warschau ist geschehn
Janusz Korczak mit den Kindern
mußte nach Treblinka gehn

Mit den kleinen Waisenkindern
die sich feierlich geschmückt
und sie trugen eine Fahne
Stern und Blume eingestickt

In Treblinka standen Öfen
fragt die Alten wie das war
Und die Kinder gingen singend
wußten nichts von der Gefahr

Alle Juden solln verrecken
Mordbefehl den Hitler gab
Weil sie Judenkinder waren
mußten sie ins Massengrab

Janusz Korczak in den dreißiger Jahren

Als vors Lagertor sie kamen
ließ man alle Kinder ein
Korczak nahm man an die Seite
bot ihm Rettung ihm allein

Doch er blieb bei seinen Kindern
in der großen Todesnot
nahm das kleinste in die Arme
ging mit allen in den Tod

Leute alt ist die Geschichte
könnte heute sie entstehn
daß die Kinder und der Korczak
singend durch die Straßen gehn

Hildegard Wohlgemuth

*

Auf die Leinwand projizierte Porträtaufnahmen von Janusz Korczak gaben die Möglichkeit, bei meditativer Instrumentalmusik seine Geschichte weiter auf sich wirken zu lassen.
Um Korczak nicht christlich zu vereinnahmen, wurde eines seiner Gebete gelesen, das »Gebet eines Erziehers«.

Ich bringe dir keine langen Gebete, Gott.
Noch sende ich zu dir zahlreiche Seufzer …
Ich mache keine tiefen Verbeugungen,
bringe kein reiches Opfer zu deiner Ehre,
zu deinem Ruhm.
Ich wünsche nicht,
mich hineinzustehlen in deine mächtige Gnade,
noch trachte ich nach erhabenen Gaben.

Meine Gedanken haben keine Flügel,
die das Lied zum Himmel trügen.
Meine Worte haben weder Farbe noch Duft noch Blüten.
Müde bin ich und schläfrig.
Mein Blick ist verdunkelt,
der Rücken gebeugt unter der großen Last meiner Pflicht.
Und dennoch trage ich eine herzliche Bitte zu dir, o Gott.
Und dennoch besitze ich ein Juwel, das ich
nicht meinem Bruder – dem Menschen – anvertrauen will.
Ich fürchte, der Mensch wird es nicht verstehen,
nicht nachempfinden, es mißachten und verlachen.
Während ich vor deinem Antlitz
wie graue Demut bin, o Herr,
so stehe ich mit meiner Bitte vor dir –
als flammende Forderung.
Während ich still flüstere,
verkünde ich diese Bitte
mit der Stimme unbeugsamen Willens.
Mit befehlendem Blick schieße ich über die Wolken.
Aufrecht stehend, stelle ich meine Forderung,
denn ich verlange nichts für mich.
Gib den Kindern einen guten Willen,
unterstütze ihre Anstrengungen, segne ihre Mühen.
Führe sie nicht den leichtesten Weg,
aber den schönsten.
Und als Anzahlung für meine Bitte
nimm mein einziges Juwel: die Traurigkeit.
Meine Trauer und Arbeit.
Amen.

Das ursprünglich jiddische Lied »Dona, Dona« nahm Erfahrungen des Warschauer Ghettos nochmals auf. Jizchak Katsenelson schrieb dieses Lied nach dem Abtransport seiner beiden elf und vierzehn Jahre alten Söhne und seiner Frau aus dem Ghetto nach Auschwitz.

Dieser »biographische« Gottesdienst fand sein Ende mit dem Segen, zu dem sich alle die Hände gaben.

Gottes Segen gehe uns auf
wie die Sonne am Morgen.
Gottes Segen strahle uns an
wie ein fröhliches Kind.
Gottes Segen blühe in uns
wie die Blumen im Frühjahr.
Gottes Segen leuchte in uns
wie ein Licht in der Dunkelheit.
Gottes Segen hülle uns ein
wie eine warme Decke in der Nacht.
Gottes Segen sei mit dir,
rechter Nachbar, rechte Nachbarin,
ein kurzer Händedruck
unterstützt diesen Segenswunsch.
Gottes Segen sei mit dir,
linker Nachbar, linke Nachbarin.
Und dein Friede, guter Gott,
begleite uns
auf unseren Wegen,
in der kommenden Nacht,
in der vor uns liegenden Woche.
Amen.

DAS GESUNDE AM GLAUBEN

Eines Abends spät merkte ein armer Bauer auf dem Heimweg vom Markt, daß er sein Gebetbuch nicht bei sich hatte, und mitten auf dem Weg brach auch noch ein Rad seines klapprigen Karrens entzwei.
Nun war er zutiefst betrübt, vor allem deshalb, weil er den ganzen Tag kein Gebet sprechen konnte. Also betete er: »Ich habe etwas sehr Dummes getan, Gott, ich bin heute früh ohne mein Gebetbuch von zu Hause fortgegangen, und mein Gedächtnis ist so schlecht, daß ich kein einziges Gebet auswendig sprechen kann. Deshalb, Gott, werde ich dies tun: Ich werde fünfmal langsam das ganze ABC aufsagen, und du, der du alle Gebete kennst, kannst die Buchstaben zusammensetzen und daraus die Gebete machen, an die ich mich nicht erinnern kann«.
Und Gott, der Herr, sprach zu den Engeln: »Von allen Gebeten, die ich heute gehört habe, ist dieses ohne Zweifel das beste, weil es aus einem einfachen und ehrlichen Herzen kam.« *Anthony de Mello*

Vielleicht ist das mit dem Gott da oben ja viel, viel einfacher, als wir verdrehten Mitteleuropäer es uns denken. Vielleicht stimmt ja das meiste, was wir über den göttlichen Herrn denken, gar nicht. Vielleicht können wir bloß deshalb nicht so richtig glauben, weil wir ein so mieses Bild von Gott haben, welches ihm überhaupt nicht entspricht.

Gott und die erlebbare Religion, wie hängt das zusammen? Kennen wir Gott, weil wir unsere Traditionsreligionen kennen? Oder kennen wir ihn gerade deshalb nicht? Ist Gott gar ein ganz anderer als der, der sich in unseren

Köpfen eingenistet hat? Der holländische Liedermacher Herman van Veen hat diese Fragen in einigen Liedern und Geschichten mit einprägsamen Bildern dargestellt. Hier ein Beispiel mit dem Titel »Geschichte von Gott«.

Als Gott nach langem Zögern wieder mal nach Hause ging, war es sagenhaftes Wetter, und das erste, was Gott tat, war, die Fenster sperrangelweit zu öffnen, um sein Häuschen gut zu lüften. Und Gott dachte, vor dem Essen werde ich mir noch kurz die Beine vertreten.

Und er lief den Hügel hinab zu jenem Dorf, von dem er genau wußte, daß es da lag.

Und das erste, was Gott auffiel, war: daß mitten im Dorf, während seiner Abwesenheit, etwas geschehen war, was er nicht kannte. Mitten auf dem Dorfplatz stand eine Masse mit einer Kuppel und einem Pfeil, der pedantisch nach oben zeigte. Und Gott rannte mit Riesenschritten den Hügel hinab, stürmte die monumentale Treppe hinauf und befand sich in einem unheimlichen, naßkalten, halb dunklen, muffigen Raum. Und dieser Raum hing voll mit allerlei merkwürdigen Bildern: viele Mütter mit Kindern, mit Reifen überm Kopf, und ein fast sadistisches Standbild von einem Mann an einem Lattengerüst.

Und der Raum wurde erleuchtet von einer Anzahl fettiger, gelblich-weißer, triefender Substanzen, aus denen Licht leckte.

Er sah auch eine höchst unwahrscheinliche Menge kleiner Kerle herumlaufen, mit dunkelbraunen und schwarzen Kleidern und dicken Büchern unter müden Achseln, die selbst aus einiger Entfernung leicht modrig rochen.

»Komm mal her«, rief Gott, »was ist das hier?«

»Was das ist? Das ist eine Kirche, mein Freund, das ist das Haus Gottes, Freund.«

»Aha ... Wenn das hier das Haus Gottes ist, Junge, warum blühen hier dann keine Blumen, warum strömt dann hier

kein Wasser, und warum scheint dann hier die Sonne nicht, Bürschchen?«
»Das weiß ich nicht.«
»Kommen hier viele Menschen her, Knabe?«
»Es geht in letzter Zeit ein bißchen zurück, mein Freund.«
»Und woher kommt das deiner Meinung nach, oder hast du keine?«
»Der Teufel, das ist der Teufel, der ist in die Menschen gefahren. Die Menschen denken heutzutage, daß sie selbst Gott sind, und sitzen lieber auf ihrem Hintern in der Sonne.«
Und Gott lief fröhlich pfeifend aus der Kirche auf den Platz, da sah er auf einer Bank einen kleinen Kerl in der Sonne sitzen, und Gott schob sich neben das Männlein, schlug die Beine übereinander und sagte: »Hallo, Kollege!«

Hermann van Veen hat den Nagel auf den Kopf getroffen: Gott hat nichts zu tun mit muffigen Räumen und muffiger Frömmelei. Krankmachende Naßkälte sind ihm ein Graus, genauso wie kalte Dogmatik und Theologie. Halbdunkel und depressives Grau in den Gehirnzellen stoßen ihn genauso ab wie der modrige Geruch einer Religion, die nicht mehr dem Leben dient. Der Schmetterling auf einer grünen Wiese erzählt wohl immer noch tausendmal mehr von Gottes wirklicher Art als das, was tausend Lehrbücher uns über Gott weismachen wollen.

Die alten biblischen Schreiber kannten noch so etwas wie ein Staunen über die Natur, ein Staunen über Vorgänge in der Schöpfung. Sie konnten noch Geschichten erzählen, in denen Gott ganz selbstverständlich vorkam, wie zum Beispiel die Geschichte vom Ursprung unseres Atems.

Überlegen Sie einmal: Ist das nicht total irre, daß wir den ganzen Tag, jahrein, jahraus, morgens, mittags, abends, nachts, wachend und schlafend atmen und atmen, ohne daß wir das bewußt steuern müssen? Da kommen wir auf die Welt, werden von einer Mutter ins Leben gepreßt, und das erste, was wir tun, ohne Befehl von außen, ist: Wir holen Luft, atmen tief durch und schreien los, wenn es geklappt hat.

Diese Erfahrung ist einfach göttlich, diese Erfahrung ist das Urwunder des Lebens.

Der alte biblische Schreiber drückt diese Erfahrung in der Schöpfungsgeschichte so aus:

Und Gott, der Herr, blies ihm, dem Erdling, dem Häufchen Biomasse, den Odem des Lebens, blies ihm den Lebenshauch in die Nase.

Gott ist also niemand anderer als der, der will, daß wir leben. So sieht es der biblische Denker.

Weil Gott uns diesen Lebenshauch geschenkt hat, hier der Vorschlag zu einer Atemübung. Setzen Sie sich dazu bitte so hin, daß Ihr Rückgrat möglichst gerade ist, nicht angelehnt, sondern eher vorn auf einem Stuhl oder einem Hocker. Heben Sie die Unterarme, bis diese mit den Oberarmen ungefähr einen rechten Winkel bilden. Halten Sie die Handflächen nebeneinander, sie sollen sich aber nicht berühren ...

Nun beobachten Sie Ihren Atem ... Lassen Sie ihn einfach fließen, ohne ihn bewußt zu beeinflussen ...

Drücken Sie nun die Kuppen der kleinen Finger zusammen ... Beobachten Sie dabei weiter Ihren Atem ... Lösen Sie die kleinen Finger voneinander ... Lassen Sie den Atem eine Weile fließen ... und drücken Sie nun die Kuppen der Ringfinger aneinander. Beobachten Sie wieder den Atem ... Lösen Sie die Ringfinger voneinander, lassen Sie den Atem einfach weiter fließen ... Jetzt drücken Sie die Kuppen der Mittelfinger aneinander. Sie beobachten wieder Ihren Atem: Hat sich etwas verändert? ... Mittelfinger trennen –

atmen. Zeigefinger aneinanderlegen – atmen ... Zeigefinger trennen – atmen ... Daumenkuppen aneinanderlegen – atmen ... Atmen Sie jetzt anders als beim kleinen Finger? Nur beobachten, nicht steuern. Daumen trennen und einmal ganz tief einatmen und ausatmen ...
Wiederholen Sie diese Übung mit geschlossenen Augen.

Die Atemübung wurde mit einem Gebet abgeschlossen:

Du Odem spendender Gott,
wir danken dir für das Wunder des Atmens,
wir danken dir für unsere Nase, unseren Kehlkopf,
unsere Lunge, für jedes Lungenbläschen.
Wir danken dir für den Sauerstoff,
wir danken dir für das Blut,
welches den Sauerstoff aufnimmt,
wir danken dir für das Blut,
welches den verbrauchten Sauerstoff wieder abgibt.
Und so, wie der Sauerstoff in uns kreist
und unser Leben erhält,
so, Gott, willst du im Anhauch deines Geistes
in uns kreisen,
auf daß unser Leben aufblüht zur Vollblüte.
Gott, wir sind gierig nach Leben,
welches von dir kommt.
Amen.

Stimmig wirkte an dieser Stelle das gemeinsam gesungene Lied »Gott gab uns Atem, damit wir leben« (Evang. Gesangbuch Nr. 432).

Gott, der Vater

Die Gotteserfahrung Jesu als Schlüssel
zum Verständnis seines öffentlichen Wirkens

Die Bedeutung der Gotteserfahrung für das öffentliche Wirken Jesu

Der Lebensstil und die Überzeugungen eines Menschen werden entscheidend beeinflußt von seinen Erfahrungen. Es gibt Erfahrungen, die für das gesamte Leben von prägender Kraft sind. Das gilt auch für Jesus aus Nazareth. Im Mittelpunkt seines öffentlichen Redens und Handelns stand der Gott Israels. Das läßt den Schluß zu: Jesus hat offensichtlich die wichtigsten Erfahrungen seines Lebens als Gotteserfahrungen gedeutet. Alle Indizien sprechen dafür, daß diese Gotteserfahrungen für ihn die Grundlage und Motivation seines öffentlichen Wirkens waren. Aus ihnen ergaben sich die Richtung und die Zielsetzung seiner Aktivitäten. Die Konsequenz, mit der Jesus die letzten Jahre oder Monate seines Lebens gelebt hat, läßt ahnen, wie intensiv diese Erfahrungen gewesen sein müssen. Es ist deshalb von großer Bedeutung, sich – soweit möglich – über deren Art und Qualität klar zu werden. Nur dann wird man verstehen können, was Jesus aus Nazareth wollte und aus welchen Quellen er lebte. Die Gotteserfahrung Jesu ist der Schlüssel zum Verständnis seines Wirkens. Es muß sich dabei um Erfahrungen gehandelt haben, die Jesus zu einem neuen Verständnis dessen geführt haben, was unter »Vater« zu verstehen ist.

Um die Tragweite dieser Erfahrungen ermessen zu können, ist es notwendig, weiter auszuholen.

Die Vatererfahrung als Basis des Patriarchats

Das Wort »Vater« gehört zu den Urworten der Menschheit. Es benennt eine fundamentale menschliche Erfahrung. Sowohl die positiven und negativen als auch die nicht gemachten Vatererfahrungen haben tiefgreifende Folgen für die Identität des Menschen.

Das gilt in besonderer Weise für das Zeitalter des Patriarchats. Dieses Zeitalter umfaßt – was die Hochkulturen betrifft – den größten Teil der Menschheitsgeschichte. Jahrtausendelang, bis hinein ins 20. Jahrhundert, waren alle Hochkulturen patriarchalisch strukturiert. Insofern ist das Patriarchat ein historischer Faktor ersten Ranges. Kaum ein anderer Faktor war von so prägender und kulturübergreifender Kraft. Das Patriarchat ist nicht nur eine von Männern dominierte Eigentumsordnung, Herrschaftsordnung und Gesellschaftsordnung. Es ist zugleich eine umfassende Weltanschauung. Deshalb gehört zu jeder patriarchalischen Gesellschaft eine ihr entsprechende Religion. Diese Einheit von Gesellschaftsordnung, Weltanschauung und Religion war das Lebensgebäude der Menschen. Fundament dieses Gebäudes war eine bestimmte Art von Vatererfahrung.

Die grundlegende Erfahrung des antiken Menschen war die des patriarchalisch herrschenden *Hausvaters*. Diese Erfahrung prägte den Alltag von früher Kindheit an. Das »Haus« war die Urzelle der antiken Gesellschaft, der primäre Ort für das Gelingen oder Mißlingen des Lebens, die wichtigste Lebens- und Wirtschaftseinheit. Es verkörperte die beiden Existenzgrundlagen des antiken Menschen: Großfamilie und Grundbesitz. Der Hausvater war die höchste Respektsperson des Hauses, der »Hausherr«. Er hatte souveräne Verfügungsmacht über die anderen Mitglieder des Hauses, über Frauen, Kinder, unverheiratete Verwandte und Sklaven. Sie alle standen unter seiner Vormundschaft. Das war so unumstößlich und selbstverständlich wie die Ordnung des Kosmos und der Natur. Nur der Hausvater besaß normalerweise das Besitzrecht, Geschäftsrecht, Verpfändungsrecht, Verheiratungsrecht, Scheidungsrecht, Bestrafungsrecht und Tötungsrecht. Innerhalb gewisser Grenzen hatte er in den meisten Kulturen das Recht, Sklaven und eigene Kinder zu töten. Letzteres bezog sich in erster Linie auf das Töten von unerwünschten neugeborenen Kindern (vor allem behinderten, kranken und illegitimen Kindern, außerdem oft Mädchen in ohnehin schon töchterreichen Familien), im Grenzfall aber auch auf das Töten von widerspenstigen und »mißratenen« Kindern. Das Töten, Aussetzen und Weggeben von Kindern galt in der Antike nicht als Unrecht. Im Römischen Reich wurde das Töten von Kindern erst ab 374 n. Chr. – aufgrund christlichen Einflusses – verboten. Heimlich ging dieses Töten, vor allem von Mädchen, dennoch weiter.

Der Hausvater war allerdings nicht nur der Herr des Hauses, sondern auch dessen Beschützer. Er hatte eine doppelte Funktion: Herrschaft und Fürsorge. Grundlegend war die zuerst genannte Funktion. Von ihr her ergab sich die zweite. Nur weil der Hausvater die Macht hatte, konnte sich die Frage stellen: Wie geht er mit ihr um? Die Hausväter verhielten sich gegenüber den anderen Hausbewohnern mehr oder weniger fürsorglich. Es gab despotische und tyrannische Hausväter. Mit ihrer Willkür, ihren Zornausbrüchen und Launen waren sie der Schrecken des Hauses. Doch selbst jenen Hausvätern gegenüber, die mit den Bewohnern des Hauses fürsorglicher umgingen, empfand man bei aller Verbundenheit und Dankbarkeit auch Scheu und Furcht. Immerhin hatten sie die Macht über das Leben ihrer Untergebenen. Das konnte im Konfliktfall schnell unangenehm werden.

Die Erfahrung des patriarchalisch herrschenden Hausvaters wurde auf den politischen und religiösen Bereich übertragen. Seine Rolle wurde zum Modell von Herrschaft überhaupt. Könige und Fürsten regierten als »Landesväter«: mit Strenge und Milde nach innen, mit Macht und Stärke nach außen. Auf der politischen Ebene wird aus dem Vaterhaus das Vaterland. Die patriarchalische Doppelfunktion von Herrschaft und Fürsorge galt auch für den Landesvater. Auch für ihn blieb dabei die erstgenannte Funktion bestimmend. Könige und Fürsten wurden »Herrscher« genannt, nicht »Fürsorger«. Unter den Landesvätern gab es ebenfalls Despoten oder Tyrannen und solche, die der Fürsorgefunktion gegenüber ihren »Landeskindern« besser nachkamen. Entsprechendes galt für die Welt der Götter. Auch sie war analog dem antiken Haus aufgebaut. An der Spitze der Götterwelt stand der höchste Gott, der zugleich Hausvater war. Sein Haus war die Welt, der Kosmos. Der höchste Gott galt als Eigentümer dieses Hauses. Alle antiken Hochkulturen bezeichneten ihren höchsten Gott als »Vater«. Das gilt für die Völker des Mittelmeerraums und Orients genauso wie für die Hochkulturen anderer Kontinente. Die Bezeichnung des obersten Gottes als »Vater« gehört zu den verbreitetsten Phänomenen der Religionsgeschichte. Der Vatergott galt als Erzeuger und Oberhaupt der Götter und Menschen. Die Menschen fühlten sich deshalb blutsverwandt mit den Göttern. Die Kanaanäer verehrten ihren obersten Gott El als »Vater der Menschheit«. Der babylonische Mondgott Sin war der »Vater und Erzeuger der Götter und Menschen«. Homer nennt Zeus »Vater der Menschen und Götter«. Der Name des obersten römischen Gottes, Jupiter, enthält das Wort »pater« (Vater). Odin, der oberste Gott der Nordgermanen, war der »Allvater«. In der griechischen Philosophie – die die religiösen Mythen überwinden will – bleibt Gott »der Vater aller« (Plato). Die stoische Philosophie spricht vom »Vater des Weltalls«, die Gnosis vom »Urvater« usw.

Die weite Verbreitung des Vatermotivs in den antiken Religionen ist Folge und Ausdruck der Rolle des antiken Hausvaters und spiegelt deren fundamentale Bedeutung. Der Vatergott hatte die gleiche Doppelfunktion wie die Haus- und Landesväter: Herrschaft und Fürsorge. Daß auch bei ihm die Herrschaftsfunktion grundlegend war, zeigt sich zum Beispiel an der religiösen Symbolik. Es dominieren Symbole der Macht und der Potenz: Stier, Löwe, Adler und ähnliche. In den patriarchalischen Religionen wird das Göttliche durch väterliche Symbole repräsentiert und durch männliche Könige, Priester und Propheten vermittelt. Die Autorität des obersten göttlichen Vaters legitimierte und stabilisierte sowohl die Autorität der Landes- und Hausväter als auch die der Priester und Oberpriester. Letztere waren die spirituellen Väter des Volkes. An der Spitze des antiken Hauses, Staates, Tempels und Götterpantheons stand jeweils ein Vater, der die Macht und Herrschaft in seiner Hand hatte. Die irdischen Väter verstanden sich als Repräsentanten und Sachwalter des obersten göttlichen Vaters, von dem sie sich ableiteten. Vaterhaus, Vaterland und Vaterreligion – in dieser Einheit gründete die antike Lebenswelt. Das machte die Vaterfigur für Jahrtausende zur zentralen familiären, politischen und religiösen Idolfigur. Dieses Idol bewirkte durchaus Stabilität und Sicherheit. Doch zu welchem Preis? Die überwiegende Mehrheit der Bevölkerung gehörte zu den Untergebenen und Untertanen. In ihnen bewirkte das Vateridol jenes Abhängigkeits-, Angst- und Gehorsamsbewußtsein, gegen das sich die neuzeitliche Emanzipationsbewegung aufgelehnt hat.

Welche Gründe haben dazu geführt, daß sich das Patriarchat in allen Hochkulturen der Menschheit durchgesetzt und das Leben der Menschen bis hinein ins 20. Jahrhundert bestimmt hat? Eine umfassende Antwort ist nicht leicht. Drei Gründe haben sicher eine wichtige Rolle gespielt: 1. Der Mann ist in den meisten Fällen körperlich stärker als die Frau. 2. Der Mann ist in seinen Aktivitäten nicht durch

Schwangerschaft und Stillen »beeinträchtigt«. Bei der früher üblichen hohen Kinderzahl waren die Frauen einen großen Teil ihres Lebens schwanger und stillten. 3. Während das Sperma des Mannes mit bloßem Auge zu sehen ist, ließ sich die weibliche Eizelle erstmals im 19. Jahrhundert mit Hilfe des Mikroskops sichtbar machen. Deshalb war man sehr lange im allgemeinen der Auffassung, ein Kind stamme nur vom Mann ab. Der Bauch der Frau galt – bei aller Ehrfurcht vor deren Gebärfähigkeit – lediglich als »Ernährungsmaterie« (Gefäß) für das aus dem männlichen Samen heranwachsende Kind. Die Schlußfolgerung war: Kinder gehören dem Vater.

Fazit: Es gab im Zeitalter des Patriarchats keine Erfahrung von so grundlegender und prägender Kraft für die Menschen wie die Erfahrung der Realität »Vater«. Deshalb wurde diese Erfahrung zum Modell auch des politischen und religiösen Lebens. Wer also an der Vatererfahrung ansetzte und hier Veränderungen für denkbar und notwendig hielt, setzte am fundamentalsten und entscheidenden Punkt der damaligen Lebenswelt an. Wer an der Realität »Vater« rüttelte, rüttelte an der Grundlage des Lebens in Familie, Politik und Religion. Aber wer sollte so etwas wollen und können? Aus welchem Interesse? Mit welcher Absicht?

Gott als »Vater« im Alten Testament

Untersucht man das Alte Testament – die jüdische Bibel – auf seine Gottesvorstellungen, wird man überrascht. Diese Vorstellungen weichen in wichtigen Punkten von den patriarchalischen Gottesvorstellungen anderer Kulturen ab. Der erste, sofort ins Auge springende Unterschied: Das Wort »Vater« gehört zu den seltensten Gottesbezeichnungen des Alten Testaments! Während dieses Wort im profanen Zusammenhang im Alten Testament 1180mal vorkommt, wird es nur neunzehnmal im religiösen Sinn verwendet. An fünfzehn Stellen wird Gott als »Vater« bezeichnet, an vier Stellen wird er mit einem Vater verglichen.[1] Der Gottesname »Jahwe« dagegen kommt im Alten Testament 6828mal vor, die Bezeichnung »Elohim« (Gott) etwa 2600mal, die Titel »Adonaj« und »Zebaoth« 439- und 267mal, um nur die häufigsten Ausdrücke für Gott zu nennen. Auch die Bezeichnungen »König« und »der Heilige (Israels)« kommen wesentlich häufiger vor als »Vater«.

Schaut man sich die Verteilung der fünfzehn Belege für die Gottesbezeichnung »Vater« innerhalb des Alten Testaments näher an, staunt man noch mehr. In den *grundlegenden*, erzählenden Teilen des Alten Testaments fehlt die Vaterbezeichnung für Gott *vollständig*.[2] In der Schöpfungs- und Urgeschichte (1. Mose 1–11), der Erzählung von den Erzvätern (1. Mose 12–50) und der Erzählung von der Befreiung Israels aus Ägypten (2. Mose 1–40) findet sich keine Stelle dieser Art. Diese drei Anfangserzählungen handeln von jenen Taten Gottes, auf denen alles andere basiert. Auffallend ist vor allem, daß die Vaterbezeichnung in den Schöpfungserzählungen fehlt. Hier wäre sie nach patriar-

[1] Im folgenden geht es nur um die *Bezeichnung* Gottes als Vater. Die vier Stellen, in denen Gott mit einem Vater lediglich verglichen wird (5. Mose 1,31; 8,5; Ps 103,13; Spr 3,12), vermeiden eine Identifikation Gottes *als* Vater.

[2] Gerhard von Rad unterteilt seine »Theologie des Alten Testaments« in zwei Bände. Der erste Band behandelt »die geschichtlichen Überlieferungen«, der zweite Band »die prophetischen Überlieferungen« Israels. Diese Aufteilung hat ihre guten Gründe. Weil die geschichtlichen (erzählenden) Überlieferungen Israels grundlegend sind, muß eine Theologie des Alten Testaments von ihnen ausgehen. Die Propheten reagieren bereits auf Israels Umgang mit jenen Taten Gottes, von denen die geschichtlichen Überlieferungen erzählen. Aber gerade in diesen Überlieferungen gibt es keine religiöse Verwendung des Wortes Vater.

chalischer Weltanschauung besonders angebracht gewesen. Doch der Schöpfer der Welt und der Menschen wird in den ersten Kapiteln der Bibel nicht »Vater« oder »Erzeuger« genannt, und Adam und Eva werden nicht als »Sohn« und »Tochter« bezeichnet. Nirgendwo steht etwas von einer »Zeugung« oder von einer Blutsverwandtschaft zwischen Gott und den Menschen. Gott und Mensch stehen in keinem verwandtschaftlichen Verhältnis. Dieser Textbefund ist verblüffend. Die Schöpfungstheologie des Alten Testaments enthält keine Vatertheologie. Auch in den folgenden Überlieferungen der Bibel, die die Wüstenwanderung und den Einzug ins gelobte Land erzählen (3.–5. Buch Mose, Josua, Richter), kommt die Bezeichnung »Vater« für Gott nur ein einziges Mal vor (5. Mose 32,6). Der betreffende Vers ist sehr wahrscheinlich ein Nachtrag aus der Spätzeit des Alten Testaments. Das heißt: Die gesamte Tora (die fünf Bücher Mose, für Juden der wichtigste Teil der Bibel) vermeidet die Vaterbezeichnung für Gott konsequent. Die Israeliten haben Gott in seinen grundlegenden Taten nicht als Vater erfahren. Die zentrale Gestalt aller patriarchalischen Religionen kommt im Alten Testament zuerst einmal gründlich abhanden. Warum?
Im Zentrum des Alten Testaments steht die Selbstoffenbarung Gottes. Sie geschieht grundlegend im Zusammenhang der Befreiung hebräischer Fronarbeiter und ihrer Familien aus der Knechtschaft in Ägypten. Der Gott der Bibel beginnt sein Wirken am Volk Israel, indem er staatlich ausgenutzte Zwangsarbeiter aus der Unterdrückung durch eine patriarchalische Großmacht befreit, an deren Spitze ein Pharao als »Supervater« stand. Gott erklärt die Arbeitsbedingungen dieser Fronarbeiter für nicht akzeptabel. Das hatte bisher noch kein Staatsgott getan. Der »Gott der Hebräer« (2. Mose 5,3) stellt sich Mose aus dem brennenden Dornbusch heraus als »Jahwe« vor. Dieser Name bedeutet »Ich bin für euch da«. Und so, wie dieser Gott sich nennt,

so handelt er auch. Er handelt *für* die Fronarbeiter und deren Familien, *gegen* die Interessen der Großmacht Ägypten. Jahwe ist kein Steigbügelhalter patriarchalischer Systeme, wie es die Staatsgötter der Antike ausnahmslos waren. Die Hebräer erlebten ihre Befreiung aus Ägypten als intensive Form der Zuwendung Jahwes zu den Opfern eines patriarchalischen Systems, als intensive Form der Anteilnahme an ihrer Lage.

Wer ist dieser Gott der Hebräer? »Jahwe« ist kein Name der Macht und Überlegenheit. Dieser Name hat nichts Autoritäres, Angsterzeugendes und Unterdrückendes an sich. Er ist kein Ausdruck von Imponiergehabe, sondern von Zuwendungsbereitschaft. Falls dieser Name tatsächlich das Wesen Gottes angemessen wiedergibt, dann ist das Göttliche an Gott seine Zuwendungslust und Zuwendungskraft. Der Name »Jahwe« ist auch keine *allgemeine* Bezeichnung wie »König«, »Herr« oder »Vater«. Von dem, was solche allgemeinen Gattungsbegriffe meinen, hat der Mensch immer schon feste Vorstellungen. »Jahwe« ist kein Gattungsbegriff. Der Name vermeidet jede Festlegung und Einordnung in bekannte Kategorien. Er ist neuartig in der Welt der Religionen, ein Fremdkörper unter den Namen und Titeln der Götter. Der Name »Jahwe« entzieht sich jedem Bild, jeder Idolbildung, jeder Vereinnahmung durch Verwandtschaftstitulatur. Mit »Jahwe« ist etwas Neues gemeint, nichts längst Bekanntes. Jahwe hat verblüffenderweise keine Frau, pflanzt sich nicht fort, ist kein Geschlechtswesen, also auch kein Mann. Er ist ein Unikum.

Jahwe wurde von den hebräischen Fronarbeitern als *Befreier* aus der Unterdrückung erfahren. Im Vergleich zu dieser Erfahrung enthält die antike Vatererfahrung zu wenig Befreiendes. Meist waren ja gerade Väter die Unterdrücker. Deshalb paßt die patriarchalische Vaterfigur nicht zur biblischen Exoduserfahrung. Die Vorstellung eines patriarchalischen Vatergottes *mußte* verloren gehen, um der

Exoduserfahrung Raum zu schaffen. Damit kommt es im Zentrum der biblischen Offenbarung zu einer Demontage des religiösen Vateridols. Religion dient nicht mehr der Legitimation und Stabilisierung irdischer Herrschaftsverhältnisse, sondern stellt diese in Frage.

Nur *weil* in den grundlegenden Überlieferungen des Alten Testaments das religiöse Vateridol demontiert wurde, konnte es in den *prophetischen* Überlieferungen des Alten Testaments zu einem neuen Verständnis der Vaterschaft Gottes kommen. Von den fünfzehn alttestamentlichen Belegen für die Gottesbezeichnung »Vater« stehen dreizehn in einem prophetischen Kontext. Am Anfang dieser neuen Entwicklung steht der Prophet *Hosea*. Er gehört zu den ältesten Schriftpropheten Israels (Wirkungszeit etwa 750–722 v. Chr.). Hosea bezeichnet Gott noch nicht ausdrücklich als Vater. Er vergleicht aber das Volk Israel – das er auch »Ephraim« nennt – sowohl mit einer Ehefrau, die ihren Mann verlassen hat (vgl. Hosea 1–3), als auch mit einem *Sohn*, der sich von seinem Vater abgewandt hat (vgl. Hosea 11,1–3). Damit erscheint Gott im Bild des Ehemanns und des Vaters. Diese Bilder gehen mehrfach ineinander über. Auffallenderweise finden sich im Hoseabuch beide Bilder stets in den *Gottesreden*. Letztere bilden den sachlichen Kern der alttestamentlichen Prophetenbücher, weil sie die Botschaft Gottes an den Propheten oder an das Volk Israel enthalten. In diesen Gottesreden spricht nicht der Prophet, sondern Jahwe selbst im Ich-Stil.

In seinen Reden an Hosea tritt Jahwe allerdings nicht in der üblichen Rolle des patriarchalischen Eheherrn und Hausvaters auf. Er berichtet Hosea vielmehr von der ausgesprochen peinlichen Lage, in der er sich befindet: Seine Frau ist ihm weggelaufen, um sich anderen Männern zuzuwenden, und sein eigener Sohn hat sich von ihm abgewandt. Beides gilt im Orient für einen Mann als schwerste Kränkung und Blamage. Der Betreffende ist dem Spott und Gerede des ganzen Dorfes ausgesetzt. In dieser Rolle des verlassenen, verratenen und verletzten Mannes und Vaters spricht Jahwe zu Hosea. Und er teilt ihm mit, daß er trotz aller Brüskierungen seine Frau und seinen Sohn nicht endgültig aufgeben und verlieren will: »Wie könnte ich dich preisgeben, Ephraim, dich aufgeben, Israel? Mein Herz stürzt um in mir. Mein ganzes Mitgefühl ist entbrannt« (Hosea 11,8–9). Eine Vatermetaphorik dieser Art ist religionsgeschichtlich neu. Sie fällt aus dem Rahmen des patriarchalischen Vateridols. Diese neue Sicht der Vaterschaft Gottes wurde nach Darstellung des Hoseabuchs nicht von Israel oder einem israelitischen Propheten entwickelt (welcher Mensch dürfte es sich erlauben, von Gott so zu reden?). Gott selbst hat sich in dieser Weise an Hosea gewandt. Diese Gottesrede verändert das übliche Verständnis der Vaterschaft Gottes in dreifacher Hinsicht:

1. Es entfallen alle naturhaft-biologischen Vorstellungen der Vaterschaft Gottes. Gott wird Israels Vater nicht durch eine mythisch-sexuell verstandene Zeugung, sondern in *jener* Befreiungstat, die auch sonst Grundlage und Ausgangspunkt der alttestamentlichen Gotteserfahrung ist: der Befreiung aus Ägypten. Jahwe sagt zu Hosea: »Als Israel jung war, gewann ich es lieb. Ich rief ihn, meinen Sohn, aus Ägypten« (Hosea 11,1–2). In dieser Verknüpfung der Vaterschaft mit einem geschichtlichen Befreiungsprozeß liegt eine tiefgreifende Veränderung des bisherigen Vaterbegriffs. Vaterschaft entsteht durch einen Akt der Befreiung. Vater sein heißt Befreier sein. Die Exoduserfahrung wird nicht der gewohnten Vatererfahrung angepaßt oder untergeordnet. Der Exodus bewirkt vielmehr eine Neudefinition dessen, was unter »Vater« zu verstehen ist. Diese Neudefinition wird nach Darstellung des Hoseabuchs von Gott selbst eingeführt. Das besagt: Menschen wäre es wohl kaum möglich gewesen, das patriarchalische Vaterverständnis zu überwinden.

2. Jahwe stellt sich im Hoseabuch *vor allem* als der sich sorgende, mitfühlende Vater vor (vgl. Hosea 11,8–9 und öfter). Zwar betont er durchaus auch seine Hoheit über die Menschen (»Gott bin ich und kein Mensch«, Hosea 11,9) sowie seinen Anspruch auf die Treue und den Gehorsam Israels, aber der Akzent liegt wesentlich stärker auf der Fürsorge und dem Erbarmen des Vaters als sonst im Patriarchat.

3. Jahwe begrenzt seine Vaterschaft auf das Exodusvolk Israel. Er ist zwar der Schöpfer der Welt und aller Völker, »Vater« aber ist er nur für Israel. Einen »Allvater« aller Menschen gibt es in den Gottesreden des Hoseabuchs nicht. Jahwes Vaterschaft gilt dem Volk als *ganzem*. Das Volk insgesamt ist Gottes »Sohn«. Es geht nicht um die persönliche Vaterschaft im Bezug auf einen einzelnen Israeliten.

Diese drei Veränderungen im Verständnis der Vaterschaft Gottes bleiben bestimmend für die weitere Entwicklung innerhalb des Alten Testaments. Im Buch des Propheten *Jeremia* (Wirkungszeit: 627–587 v. Chr.), der stark von der Prophetie Hoseas angeregt ist, wird Gott an drei Stellen *ausdrücklich* als Vater bezeichnet (Jeremia 3,4–5.19–20; 31,9). Alle drei Stellen betonen die Fürsorge Gottes, gelten dem Volk Israel insgesamt und stehen innerhalb von Gottesreden. Wie bei Hosea gehen auch bei Jeremia die Bilder des Ehemanns und des Vaters ineinander über. Wieder führt sich Gott selbst als der verlassene Vater ein und will von den Israeliten als Vater gewürdigt werden.

Entsprechendes gilt auch für die Verheißung, die der Prophet *Nathan* im Auftrag Jahwes dem König Israels zuspricht: »Ich will ihm Vater und er soll mir Sohn sein« (2. Samuel 7,14; vgl. die Verse 11–16). Diese Zusage wird im ersten Buch der Chronik dreimal zitiert (1. Chronik 17,11–14; 22,10; 28,6). Auch Psalm 89,27 basiert auf der Nathanverheißung: »Er wird zu mir rufen: Mein Vater bist du, mein Gott und der Fels meines Heils.« Auch hier ist der König gemeint. Wieder handelt es sich um eine Gottesrede. Nur der König kann im Alten Testament als Einzelperson »mein Vater« zu Jahwe sagen. In diesem Zusammenhang gilt der König jedoch nicht als Privatperson, sondern als Repräsentant des Volkes.

Erst in der Zeit des Babylonischen Exils (587–538 v. Chr.), in der Israel nochmals das Opfer einer patriarchalischen Großmacht wurde, findet sich die Gottesbezeichnung »Vater« auch innerhalb eines israelitischen Gebets. Es handelt sich um ein Volksklagelied: »Wo ist deine Leidenschaft und deine Macht, das Beben deines Innern? Verschließe dich nicht dem Erbarmen, denn du bist unser Vater! Abraham weiß ja nicht um uns, und Israel kennt uns nicht. Du bist unser Vater. ›Unser Befreier‹ ist von Anfang an dein Name ... Du hattest dein Angesicht vor uns verborgen und uns der Gewalt unserer Schuld überlassen. Und doch, Jahwe, bist du unser Vater. Wir sind der Ton, du bist der Töpfer. Wir alle sind das Werk deiner Hände« (Jesaja 63,15–16; 64,6–7).

Nirgendwo wird im Alten Testament von seiten der Israeliten so konzentriert von Gott als dem Vater gesprochen wie in diesem Klagelied. Die zitierten Verse stehen den entsprechenden Gottesreden im Hosea- und Jeremiabuch sehr nahe (s. o.). In diesem Gebet wird Gottes Vatersein ganz von seiner Befreiungstat im Exodus her verstanden. Gottes Vaterschaft liegt in seiner Fähigkeit und Bereitschaft zur Anteilnahme und Zuwendung. Auf diesen Vater setzt Israel seine Hoffnung gegen die Macht der babylonischen Vaterfiguren.

Auch in den späten, nachexilischen Teilen des Alten Testaments bleibt die Vaterbezeichnung für Gott selten (vgl. Psalm 68,6; 5. Mose 32,6; Maleachi 1,6; 2,10). Der Grund für diese Zurückhaltung wird schon beim Propheten Jeremia deutlich. Er bemerkt im Blick auf die Nachbarvölker Israels: »... die zum Holz sagen: ›Du bist mein Vater‹ und zum Stein: ›Du hast mich geboren‹« (Jeremia 2,7). Die Bezeichnung Gottes als Vater galt demnach in Israel als »heidnisch vorbelastet«. Insgesamt gehört im Alten Testament das Vatersein Gottes nicht zu den Hauptthemen. Das Alte Testament enthält keine »Vaterreligion«, wie Sigmund Freud gemeint hat.

Es gibt noch einen weiteren Unterschied zwischen dem Alten Testament und den patriarchalischen Religionen der anderen antiken Kulturen. Gott wird im Alten Testament an keiner einzigen Stelle als »Vater« *angeredet!* Es findet sich kein Gespräch und kein Gebet mit dieser Anrede (auch nicht in den 150 Psalmen). Dieser auffallende Befund macht deutlich, daß es ein Unterschied ist, ob ich Gott als Vater *bezeichne*, oder ob ich es auch wage, ihn als solchen im Gebet *anzureden*. Es gibt im Alten Testament zwei Stellen, die einer Anrede nahe kommen, sie aber dennoch vermeiden. Beide Stellen befinden sich in dem bereits zitierten Klagelied der Exilszeit: »Denn du bist unser Vater!« (Jesaja 63,16). Und: »Nun aber, Jahwe, bist du unser Vater!« (Jesaja 64,7). Diese Sätze sind zwar Teil eines Gebets an Gott, bleiben aber eine *Aussage* über die Vaterschaft Gottes und sind keine unmittelbare Anrede.

Was hat die Exoduserfahrung und die ihr entsprechende neue Sicht der Vaterschaft Gottes im Alltag der israelitischen Gesellschaft bewirkt? Hat sie zu einer Überwindung der patriarchalischen Strukturen in Familie und Politik geführt? Offensichtlich nicht. Doch man kann von jenen Gotteserfahrungen, die das Alte Testament bezeugt, Veränderungen dieser Größenordnung nicht ohne weiteres erwarten. Man kann nicht in der gesamten Bevölkerung Israels Gotteserfahrungen der gleichen Intensität und Authentizität voraussetzen. Bei den israelitischen Propheten und ihren Schülern handelte es sich um – meist oppositionelle – *Minderheiten* innerhalb Israels. Die den nachkommenden Generationen überlieferte Exoduserfahrung wirkte nicht automatisch auf die Menschen. Es kam immer darauf an, inwieweit sich der einzelne Israelit von dieser Erfahrung ansprechen ließ und sich ihr öffnete. So gesehen ist es durchaus erstaunlich, welche praktischen Folgen die Exoduserfahrung und die Gotteserfahrungen der Propheten in Israel hatten:

In Israel entstand eine Sozialgesetzgebung, die Armen, Fremden, Sklaven, Witwen und Waisen, Tagelöhnern und Verschuldeten einen Schutz vor den machthabenden Vätern gewährte, der in der Antike seinesgleichen sucht. Die Sabbatgesetzgebung gewährte auch Frauen, Sklavinnen und deren Töchtern ein Recht auf Ruhe und Erholung. Israel war das einzige Land unter den uns bekannten antiken Gesellschaften, in dem die Hausväter kein Recht hatten, ihre eigenen Kinder (Töchter) oder Sklaven zu töten. Die »Väter« gelten im Alten Testament auch nicht einfach als Vorbild der Jugend. Das Alte Testament stellt der heranwachsenden Generation des öfteren das schlechte, abschreckende Beispiel der Väter vor Augen und fordert die Jugend auf, ihrer Lebensweise *nicht* zu folgen (vgl. zum Beispiel Psalm 78). Das ist für antike Verhältnisse ungewöhnlich. In den prophetischen Kreisen Israels wird scharfe Kritik an der Oberschicht (den »oberen« Vätern) und an den Oberpriestern geübt. Insbesondere findet sich immer wieder ein erstaunlicher Widerstand gegen den König (den »Landesvater«), ja sogar eine grundsätzliche Ablehnung des Königtums.[3] Diese prophetische Kritik hat in Israel zu einem ungewöhnlichen Königsgesetz geführt (vgl. 5. Mose 17,15–20). Es nennt vor allem Dinge, die sich der König *nicht* erlauben darf. In Israel steht der König *unter* dem Recht und gilt nicht – wie sonst im Orient – als dessen Per-

[3] Vgl. Ri 8,22–23; 9,8–15; 1. Sam 8,4–22; 10,17–19; 12,1–25; Hos 1,4; 5,1–2; 7,3–7; 8,4; 9,15; 10,3.7; 13,9–11 u. ö.

sonifizierung. Die meisten Könige Israels werden im Alten Testament als schlechte und gottlose Könige beurteilt. Erstaunlich sind auch die beiden Schöpfungserzählungen am Beginn des Alten Testaments (1. Mose 1 und 2). In ihnen werden Mann und Frau im Grunde als gleichwertig dargestellt. In allen diesen Überlieferungen des Alten Testaments zeigt sich durchaus ein patriarchatskritisches Potential. Dieses läßt sich letztlich nur als Wirkung der alttestamentlichen Gotteserfahrung erklären, der Erfahrung jenes Exodusgottes, der sich nicht zur Legitimationsinstanz der irdischen Väter machen läßt.

Gott als »Vater« im palästinensischen Judentum

Auch in der Zeit *nach* dem Entstehen der jüngsten Schriften des Alten Testaments bleibt das palästinensische Judentum zurückhaltend in der Verwendung des Wortes »Vater« für Gott. In den hebräisch oder aramäisch geschriebenen jüdischen Schriften des dritten und zweiten Jahrhunderts v. Chr., die »Apokryphen« und »Pseudepigraphen« genannt werden, kommt die Bezeichnung »Vater« für Gott insgesamt nur sechsmal vor (Tobias 13,4; hebr. Sirach 51,10; Jubiläen 1,24.25.28; 19,20), in der umfangreichen Qumran-Literatur nur ein einziges Mal (1 QH 9,35f).[4] Wie im Alten Testament, so wird auch in diesen Schriften Gott an keiner Stelle als Vater *angeredet*.[5] Eine neue Entwick-

[4] Das griechisch schreibende Diasporajudentum außerhalb Palästinas bleibt im folgenden außer Betracht. Es ist stärker vom griechisch-hellenistischen Denken beeinflußt. Zwar zeigt sich auch im palästinensischen Judentum hellenistischer Einfluß, aber nicht im gleichen Ausmaß. Jesus aus Nazareth gehört in den Kontext des *palästinensischen* Judentums.

[5] Der Islam setzt diese Zurückhaltung gegenüber dem religiösen Gebrauch des Wortes »Vater« fort und verschärft sie. Es gibt im Islam

lung bahnt sich allerdings im pharisäisch und rabbinisch geprägten Judentum an.
Ab dem 1. Jahrhundert v. Chr. wird die Bezeichnung »Vater« für Gott im pharisäisch-rabbinischen Judentum häufiger. Sie bleibt allerdings wesentlich seltener als andere Gottesbezeichnungen. Die häufigsten Gottesbezeichnungen des antiken Judentums sind »Herr«, »Herrscher«, »Gott«, »König«, »Heiliger« und »Gebieter der Welten«. Neu ist, daß Gott jetzt auch als der *persönliche* Vater des einzelnen Israeliten angesehen wird. Charakteristisch dafür sind die neuen Formulierungen »sein Vater im Himmel«, »dein Vater im Himmel«, »mein Vater im Himmel«. Die Wendung »Vater im Himmel«, die in dieser Zeit aufkommt, betont den Unterschied zwischen Gott und den irdischen Vätern und will jede vermenschlichende Vereinnahmung Gottes ausschließen. Vorrangiger Bezugspunkt der Vaterschaft Gottes bleibt zwar weiterhin das Volk Israel als ganzes, aber die persönlicher gewordene Beziehung zu Gott als dem himmlischen Vater bedeutet eine wesentliche Vertiefung des Gottesverhältnisses. Dadurch wird es im pharisäisch-rabbinischen Judentum jetzt auch möglich, Gott im Gebet als »Vater« *anzureden.* Die älteste diesbezügliche Anrede lautet »unser Vater, unser König«. Sie findet sich in zwei wichtigen jüdischen Gebeten, deren genauere Entstehungszeit sich kaum bestimmen läßt: in den Benediktionen des täglich gebeteten »Sch^{e}ma Israel« und in der Neujahrsliturgie. Der Zusatz »unser König« betont die Hoheit Gottes, um jede unangemessene Vereinnahmung Gottes zu vermeiden. Unbeschadet der Ehrfurcht vor der Hoheit Gottes gab es im Judentum der Zeit Jesu ein tiefes

viele Gottesbezeichnungen und Gottesanreden (vgl. z. B. das Gebet: »Die neunundneunzig schönsten Namen Allahs«). Das Wort »Vater« wird dabei konsequent vermieden. Es gilt als zu mißverständlich, weil es geschlechtliche Vorstellungen weckt und damit Gott vermenschlicht.

Empfinden der Güte und Fürsorge Gottes. Das kommt vor allem in den Anreden »Hirte« und »Erbarmer« zum Ausdruck. Die herzlichste und vertrauteste Anrede Gottes im palästinensischen Judentum der Zeit Jesu wird aber die Anrede »unser Vater«. Daß es andererseits nach wie vor eine starke Vorsicht gab, in der Gottesanrede nicht zu vertraulich und familiär zu werden, geht aus folgenden Indizien hervor: 1. Die Anrede »Vater« gehört weiterhin zu den eher seltenen Gottesanreden. 2. Sie wird stets mit Zusätzen verwendet, die die Hoheit Gottes betonen. Die *alleinige* Anrede »Vater«, »unser Vater« oder »mein Vater« – ohne jeden Zusatz – kommt nicht vor.

Gott als »Vater« bei Jesus aus Nazareth

Jesus hat die Zurückhaltung des Alten Testaments und seines Volkes im Umgang mit der Vaterschaft Gottes gekannt und um ihre Gründe gewußt. Um so verblüffender ist es, mit welcher Eindeutigkeit und Konsequenz bei ihm Gott als »Vater« in den Mittelpunkt tritt. Während Gott in den Schriften des Alten Testaments nur fünfzehnmal als Vater bezeichnet wird, findet sich diese Gottesbezeichnung im Mund Jesu hundertsiebzigmal. Bei Jesus ist das Vatersein Gottes nicht mehr eine Eigenschaft Gottes neben anderen. Es wird erstmals im Judentum die alles bestimmende Mitte des Gottesverständnisses. Jesus hat Gott offenbar in einer Intensität und Eindeutigkeit als Vater erfahren, wie sie im Alten Testament und im frühen Judentum so noch nicht zu finden ist. Diese Vatererfahrung bewirkte bei Jesus ein neues Verständnis von »Vater«.
Über die Einzelheiten der Gotteserfahrung Jesu – Zeit, Ort, Umstände, erstmaliges Auftreten – ist nichts Sicheres bekannt. Jesus hat darüber keine näheren Angaben gemacht.

Zumindest wurden keine überliefert. Dennoch sind Rückschlüsse auf die Art dieser Erfahrung möglich. Sie ergeben sich daraus, wie Jesus *zu* Gott und *von* Gott gesprochen hat. Vor allem die *Gebete* Jesu sind aufschlußreich. Das gilt insbesondere für die Anrede Gottes am Beginn dieser Gebete. Wir können davon ausgehen, daß gerade diese Anrede zuverlässig überliefert worden ist. Das Gebet eines Menschen zeigt viel über seine Beziehung zu Gott. Gebete sind gewissermaßen der »Ernstfall« des Glaubens. Es ist nicht das gleiche, ob ich *über* Gott rede oder *zu* ihm. Im Gebet wird deutlich, was ich von Gott halte und wie ich zu ihm stehe. Die Gebete Jesu zeigen Auffälligkeiten, die sich nicht zufällig ergaben. Zusammen mit bestimmten Worten und Gleichnissen Jesu, in denen er von Gott sprach, gestatten diese Auffälligkeiten Rückschlüsse auf die ihnen zugrunde liegenden Gotteserfahrungen.

In den persönlichen Gebeten Jesu, die die Evangelien überliefern, redet Jesus – mit einer Ausnahme – Gott ausschließlich als Vater an. Dabei verwendet er keine weiteren Anreden als Zusätze.[6] Zu dieser Beobachtung kommt ein weiterer Aspekt hinzu. Jesus redet Gott auf *neue Weise* als Vater an. Er gebraucht das aramäische Wort »abba« (die Muttersprache Jesu war – wie damals im Judentum üblich – Aramäisch). Dieses Wort ist die Zärtlichkeitsform des Wortes Vater. Mit diesem Wort reden die jüdischen Kleinkinder ihre Väter an. Neben »imma« (Mama) ist »abba« (Papa)

[6] Vgl. die in den synoptischen Evangelien überlieferten Gebete: »Abba, Vater, alles ist dir möglich. Nimm diesen Kelch von mir. Aber nicht wie ich will, sondern wie du willst« (Mk 14,36). »Ich preise dich, Vater, Herr des Himmels und der Erde, weil du alles den Weisen und Klugen verborgen hast. Den Unmündigen aber hast du es offenbart. Ja, Vater, so hat es dir gefallen« (Mt 11,25–26). »Vater, vergib ihnen. Sie wissen nicht, was sie tun« (Lk 23,34). »Vater, in deine Hände lege ich meinen Geist« (Lk 23,46). Der gleiche Befund zeigt sich auch bei den Gebeten, die das Johannesevangelium überliefert (vgl. Joh 11,41–42; 12,27–28; 17,1.5 11.21.24).

eines der ersten Wörter, das ein jüdisches Kind lernt. Zur Zeit Jesu war dieses Wort allerdings nicht mehr auf die Kleinkindersprache begrenzt. Auch die größeren und erwachsenen Söhne und Töchter redeten, in vertraulichen Situationen, ihre Väter so an. In der umfangreich überlieferten Gebetsliteratur des antiken Judentums findet sich aber kein einziges Beispiel, in dem *Gott* mit abba *angeredet* wird, weder in den öffentlichen Gebeten noch in den privaten. Auch in den Jahrhunderten nach Jesus gibt es dafür keinen Beleg.[7] Das Wort »abba« setzt anscheinend eine so vertraute menschliche Beziehung voraus, daß man seine Anwendung auf Gott als unpassend empfand. Doch was damals niemand tat, tat Jesus anscheinend ständig. Alle exegetischen Indizien sprechen dafür, daß Jesus in seinen Gebeten Gott *grundsätzlich* mit »abba« angeredet hat. Das war für ihn keine Anrede, die zu den bisher üblichen hinzukam, sondern die einzig angemessene.[8]

Jesus vermittelte die neue Gottesanrede auch an seine Schüler. Auf ihre Frage, wie sie beten sollen, formulierte er für sie eine Art »Mustergebet«. Dieses Gebet – das »Vaterunser« – ist bis heute das wichtigste Gebet der Christenheit. Es wurde von den Jüngern Jesu in aramäischer Sprache gebetet und begann mit den Worten: »Abba, dein Name werde geheiligt ...« (vgl. Lukas 11,2).[9] Jesu Gebetsanrede

[7] In der rabbinischen Literatur findet sich nur ein einziger Beleg, in dem Gott als »abba« *bezeichnet* wird (bTaan 23b). In dieser Stelle greift Hanan ha-Nehba (er lebte um die Zeitenwende) zwar in einer Unterhaltung mit Kindern das Wort »abba« im Zusammenhang mit Gott auf, redet ihn aber bezeichnenderweise nicht so an.

[8] Es ist in der Gebetssprache Jesu auch dort mit der Anrede »abba« zu rechnen, wo das in griechischer Sprache verfaßte Neue Testament das griechische Wort für »Vater« verwendet. Die exegetischen Gründe für diese Schlußfolgerung können im Rahmen dieses Vortrags nicht im einzelnen diskutiert werden.

[9] Die Lukasfassung des Vaterunsers steht dem ursprünglichen Wortlaut dieses Gebets näher als die uns besser bekannte Matthäusfassung (Mt 6,9).

machte auf die frühe Christenheit einen so starken Eindruck und blieb in so lebendiger Erinnerung, daß selbst die griechisch sprechenden Christen noch Jahrzehnte später die aramäische Anrede »abba« beibehielten. Paulus kann zum Beispiel in seinem Brief an die römische Gemeinde – eine Gemeinde, die er bis dahin persönlich nicht kannte – die Gebetsanrede »abba« ohne weiteres als bekannt voraussetzen (Römer 8,15–16; vgl. auch Galater 4,6–7). Überhaupt ist das fundamentale Gewicht des Vaterseins Gottes in der Urchristenheit eine Folge der Gotteserfahrung Jesu. Die ersten Christen nannten Gott den »Vater Jesu Christi« oder den »Vater unseres Herrn Jesus Christus«. Noch heute dokumentiert die Redeweise »der liebe Gott«, die es so in den anderen Weltreligionen nicht gibt, eine Nachwirkung der »abba«-Anrede Jesu.

Die hohe Bedeutung der neuen Gottesanrede liegt darin, daß Anreden immer aufschlußreich sind, sowohl für den Angeredeten als auch für den Anredenden. Für den Angeredeten ist es bezeichnend, ob er mit Titel beziehungsweise mit allen Titeln angesprochen werden möchte und welche das sind. Und beim Anredenden stellen sich andere Empfindungen und Verhaltensweisen ein, je nachdem, ob er sein Gegenüber mit »Herr Doktor«, »Herr Direktor«, »Herr Generalleutnant« anreden muß oder einfach mit »Herr« oder »Frau« anreden kann oder mit dem Vornamen, vielleicht sogar mit einem Zärtlichkeitswort. Die Anrede ist kein auswechselbares Wort, sondern Ausdruck tiefgreifender Unterschiede in der Beziehung. Sie ist das Vorzeichen vor allem, was sonst noch gesprochen wird. Darum haben in den Religionen die Namen und Titel, mit denen die Gottheiten angeredet werden, eine zentrale Funktion. Gottesnamen gelten als Enthüllung dessen, wer Gott ist, und deshalb auch als Enthüllung der angemessenen Umgangs- und Kommunikationsformen mit Gott. Nur auf diesem Hintergrund läßt sich der Stellenwert der neuen Gottesanrede Jesu ermessen.

Grammatisch gesehen ist das Wort »abba« männlichen Geschlechts. Doch das, was dieses Wort sagen will, zielt nicht auf die Männlichkeit des Vaters und nicht auf seine Stellung als patriarchalischer Herr. Wer zu diesem Wort greift, denkt an andere Dinge. Wo Herrschaft ist, da ist Distanz. »Abba« ist aber ein Wort der Nähe. Für Jesus war Gott offensichtlich der Inbegriff von Nähe, Zuwendung, Verständnis, Zärtlichkeit, Geborgenheit und Urvertrauen. Das Autoritäre, Unterdrückende, Gewalttätige und Strenge, das in den Begriffen »Herr«, »Herrscher«, »König« und »Vater« unweigerlich mitschwang (und sich gegebenenfalls in den Vordergrund schieben konnte), ist in dieser neuen Gottesanrede nicht enthalten. Darin entspricht sie dem Gottesnamen »Jahwe«. Die Anrede »abba« ermöglicht und bewirkt eine Beziehung zu Gott, die geprägt ist von Zutrauen, Unbefangenheit und Angstfreiheit. Diese Anrede schenkt Sicherheit und Vertrauen. Sie enthält die Gewißheit: Wir gehören zusammen. Die von Jesus in dieser Gebetsanrede zum Ausdruck gebrachte Nähe Gottes ist eine beglückende und helfende Nähe. So hat Jesus den tragenden Grund aller Wirklichkeit erfahren. Wo ich »abba« sagen kann, da ist Heimat.

Weil die Anrede »abba« die Momente Nähe, Zuwendung, Verständnis, Zärtlichkeit, Geborgenheit und Urvertrauen in den Vordergrund rückt, geht sie – im Gegensatz zum patriarchalischen Vaterbegriff – nicht auf Kosten der Mütterlichkeit und profitiert nicht von einer Abwertung des Weiblichen. Die genannten Momente galten und gelten eher als weibliche Werte. Ein Vater, der sich so verhält, daß seine kleinen und großen Kinder ihn gern und oft »abba« nennen, hat die weiblichen Werte positiv integriert.

Die neue Gottesanrede ist allerdings nicht sentimental und verniedlichend mißzuverstehen. Das gilt in dreifacher Hinsicht: 1. Jesus spricht nicht von einem leicht durchschaubaren Gott, der nach der Pfeife der Menschen tanzt und mit dem man umspringen kann, wie man will. Gott bleibt auch als abba der verborgene Gott, der »ganz andere«. Zwischen ihm und den Menschen besteht ein unendlich großer Unterschied. Niemand kann diesen Unterschied überbrücken außer Gott selbst. 2. Die neue Gottesanrede geht keineswegs auf Kosten der menschlichen Persönlichkeitsentwicklung und Reifung. Sie ist nicht regressiv oder infantil gemeint. Das zeigt sich am klarsten an Jesus selbst, der von der abba-Erfahrung entscheidend geprägt wurde. Sein Mut zu Entscheidungen und Verhaltensweisen, die neu, unbequem und normenkritisch waren, widerlegt den Infantilitätsverdacht zur Genüge. 3. Die Anrede »abba« leugnet keineswegs Gottes Macht und Autorität. Auch das kindliche Urvertrauen, an das das Wort »abba« anknüpft, ist nur deshalb möglich, weil das Kind um die Macht seiner Vertrauensperson weiß. Doch Jesus versteht Gottes Macht und Autorität von seiner Zuwendung her. Gottes Macht und Stärke führen kein Eigenleben mehr außerhalb und unabhängig von seiner Zuwendung oder auf deren Kosten, sondern stehen in ihrem Dienst. Gottes Macht ermöglicht eine mächtige Zuwendung. Während in den patriarchalischen Vaterreligionen das Gottesbild letztlich von Macht und Herrschaft bestimmt wird, ist nach Jesu neuer Gottesanrede das Göttliche an Gott weniger seine Macht als seine Zuwendung. Von Gottes abba-Sein her ist seine Hoheit zu verstehen, nicht umgekehrt. »Macht« ist für Jesus kein Selbstzweck oder Selbstwert. Gottes Macht dient dazu, seine Güte Wirklichkeit werden zu lassen.

Mit seiner Bevorzugung der neuen Gottesanrede und dem Vermeiden der üblichen Hoheits-Anreden gab Jesus der patriarchalischen Gottesvorstellung den Abschied. Er bestätigte und verstärkte damit die in der Exodustradition gemachte Erfahrung Gottes als »Jahwe«. Das geht nicht allein aus der neuen Gottesanrede hervor, sondern wird auch durch seine Gleichnisse und seine Worte über Gottes Vatersein eindeutig bestätigt. So handelt zum Beispiel der Vater im Gleichnis vom verlorenen Sohn (Lukas 15,11–32) nicht patriarchalisch. In den Worten Jesu über Gottes Vatersein geht es auffallenderweise an keiner Stelle um Gottes Herrschaft oder Macht, sondern stets um Gottes Fürsorge und Zuwendung:

»Ihr habt gehört, daß gesagt ist: ›Du sollst deinen Nächsten lieben und deinen Feind hassen.‹ Ich aber sage euch: Liebet eure Feinde. Bittet für die, die euch verfolgen. So seid ihr Kinder eures Vaters im Himmel. Denn er läßt seine Sonne aufgehen über die Bösen und über die Guten und läßt regnen über Gerechte und Ungerechte. Wenn ihr die liebt, die euch lieben, was werdet ihr für Lohn haben? Tun das nicht auch die Zöllner? Und wenn ihr nur zu euren Brüdern freundlich seid, was tut ihr Besonderes? Tun das nicht auch die Heiden? Darum sollt ihr ungeteilt sein, wie euer Vater im Himmel ungeteilt ist« (Matthäus 5,43–48).

»Schaut die Vögel unter dem Himmel an. Sie säen nicht. Sie ernten nicht. Sie sammeln nicht in die Scheunen. Und euer himmlischer Vater ernährt sie doch. Seid ihr denn nicht viel mehr als sie?« (Matthäus 6,26; Lukas 12,24).

»Macht euch also keine Sorgen und fragt nicht: Was sollen wir essen? Was sollen wir trinken? Was sollen wir anziehen? Denn um all das geht es den Heiden. Euer himmlischer Vater weiß, daß ihr das alles braucht« (Matthäus 6,31–32; Lukas 12,29–30).

»Wenn ihr betet, redet nicht daher wie die Heiden. Sie meinen, der wird erhört, der viele Worte macht. Macht es nicht so wie sie. Euer Vater weiß, was ihr braucht, bevor ihr ihn bittet« (Matthäus 6,7).

»Kauft man nicht zwei Sperlinge um einen Pfennig? Dennoch fällt keiner von ihnen auf die Erde ohne euren Vater. Sogar die Haare eures Kopfes sind gezählt. Darum fürchtet euch nicht. Ihr seid besser als viele Sperlinge« (Matthäus 10,29–31).

»Wo bittet unter euch ein Sohn den Vater um einen Fisch, der ihm eine Schlange für den Fisch gibt? Oder, wenn er um ein Ei bittet, ihm einen Skorpion dafür gibt? Obwohl ihr böse seid, gebt ihr euren Kindern gute Gaben. Wieviel mehr wird der Vater im Himmel den heiligen Geist denen geben, die ihn bitten« (Lukas 11,9–13).

Jesu Gotteserfahrung muß von einer Art gewesen sein, die ihm unmißverständlich klar gemacht hat, daß Gott nicht jener überdimensionale Oberpatriarch ist, in dessen Namen die vielen Landes- und Familienpatriarchen zu herrschen pflegten, nicht jene leicht reizbare und beleidigte Majestät, die mit der Angst und den Schuldgefühlen der Menschen plumpe Geschäfte macht, keine oberste Heeresleitung, kein himmlischer Polizist und nicht der Chef eines totalitären Systems. Die Anrede »abba« ist Ausdruck einer Beziehung, in der kein Platz ist für Gesetze und Verträge, für Vergeltung oder Gewalt. »Abba« bezeichnet keine offizielle und förmliche Beziehung, sondern eine unmittelbar persönliche, intime. Wer mit »abba« angeredet werden kann und will, ist nicht auf unterwürfigen Gehorsam aus und will keine Untertanen. Ihm braucht man sich nicht durch Bücklinge zu nähern. Er handelt auch nicht nach dem Prinzip von Zuckerbrot und Peitsche. Diktatoren, Imperatoren und Despoten lassen sich so nicht anreden. Es wäre das Ende ihrer Aura der Unnahbarkeit und Überlegenheit, ihres Imponiergehabes. Auch bei Jupiter, Zeus, Wotan, Marduk, Moloch usw. ist diese Anrede undenkbar. Die Anrede »abba« erdrückt niemanden. Sie verzichtet auf Einschüchterungsversuche. Sie will vielmehr jede Einschüchterung von vornherein vermeiden. Der so Angeredete ist also kein Herr nach Art der Herren dieser Welt, kein Herr, auf den sich jene Herren berufen können. Er ist eher eine Gefahr für diese Herren. Der Gott Jesu ist nicht die Überhöhung und Verlängerung der irdischen Autoritäten, sondern ihre Infragestellung.

Die neue Gottesanrede Jesu birgt religiöse, psychologische und gesellschaftspolitische Konsequenzen. Die jahrtausendelange Übertragung des patriarchalischen Vaterbegriffs auf Gott hat eine menschliche Haltung zur Folge, die sich in dem Satz wiedergeben läßt: »Du sollst Gott fürchten und lieben.« Diese Zweipoligkeit war es, die das Gottesbild unzähliger Menschen schizophren machte (und noch macht) und sie dadurch psychisch schwer schädigte. Sie ist durch Jesu Gotteserfahrung überwunden.[10] Jesu Anrede Gottes als »abba« ist das Ende dieser Zweideutigkeit. Macht man sich klar, welche krankmachenden Folgen das patriarchalische Gottesverständnis hatte und noch hat, wie viele Patriarchen unter Berufung auf einen patriarchalisch verstandenen Gott Völker beherrscht, Kriege geführt, Gläubige verängstigt, Kinder geprügelt und Frauen diskriminiert haben, dann beginnt man zu ahnen, welche umstürzenden Konsequenzen in der Gotteserfahrung Jesu liegen. Weil die Herrschenden ihren Herrschaftsanspruch stets aus der Religion abgeleitet haben und auch die Eltern (deren Herrschaftsform der Mensch als erstes und ihn am stärksten prägend erlebt) den Kindern gegenüber als Repräsentanten Gottes aufgetreten sind, trifft Jesu Gotteserfahrung den Nerv der Rechtfertigungsmuster menschlicher Herrschaft.[11] Seine Gotteserfahrung hat Folgen für die Bezie-

[10] Vgl. 1 Joh 4,17: »Furcht ist nicht in der Liebe.«

[11] Welche einschneidenden Konsequenzen sich aus der abba-Erfahrung Jesu ergeben, wird z. B. in folgenden Aussagen Jesu deutlich: »Ihr sollt auf Erden niemand euren Vater nennen, denn nur einer ist euer Vater, der im Himmel« (Mt 23,9). Auch nach den Aussagen Jesu in Mk 10,29–30 gibt es innerhalb der Anhängerschaft Jesu keine menschlichen Vaterfiguren mehr. Vgl. in diesem Zusammenhang auch Mt 10,35; Lk 14,26 und die folgende Begebenheit: »Und ein anderer seiner Jünger sprach zu ihm: Herr, laß mich zuerst hingehen und meinen Vater begraben! Jesus antwortete ihm: Folge mir nach und laß die Toten ihre Toten begraben« (Mt 10,21–22). Wer sein Vertrauen auf Jesus setzt, ist nach dem Johannesevangelium »nicht aus dem Willen des Mannes, sondern aus Gott geboren« (Joh 1,13). Auch bei der Geburt

hung des Menschen zu Gott, die Verquickung von religiöser und politischer Macht, die Stellung der Väter, das Verständnis von Autorität, den Umgang mit Frauen, den Stil der Erziehung und die Haltung gegenüber den Kindern. Jesus hat, um seine alles entscheidende Gotteserfahrung angemessen auszudrücken, ein Wort aus der Erfahrungswelt der Kinder gewählt. Damit erhält die Kindheit etwas Wegweisendes und Unüberbietbares.

Weil in der Gotteserfahrung Jesu so viel umstürzendes Potential steckt, liegt bereits in ihr seine äußere Gefährdung. Wie lange wird derjenige leben, der aus seiner abba-Erfahrung lebt und sie in Wort und Tat umsetzt? Werden die Menschen diese Infragestellung ihrer Ordnungs- und Herrschaftsformen zulassen? Kann die Gesellschaft einen solchen Menschen ertragen, ihn integrieren, vielleicht sogar sich seinen Erfahrungen öffnen? Die Gotteserfahrung Jesu enthält nicht zuletzt auch deswegen Konfliktstoff, weil sie Folgen haben mußte für seine Selbsteinschätzung. Seine Gotteserfahrung prägte seine Selbsterfahrung. »Abba« ist ein Beziehungswort. Es gibt keinen »abba an sich«, nur einen »abba des ...«. Jesus mußte sich fragen: »Wer bin ich, daß Gott sich mir als abba zu erkennen gab?« Es finden sich in den Evangelien Indizien für die Auswirkungen dieser Frage auf das Selbstverständnis Jesu:

Wenn Jesus mit anderen Menschen von Gott sprach, verwendete er nicht das intime Wort »abba«, sondern das Wort »Vater«. Es gibt aber in den Evangelien keine Aussage Jesu, in der er Gottes Vaterschaft auf das Volk Israel als Ganzes bezieht. Er bezog das Vatersein Gottes anscheinend zunächst einmal auf sich selbst. Es gibt in den Evangelien keine Begebenheit, in der Jesus mit seinen Gesprächspart-

Jesu entfällt nach dem Matthäus- und dem Lukasevangelium die sonst so betonte Erzeugerrolle des Hauspatriarchen. Es würde einen eigenen Vortrag erfordern, der patriarchatskritischen Potenz dieser Aussagen der Evangelien nachzugehen.

nern zusammen von »unserem Vater« spricht, auch nicht in Gesprächen mit seinen Schülern. Jesus verstand zwar die »abba«-Anrede nicht als sein Privileg, sondern ermutigte seine Schüler ebenfalls zu ihr. Doch im Blick auf das Vaterunser sagte er: »So sollt *ihr* beten …« Jesus bezog sich in dieses Gebet nicht selbst mit ein. Die Evangelien berichten auch sonst an keiner Stelle, daß Jesus gemeinsam mit seinen Schülern gebetet hat. Sie berichten aber des öfteren, er habe sich allein zum Gebet zurückgezogen. Es ist von größter Bedeutung, daß Jesus auch seine Schüler die neue Gottesanrede lehrte und ihnen insofern Anteil gab an seiner Beziehung zu Gott, aber gerade so handelte es sich um eine von Jesus *vermittelte* Gottesbeziehung. Diese Indizien geben zu der Frage Anlaß, inwiefern Jesus in einem spezifischen Sinn »mein Vater« gesagt hat.

Mit der skizzierten Gotteserfahrung Jesu ist der Grundstein für alles Weitere gelegt. Diese Erfahrung hatte das Bewußtsein Jesu entscheidend geprägt und war für ihn der Beginn einer neuen Zeit. Diese Einschätzung machte ihn zu einem Fremden. Es gehört zu den gesichertsten und ihn am deutlichsten kennzeichnenden Nachrichten über Jesus, daß er mit seinem Reden und Tun Erstaunen, Faszination und Erschrecken hervorrief. Selten sagte er das, was seine Zeitgenossen erwarteten. Oft sagte er Hoffnungsvolleres, als sie zu träumen gewagt hätten. Und allen fiel auf: Er lehrte nicht wie die anderen Lehrer, sondern wie einer, der Neues zu bringen hat, der das an den Tag holt, was im Menschen ist. Jesus aber vertraute sich dem an, der sich ihm als abba zu erkennen gegeben hatte, und ließ sich von ihm in ein religiöses und soziales Niemandsland führen, in dem es noch keine begangenen Wege gab.

Das Christentum als patriarchalische Staatsreligion

In den ersten Jahrhunderten n. Chr. war das Christentum im Römischen Reich in keiner Weise staatlich anerkannt. Im Gegenteil: Es wurde oft unterdrückt und verfolgt. Das änderte sich erst im 4. Jahrhundert n. Chr. durch Kaiser Konstantin, der sich selbst zum christlichen Glauben bekannte und das Christentum als Religion staatlich anerkannte (319 n. Chr.). Einige Jahrzehnte später erklärte Kaiser Theodosius den christlichen Glauben sogar zur alleinigen römischen Staatsreligion (381 n. Chr.). Damit wurde die Kirche zur Staatskirche. Von da an wurde das Christentum von staatlicher Seite gefördert und bevorzugt. Andere Religionen dagegen hat man benachteiligt und unterdrückt. In der Zeit der Staatskirche, die in vielen europäischen Ländern bis ins 20. Jahrhundert andauerte, ging das Christentum eine Verbindung mit der römischen Form des Patriarchats ein. Besonders folgenreich war dabei die Tätigkeit des römischen Philosophen und Pädagogen Caelius Lactantius. Er war der Erzieher des späteren Kaisers Konstantin und hatte deshalb großen Einfluß sowohl auf ihn als auch auf die sich entwickelnde staatsfreundliche Theologie. In seiner Schrift »Vom Zorn Gottes« verknüpft Lactantius das christliche Bekenntnis zu Gott, dem »Vater«, mit dem römischen Gottesbild vom »Allvater«. Der Gott, den er Kaiser Konstantin nahebrachte, vereinigt in sich nach römischer Weise Vaterschaft und Herrengewalt (duplex potestas: pater et dominum). Diesen Gott soll der Mensch »fürchten und lieben«. Der Mensch ist sowohl »Kind« Gottes als auch dessen »Knecht« (filius et servus). Diese Verschmelzung christlicher und römischer Gottesvorstellungen, die von Lactantius und anderen betrieben wurde, hat die christliche Epoche Europas von Grund auf patriarchalisch geprägt. Der christliche Monotheismus wurde als »himmlische Monarchie« verstanden, die die irdisch-politischen Monarchien legitimiert. Wie im Himmel nur einer herrscht, soll auch im politischen und familiären Bereich nur einer herrschen. Mit dieser Parallelisierung wird – nach Auffassung von Lactantius – der guten himmlischen Ordnung auf Erden die nötige Ehre erwiesen. So blieb auch in der römischen Staatskirche Gott die Legitimationsinstanz der Landesväter und Hausväter. Dem Gläubigen kam die Rolle des gehorsamen und zuverlässigen Untertanen zu. Damit wurde die seit Jahrtausenden in allen Hochkulturen übliche Allianz von Hausvater, Landesvater und Gottvater auch im Christentum weitergepflegt. Diese »unheilige Allianz« entspricht allerdings nicht der biblischen Gotteserfahrung, vor allem nicht der Gotteserfahrung Jesu.

Die Gotteserfahrung Jesu und der christlich-jüdische Dialog

Jesus verkündete keinen neuen, bisher unbekannten Gott. Er verkündete den Gott seines Volkes, den Gott Abrahams, Isaaks und Jakobs, den Gott Moses, Davids und Elias. Allerdings verkündete er diesen Gott *auf neue Weise*. Doch auch mit dieser neuen Weise der Gottesverkündigung blieb Jesus Jude. Er wollte keine neue Religion gründen. Er war kein »Religionsstifter«. Er wollte Israel im Geiste seiner Gotteserfahrung neu sammeln. Er wandte sich mit seiner Erfahrung und der aus ihr resultierenden Botschaft an seine jüdischen Volksgenossen. Nach der Auffassung Jesu ist diese Erfahrung also *gerade* im Rahmen des jüdischen Glaubens vermittelbar und lebbar. Die Gotteserfahrung Jesu sprengt das Judentum keineswegs. Sie ist nicht nur innerjüdisch möglich, sie ist *zuerst* eine innerjüdische Möglichkeit. Deshalb darf die christliche Kirche die Gotteserfahrung des Juden Jesus aus Nazareth nicht in einem antijüdischen Sinn betonen! Die entscheidende sachliche Kontinuität der Gotteserfahrung Jesu zum Alten Testament liegt in der Gottesanrede »Jahwe«. Schon dieser Name Gottes verzichtet auf alles Imponiergehabe, auf alles Autoritäre, Unterdrückende und Angstmachende. Die Botschaft Jesu steht in Kontinuität zu der befreienden Exoduserfahrung und der damit eng zusammenhängenden Offenbarung des Namens »Jahwe«. Die abba-Anrede Gottes ist Jesu Interpretation des Namens »Jahwe«.

*

Nach diesem Vortrag hätte es sicher nicht gepaßt, ein vorgefertigtes Gebet zu lesen. Deshalb bestand die Möglichkeit, an diesen Abba-Gott eigene, spontane Gebete zu richten, die auf ein eingangs verteiltes Blatt geschrieben werden konnten. Diese Gebete wurden mit Körben eingesammelt, und stellvertretend für alle wurden zwölf von ihnen vorgelesen. Das folgende Gebet setzte den Schlußpunkt.

Abba, lieber Vater,
du kennst unsere Fragen und unsere Zweifel,
du kennst auch unser Lob und unseren Dank,
alles, was wir hier niedergeschrieben haben.
Nimm unsere Gebete an, erhöre sie –
und über alles hinaus laß unser Vertrauen zu dir wachsen.
Alles, was uns sonst noch bewegt,
legen wir in das Gebet Jesu:
Vater unser im Himmel ...
Amen.

Der Gott des Friedens beschenke uns und segne uns
mit der Behutsamkeit seiner Hände,
mit dem Lächeln seines Mundes,
mit der Wärme seines Herzens,
mit der Güte seiner Augen,
mit der Freude seines Geistes,
mit dem Geheimnis seiner Gegenwart.
Amen.

DER LEBENSBOGEN

Ein Wissenschaftler hatte zehn Jahre lang die Möglichkeit erforscht, Wasser in Petroleum zu verwandeln. Er war überzeugt, daß ihm nur eine Substanz fehlte, um die Umwandlung durchführen zu können, aber so sehr er auch suchte, er fand die Lösung nicht.
Eines Tages erfuhr er, daß in den Bergen von Tibet ein allwissender Lama leben sollte, der ihm das Geheimnis der Verwandlung von Wasser in Petroleum offenbaren könnte. Es gab jedoch drei Vorbedingungen: Er mußte allein reisen, und die Reise sei gefährlich. Zweitens mußte er zu Fuß reisen, und die Reise sei beschwerlich, und drittens, wenn er je bis zum Lama vordringen sollte, dürfe er nur eine einzige Frage stellen.
Nun benötigte er viele entbehrungsreiche und gefährliche Monate, um die ersten beiden Bedingungen zu erfüllen. Als er schließlich dann zum Lama geführt wurde, da stelle man sich sein Erschrecken vor, als er dort keinen verhutzelten alten Mann vor sich sah, sondern eine attraktive junge Frau, schöner, als er sie sich je hätte vorstellen können.
Sie lächelte ihn liebevoll an und sagte mit einer himmlisch klingenden Stimme: »Herzlichen Glückwunsch, Reisender! Ihr habt den Weg zu unserer Bergfeste gefunden. Wie lautet nun Eure Frage?«
Zu seinem eigenen großen Erstaunen hörte sich der Forscher sagen: »Madame, darf ich fragen, ob Sie verheiratet sind?«

Anthony de Mello

So spannend, so faszinierend kann ein Lebenslauf sein, und die schönsten Dinge sind meist die, die man nicht geplant hat, weil sie gar nicht geplant werden können.

Zudem gilt es, Gott als den zu entdecken, unter dessen schützender Hand wir je unsere ganz eigene Lebensgeschichte leben dürfen, ja leben sollen.

Mit dem Lied »Laudato si« (Evang. Gesangbuch Nr. 515) entstand am Anfang des Gottesdienstes eine gelöst-freudige Grundstimmung.
Die anschließenden meditativen Übungen vermittelten einen Rahmen, in den die eigenen Lebensgeschichten integriert werden konnten.

Geburt und Tod, dazwischen ein faszinierender Lebenslauf. Wer wünscht sich das nicht, einen Lebensbogen, der dem Regenbogen ähnelt.
A und O, Alpha und Omega, Anfang und Ende, erster und letzter Buchstabe des griechischen Alphabets.
Die alten Griechen haben mit den 24 Buchstaben ihres Alphabetes den faszinierenden Bogen des Weltalls beschrieben; dieses Motiv wurde in der Bibel übernommen, um von Gott zu erzählen. Für sie ist Gott das A und das O, der Erste und der Letzte, der Anfang und das Ende.
Sehen Sie jetzt einmal ganz weit nach links und stellen Sie sich dort hinten, in unendlicher Entfernung, den Uranfang der Schöpfung vor … Und nun gehen Sie mit Ihren Augen langsam, wie an einem Riesenbogen entlang, bis zur Mitte, dem Tag, an dem Sie heute leben, und dann lassen sie Ihre Augen am Bogen entlang langsam nach rechts wandern, bis zur unendlichen Zukunft … All dies ein Bild auf die Schöpfung, auf Uranfang und Vollendung. Und unter diesem riesigen faszinierenden Schöpfungsbogen steht jeweils unser kleiner Lebensbogen, den Sie mit einer Handbewegung nachzeichnen. Nehmen Sie Ihre rechte Hand ganz nach links und zeichnen Sie dann langsam Ihren Lebensbogen nach, indem Sie Ihre Hand im Bogen nach rechts schlagen …

Nun sind Sie zu einer Meditation mit den beiden Vokalen A und O eingeladen. Sprechen oder singen Sie zunächst eine Zeitlang den A-Vokal, den A-Ton vor sich hin, und während sie diesen Ton von sich geben, lassen Sie Ihre Gedanken zurückwandern in Ihre Kindheit, an den Anfang Ihres Lebens. Versuchen Sie, an die ersten Erinnerungen zu kommen. Denken Sie an Ihre Mutter, Ihren Vater, Ihre Geschwister, an Haus, Schule, Jugend. A ...
Wechseln Sie nun vom A- zum O-Ton. Hier können Sie zunächst an Ihre Gegenwart denken und langsam in die Zukunft wandern. Während das O Sie trägt, lassen Sie Bilder vor Ihrem inneren Auge entstehen, wie Sie sich die nächsten Jahre und Jahrzehnte Ihres Lebens wünschen bis hin zum Ende Ihres Lebens. O ...
Schließen Sie diese Meditation mit dem Kanon »Ausgang und Eingang« (Evang. Gesangbuch Nr. 175) ab.

Zu erinnern ist hier an einen Spruch aus dem Buch der Offenbarung im Neuen Testament: »Ich bin das A und das O, der Anfang und das Ende. Ich will dem Durstigen geben von der Quelle des lebendigen Wassers umsonst« (Offenbarung 21, 6) – umsonst in einer Zeit, in der das Geld alles im Griff hält.

*

Georg Friedrich Händel (1685 – 1759)
Stich von Faber nach einem Gemälde von Hudson
Nationalbibliothek Paris

Georg Friedrich Händels Auferstehung

Nach einer Novelle von Stefan Zweig

Es war in London, am Nachmittag des 13. April 1737. Der Diener Georg Friedrich Händels saß am Erdgeschoßfenster des Hauses in der Brookstreet 25. Er hatte soeben bemerkt, daß sein Tabakvorrat ausgegangen war. Eigentlich hätte er nur zwei Straßen weit zu laufen gehabt, um sich in der Bude seiner Freundin Dolly frischen Knaster zu besorgen. Aber er wagte sich nicht vom Haus weg aus Furcht vor seinem jähzornigen Herrn und Meister. Georg Friedrich Händel war kurz zuvor voller Wut aus der Probe nach Hause gekommen. Mit einem Knall hatte er die Haustür zugeworfen und wanderte jetzt heftig im ersten Stock auf und ab. Der Diener konnte hören, wie die Decke knirschte. Es war nicht ratsam, an solchen Tagen lässig im Dienst zu sein.

So suchte der Diener eine andere Ablenkung für seine Langeweile. Statt gekringelten Tabakrauch ließ er aus seiner Tonpfeife Seifenblasen aufsteigen. Er hatte sich einen Napf Seifenlauge zurechtgemacht. Und nun vergnügte er sich damit, aus dem Fenster die farbigen Blasen auf die Straße zu pusten. Die Vorübergehenden zerstäubten im Spaß mit dem Stock die eine oder andere der Kugeln. Sie lachten und winkten. Aber sie wunderten sich nicht. Denn von diesem Haus in der Brookstreet konnte man alles erwarten. Hier dröhnte plötzlich nachts das Cembalo. Man hörte Sängerinnen heulen, wenn sie der Deutsche in seinem Zorn bedrohte, weil sie einen Achtelton zu hoch oder zu tief gesungen hatten. Für die Nachbarn galt Brookstreet 25 seit langem als Narrenhaus.

Der Diener blies also still und beharrlich seine bunten Blasen. Plötzlich erschrak er. Das ganze Haus erbebte von einem dumpfen Schlag. Die Gläser klirrten. Die Gardinen schwankten. Etwas Massiges und Schweres mußte im oberen Stock umgefallen sein. Und schon sprang der Diener hoch und die Stufen zum Arbeitszimmer hinauf. Der Sessel war leer, auf dem der Meister sonst bei der Arbeit saß. Das Zimmer war leer. Schon wollte der Diener weitereilen in den Schlafraum. Da entdeckte er Händel. Er lag regungslos auf dem Boden. Die Augen waren starr offen. Und jetzt, als der Diener im ersten Schreck stillstand, hörte er ein schweres Röcheln. Er stirbt, dachte der Diener und kniete sich zu ihm hin. Er versuchte Händel aufzuheben, ihn hinzutragen bis zum Sofa. Aber der Körper des riesigen Mannes war zu schwer. So öffnete er ihm wenigstens das enge Halstuch, und sofort hörte das Röcheln auf.

Da kam vom unteren Stockwerk Christoph Schmidt, der Sekretär des Meisters. Er war eben gekommen, um einige Arien zu kopieren. Auch ihn hatte der dumpfe Fall erschreckt. Zu zweit hoben sie den Mann hoch und betteten ihn auf das Sofa. »Zieh ihn aus«, sagte Schmidt, »ich hole einen Arzt.« Christoph Schmidt lief hinaus und winkte den vorbeifahrenden Kutschen. Endlich hielt eine an. »Händel stirbt! Ich muß zu einem Arzt!« Sofort lud ihn der vornehme Mann in den Wagen. Die Pferde schmeckten die Peitsche. Sie fuhren zu Dr. Jenkins in der Fleetstreet. In seinem leichten Wagen fuhr Jenkins mit Schmidt in die Brookstreet zurück.

»Der viele Ärger ist schuld«, klagte der Sekretär, während der Wagen rollte. »Sie haben ihn zu Tode gequält, diese Sänger und Kastraten, die Lobhudler und Kritiker. Vier Opern hat er geschrieben in diesem Jahr! Um das Theater zu retten! Seine gesamten Ersparnisse hat er eingesetzt, zehntausend Pfund! Und nun hetzen sie ihn mit ihren Schuldscheinen zu Tode.«

»Wie alt ist er?« fragte Jenkins.

»Zweiundfünfzig Jahre«, antwortete Schmidt.
»Schlimmes Alter. Er hat geschuftet wie ein Stier. Nun, man wird sehen, was man tun kann.«
Sie kamen in der Brookstreet an. Der Diener hielt die Schüssel hin. Christoph Schmidt hob Händels Arm. Jetzt schlug der Arzt die Ader an. Ein Blutstoß spritzte, und im nächsten Augenblick stieß Händel einen Seufzer der Erleichterung aus. Er atmete tief und öffnete die Augen. Sie waren noch fremd und unbewußt. Der Arzt verband den Arm. Es war nicht mehr viel zu tun. Schon wollte er aufstehen. Da merkte er, daß das rechte Auge Händels starr war. Das andere aber bewegte sich. Dr. Jenkins hob Händels rechten Arm. Als er ihn losließ, fiel er zurück. Dann hob er den linken. Der blieb in der neuen Lage. Da wußte Jenkins genug.
Als er das Zimmer verließ, folgte Schmidt ihm zur Treppe:
»Was ist es?«
»Die rechte Seite ist gelähmt.«
»Wird ... wird er überleben?«
»Vielleicht. Alles ist möglich.«
»Wird er gelähmt bleiben?«
»Wahrscheinlich, wenn kein Wunder geschieht.«
»Wird er wenigstens wieder arbeiten können? Er kann nicht leben, ohne zu arbeiten.«
Dr. Jenkins stand schon an der Treppe. »Das nicht mehr«, sagte er. »Vielleicht können wir den Mann erhalten. Den Musiker haben wir verloren. Der Schlag ging ins Hirn.«

Vier Monate lebte Georg Friedrich Händel ohne Kraft. Seine rechte Hälfte blieb gelähmt. Er konnte nicht gehen, nicht schreiben, mit seiner Rechten keine Tasten drücken. Schief hing ihm die Lippe. Nur lallend kam das Wort aus dem Mund. Wenn Freunde Musik für ihn machten, kam ein wenig Leben in sein Auge. Dann regte sich der schwere Körper. Er wollte sich im Rhythmus bewegen. Doch die

Muskeln gehorchten ihm nicht. Der riesige Mann war hilflos eingemauert. Sobald die Musik zu Ende war, fielen ihm die Augenlider zu, und er lag wieder starr. Händels Lähmung war offensichtlich unheilbar. Schließlich riet Dr. Jenkins, mehr aus Verlegenheit, man solle den Kranken in die heißen Bäder von Aachen schicken. Vielleicht brächten sie ihm etwas Besserung.

Doch unter der starren Hülle lebte eine enorme Kraft: der Wille Händels. Noch hatte der riesige Mann sich nicht besiegt gegeben. Noch wollte er leben, wollte schaffen. Und dieser Wille bewirkte das Wunder gegen das Gesetz der Natur. In Aachen warnten die Ärzte ihn, länger als drei Stunden in dem heißen Wasser zu bleiben. Sein Herz würde es nicht überstehen. Aber der Wille Händels wagte den Tod um der stärksten Sehnsucht willen: der Sehnsucht, gesund zu werden. Neun Stunden blieb Händel täglich zum Schrecken der Ärzte in dem heißen Bad. Und mit dem Willen wuchs ihm die Kraft. Nach einer Woche konnte er sich schon wieder schleppen. Nach einer zweiten konnte er den Arm bewegen. Ein Sieg des Willens und der Zuversicht. Er riß sich los aus der lähmenden Umstrickung, um das Leben zu umfassen, glühender als je zuvor. Mit jenem unsagbaren Glücksgefühl, das nur der Genesende kennt.

Am letzten Tag, als Händel von Aachen abreisen sollte, machte er vor einer Kirche Halt. Nie war er besonders fromm gewesen. Aber jetzt, als er im wiedergegebenen freien Gang zur Empore hinaufschritt, fühlte er sich vom Unermeßlichen bewegt. Er setzte sich an die Orgel. Er berührte mit der Linken probierend die Tasten. Es klang durch den wartenden Raum. Nun versuchte er zögernd die Rechte. Auch unter ihr sprang der Klang empor wie eine silberne Quelle. Allmählich begann er zu spielen, zu phantasieren. Und es riß ihn mit. Unten fanden sich immer mehr Hörer ein. Sie spürten das Ungewohnte dieses Spiels. Und Händel spielte und spielte. Er hatte seine Sprache wiedergefunden. Er konnte wieder musizieren, wieder schaffen. Nun erst fühlte er sich wiederhergestellt.

»Aus dem Hades bin ich zurückgekehrt«, sagte Georg Friedrich Händel, nach London zurückgekehrt, stolz zu Dr. Jenkins und streckte ihm beide Arme entgegen. Dieser konnte nicht umhin, das Wunder zu bestaunen. Und mit voller Kraft warf Händel sich unverzüglich wieder ins Werk. Die alte Lust war über den Dreiundfünfzigjährigen gekommen. Eine Oper schrieb er, eine zweite, eine dritte, und die Oratorien »Saul« und »Israel in Ägypten«.

Doch die Zeitumstände waren gegen Händel. Der Tod der Königin unterbrach die geplanten Aufführungen. Dann begann der spanische Krieg. Auf den öffentlichen Plätzen sammelte sich täglich eine Menge. Das Theater blieb leer, und Händels Schulden türmten sich. Dann kam jener harte Winter. Solche Kälte fiel über London, daß die Themse gefror. Mit klirrenden Schellen fuhren die Schlitten über den Fluß. Alle Säle wurden während dieser Zeit geschlossen. Keine Musik trotzte dem Frost in den Räumen. Dann erkrankten viele der Sängerinnen und Sänger. Eine Vorstellung nach der anderen mußte abgesagt werden. Händels Lage wurde zunehmend schlimmer. Die Gläubiger drängten. Die Kritiker höhnten, und das Publikum blieb gleichgültig. Eine Wohltätigkeitsvorstellung zu seinen Gunsten rettete Händel gerade noch vor dem Schuldturm. Aber was für eine Schande, sich als Bettelnder das Leben zu erkaufen! Händel verschloß sich immer mehr. Drei Jahre nach seinem Schlaganfall war er wieder am Ende. Diesmal aber fühlte er sich auch selbst als besiegter Mann. Mühsam raffte er noch aus früheren Werken einige Ideen zusammen. Ab und zu komponierte er noch kleinere Stücke. Aber versiegt war das große Strömen. Wozu hat Gott mich gesund werden lassen? dachte Händel. Besser, ich wäre gestorben, statt als Schatten meiner selbst dahinzuschleichen. Und im Zorn murmelte er manchmal: »Gott, warum tust du das?«

Ein verzweifelter Mann, der nicht mehr an seine Kraft und auch nicht mehr an Gottes Hilfe glaubte. Erst spät abends wagte Händel sich in jenen Monaten aus dem Haus. Manchmal überlegte er, ob er nicht fliehen solle nach Irland hinüber, nach Deutschland oder nach Italien. Vielleicht, daß dort noch einmal der innere Frost auftauen würde, vom Südwind berührt. Manchmal saß er in einer Kneipe. Doch wer den Rausch des Schaffens kennt, für den ist Alkohol kein Ersatz. Manchmal starrte er von der Brücke der Themse in das nachtschwarze Fließen. Ob es nicht besser wäre, mit einem entschlossenen Ruck alles hinter sich zu bringen?

21. August 1741. Erst nachts war Händel fortgegangen. Er wollte im Green Park ein wenig Luft schöpfen. Dort hatte er eine Zeitlang gesessen. Wie eine Krankheit lastete diese Müdigkeit auf ihm. Müdigkeit zu reden, zu schreiben, zu spielen, zu denken. Dann war er heimgegangen, Pall Mall entlang und die Sankt Jamesstreet. Nur von dem Gedanken bewegt: schlafen, nichts mehr wissen. Im Haus Brookstreet 25 war niemand mehr wach. Endlich war er im Zimmer. Er schlug das Feuerzeug an und entflammte die Kerze am Schreibpult. Ohne zu denken tat er es, mechanisch, wie er es all die Jahre getan hatte, um sich an die Arbeit zu machen. Denn früher brachte er von jedem Spaziergang eine Melodie nach Hause mit. Immer schrieb er sie dann sofort auf, um das Erdachte nicht an den Schlaf zu verlieren. Jetzt aber lag kein Notenblatt dort. Es gab nichts zu beginnen und nichts zu beenden. Der Tisch war leer.
Doch nein, er war nicht leer! Leuchtete im hellen Viereck der Lampe nicht etwas Papierenes und Weißes? Händel griff hin. Es war ein Paket. Er fühlte Geschriebenes darin. Rasch brach er das Siegel auf. Ein Brief lag zuoberst. Ein Brief von Jennens, dem Dichter, der ihm den Text zu »Saul« und »Israel in Ägypten« geschrieben hatte. Er sende ihm,

schrieb Jennens, eine neue Dichtung und hoffe, Händel werde sich seiner Worte erbarmen und sie auf den Flügeln seiner Musik in das Land hinaustragen. Händel war unangenehm berührt. Wollte dieser Jennens ihn verhöhnen, ihn, den Ausgebrannten? Mit einem Riß zerfetzte er den Brief. »Schuft!« flüsterte er. In seine tiefste Wunde hatte Jennens gestochen. Zornig blies er das Licht aus. Er ging in sein Schlafgemach und warf sich auf das Bett. Tränen traten ihm plötzlich in die Augen. Der ganze Leib zitterte in der Wut seiner Ohnmacht. Nur schlafen jetzt, an nichts denken.

Aber er konnte nicht schlafen. Eine Unruhe war in ihm, aufgewühlt vom Zorn. Eine böse Unruhe. Händel wurde wacher und wacher. Ob er nicht doch aufstehen sollte und den Text prüfen? Er stand auf. Er ging in das Zimmer zurück und schlug nochmals das Licht an. Er schob die Leuchte näher an die beschriebenen Blätter heran. »Der Messias« stand auf der ersten Seite. Ach, wieder ein Oratorium, dachte Händel. Die beiden letzten waren schon nicht gut angekommen. Doch unruhig wie er war, wendete Händel das Titelblatt und begann zu lesen.

Gleich beim ersten Wort zuckte er zusammen: »Sei getrost!« Wie ein Zauber war es, dieses Wort. Nein, nicht Wort, sondern direkte Anrede. Gerichtet an niemand anderen als an ihn persönlich. Ein Ruf aus dem Himmel mitten in sein Herz. »Sei getrost!« Händel stand da. Zu unvorbereitet getroffen von diesem Wort. Er konnte es nicht fassen, wie es wirkte und seine verschüchterte Seele erwärmte. Ein schaffendes, erschaffendes Wort. Und schon, kaum gelesen, kaum erfühlt, hörte Händel es als Musik. Er hörte wieder *in Musik!*

Seine Hände bebten, als er nun Blatt um Blatt las. Und jedes Wort griff nach ihm. »So spricht der Herr!« War das nicht ihm gesagt? »Er wird dich reinigen.« Das war ihm geschehen. Denn weggefegt war mit einem Mal die

Schwermut aus seinem Herzen. »Daß sie Opfer darbrächten dem Herrn.« Ja, eine Flamme schlug aus seinem Herzen hinauf zu ihm. Und kaum gelesen, schon klang es und formte sich. »Denn der Engel des Herrn trat zu ihnen.« Er war auch in diesen Raum getreten und hatte ihn angerührt.

Händel beugte sich über die Blätter wie unter einem Sturm. Alle Müdigkeit war dahin. So hatte er noch nie seine Kraft gefühlt und die Lust des Schöpferischen. »Rejoice« – »Freue dich!« Er hörte dieses Wort bereits als Chorgesang. Dann las Händel die Worte: »Er war verachtet, und die ihn sahen, lachten über ihn. Da war keiner, der ihm Trost gab. Aber er vertraute Gott. Und siehe, Gott ließ ihn nicht im Grab seiner Verzweiflung, nicht in der Hölle seiner Ohnmacht. Einem Gebundenen gab Gott die Seele zurück.« Händel kam es vor, als wäre jedes Wort für ihn gesprochen. Wie konnte er ein solches Schicksal mitfühlen! Auch ihn hatte seit Monaten kein Mensch mehr getröstet. Und plötzlich erschauerte er. Da stand von des armen Jennens Hand geschrieben: »Der Herr gab das Wort.« Hier wurde Wahrheit gesagt durch zufälligen Menschenmund. Kein anderer als Gott selbst hatte dieses Wort gesandt. Von ihm kam das Wort, nicht von Jennens. Zu ihm zurück mußte es gehen. Händel wollte es fassen und halten, das Wort, es dehnen und spannen. Weit sollte es werden wie die Welt. Aufsteigen und niedersteigen sollte es die Jakobsleiter der Töne. Tränen dunkelten Händel das Auge, so sehr drängte es in ihm. Noch waren die restlichen Blätter zu lesen, der dritte Teil des Oratoriums. Aber es schmerzte schon wie Feuer, das strömen wollte. Es wollte aus ihm heraus, wollte dorthin zurück, woher es kam. Hastig griff Händel zur Feder und zeichnete Noten auf. Es gab kein Halten mehr. Wie ein Schiff, die Segel vom Sturm erfaßt, riß es ihn fort. Ringsum schwieg die Londoner Nacht. Doch unhörbar tönte das Zimmer von Musik.

Als der Diener am nächsten Morgen eintrat, saß Händel noch immer am Arbeitstisch und schrieb. Er antwortete nicht, als Christoph Schmidt ihn fragte, ob er beim Kopieren behilflich sein könne. Er knurrte nur dumpf und gefährlich. Keiner wagte sich mehr an ihn heran. Und Händel verließ das Zimmer nicht in diesen drei Wochen. Wenn man ihm das Essen brachte, brockte er mit der linken Hand hastig ein paar Krumen Brot ab. Die Rechte schrieb weiter. Er konnte nicht aufhören. Wenn er aufstand und durch das Zimmer ging, laut singend und taktierend, blickten seine Augen fremd. Wenn man ihn ansprach, erschrak er, und seine Antwort war verworren. Der Diener hatte schwere Tage. Es kamen die Gläubiger, um ihre Schuldscheine einzulösen, die Sänger, um ihre Festtagskantate zu erbitten. Der Diener mußte sie alle abweisen. Wenn er versuchte, sich an den Arbeitenden zu wenden, fuhr ihm ein gereizter Zorn entgegen. Georg Friedrich Händel wußte in jenen Wochen nicht um Zeit und Stunde. Er schied nicht Tag und Nacht. Er lebte in Rhythmus und Takt. Er sang. Er griff in das Cembalo. Dann setzte er sich wieder hin und schrieb, bis ihm die Finger schmerzten. Nie hatte er so gelebt, so gelitten in der Musik. Endlich, nach drei Wochen – unfaßbar bis heute –, am 14. September 1741, war das Werk beendet. Das Wort war Ton geworden. Händel stand mühsam auf. Er wußte kaum, wo er war. Nur Müdigkeit fühlte er, unermeßliche Müdigkeit. Entschwunden war ihm die Kraft. Dann fiel er auf das Bett und schlief wie ein Toter.
Dreimal hatte der Diener im Laufe des nächsten Vormittags die Tür aufgeklinkt. Händel schlief noch immer. Wie aus blassem Stein gehauen lag sein verschlossenes Gesicht. Zur Mittagszeit versuchte der Diener ein viertes Mal ihn zu wecken. Er räusperte sich laut. Er klopfte vernehmlich. Aber in die Tiefe dieses Schlafs drang kein Laut. Am Nachmittag kam Christoph Schmidt zu Hilfe. Noch immer lag

Händel in dieser Starre. Sie befürchteten, ein Schlaganfall könnte ihn nochmals niedergeschmettert haben. Als am Abend Händel trotz allem Rütteln noch immer nicht erwachen wollte – siebzehn Stunden schlief er schon –, holte Christoph Schmidt wieder den Arzt. Als Dr. Jenkins hörte, daß es um Händel ging, holte er sein chirurgisches Besteck, um den wahrscheinlich nötigen Aderlaß vornehmen zu können.

Als sie in der Brookstreet ankamen, stand der Diener schon vor dem Haus. Mit beiden Armen winkte er ihnen entgegen. »Er ist aufgestanden«, rief er über die Straße ihnen zu. »Und jetzt ißt er wie sechs Lastträger.« Selten hatte Händel so herzhaft gelacht wie in diesem Augenblick, als er den Arzt in einer Stunde kommen sah, in der er sich gesünder fühlte als je zuvor. Er hob den Krug zum Gruß. »Hol mich dieser oder jener«, staunte Dr. Jenkins. »Was ist mit Euch los? Was für eine Mixtur habt Ihr getrunken? Ihr platzt ja vor Leben!« Händel blickte ihn lachend an. Dann wurde er ernst. Er stand auf und ging an das Cembalo. Er sang und spielte das Rezitativ »Vernehmt, ich spreche ein Geheimnis aus.« Es waren Worte aus dem Messias. Scherzhaft hatte Händel begonnen. Aber kaum begonnen, zog es ihn mit. Im Spielen vergaß er die anderen und sich selbst. Plötzlich war er wieder mitten im Werk. Er sang und spielte die letzten Chöre, die er zuvor wie im Traum gestaltet hatte. Jetzt hörte er sie zum ersten Mal bei vollem Bewußtsein.

13. April 1742, der Tag der ersten Aufführung des »Messias«. Vor den Türen des Saales staute sich die Menge. Die Damen waren ohne Reifröcke gekommen, die Kavaliere ohne Degen. So hatten mehr Zuhörer Platz im Saal. Bereits durch die vorausgegangenen Proben hatte sich der Ruf des Werkes verbreitet. Als die Musik begann, wurde das Lauschen immer lautloser. Händel stand bei der Orgel. Er wollte sein Werk überwachen. Aber es riß sich los. Es

wurde ihm fremd. Als am Ende das »Amen« ertönte, sang Händel mit dem Chor.
Nichts mehr vermochte Händel von jetzt an zu beugen. Noch einmal ging die Operngesellschaft bankrott, die er in London gegründet hatte. Abermals hetzten ihn die Gläubiger mit Schulden. Nun aber stand er aufrecht. Unbekümmert schritt der Sechzigjährige seinen Weg. Das Alter höhlte allmählich seine Kraft. Es lahmten die Arme. Die Gicht krampfte die Beine. Aber mit unermüdlicher Seele schuf er weiter. Schließlich versagte das Augenlicht. Während er seinen »Jephta« schrieb, erblindete er. Doch mit verschlossenem Auge, wie Beethoven mit verschlossenem Ohr, schuf er weiter. Wie alle wahren Künstler rühmte Händel seine eigenen Werke nicht. Doch eines liebte er: den »Messias«. Für keine der zahlreichen Aufführungen des Messias, die Händel erlebte und leitete, hat er je Geld angenommen. Er widmete dieses Werk und den Erlös den Armen und Gefangenen der Stadt London. Er schrieb: »Kein Geld für dieses Werk. Nie will ich Geld dafür nehmen. Ich stehe da in eines anderen Schuld. Es soll den Kranken gehören und den Gefangenen. Denn ich war krank gewesen und bin daran gesundet. Ich war ein Gefangener, und es hat mich befreit!«
Mit diesem Werk wollte Händel Abschied nehmen. Am 6. April 1759, schon schwer erkrankt, ließ sich der Vierundsiebzigjährige noch einmal nach Covent Garden aufs Podium führen. Da stand er inmitten seiner Musiker und Sänger. Als die Woge der Töne gegen ihn rollte, sang er mit, als betete er um seine und unser aller Erlösung. Ergriffen führten die Freunde den Blinden nach Hause. Auch sie fühlten: es war ein Abschied gewesen. Am Karfreitag, dem 13. April 1759, verließen Händel die Kräfte. Er sah nichts mehr. Er hörte nichts mehr. Unbeweglich lag der massige Leib in den Kissen wie ein leeres, schweres Gehäuse. Aber wie die leere Muschel vom Tosen des Meeres rauscht, so rauschte

innen unhörbar Musik. Am nächsten Tag – noch waren die Osterglocken nicht erwacht – starb dahin, was an Georg Friedrich Händel sterblich war.

*

Im Altarraum der Kirche erschien auf einer Leinwand das Porträt von Georg Friedrich Händel zu einem eingespielten Stück aus dem Messias: »Comfort ye my people«.
Anschließend wurde den Besucherinnen und Besuchern die Möglichkeit gegeben, auf die Geschichte von Georg Friedrich Händel zu reagieren, indem sie ihre Eindrücke auf ein Blatt Papier schrieben. Einige Reaktionen wurden im Gottesdienst vorgetragen.
Das Lied von Clemens Bittlinger »Daß mir der Atem nicht ausgeht« bildete die Brücke zu einem Gebet, welches weitgehend von Antoine de Saint-Exupéry stammt.

Ich bitte nicht um Wunder und highligths, Gott,
sondern um die Kraft für den Alltag.
Mach mich findig und erfinderisch,
um im täglichen Vielerlei und Allerlei
rechtzeitig den ganz eigenen Weg zu entdecken,
um rechtzeitig in den eigenen Lebenslauf einzubiegen.
Mach mich griffsicher in der richtigen Zeiteinteilung.
Schenke mir das Fingerspitzengefühl,
um herauszufinden,
was erstrangig und was zweitrangig ist.
Laß mich erkennen,
wo mir Fremdes aufgepfropft wurde
und nun mein Leben behindert.
Bewahre mich vor dem naiven Glauben,

es müsse im Leben alles glatt gehen.
Schenke mir die nüchterne Erkenntnis,
daß Schwierigkeiten, Niederlagen,
Mißerfolge, Rückschläge
eine selbstverständliche Zugabe zum Leben sind,
durch die wir wachsen und reifen.
Du weißt,
wie sehr wir in all dem der Freundschaft bedürfen.
Gib, daß ich diesem schönsten, schwierigsten,
riskantesten Geschenk des Lebens gewachsen bin.
Verleihe mir die nötige Phantasie,
im rechten Augenblick
ein Päckchen Güte, ein Päckchen Liebe,
mit oder ohne Worte,
an der richtigen Stelle abzugeben.
Mach aus mir einen Menschen,
der einem Schiff mit Tiefgang gleicht,
um auch bei denen zu sein, die unten sind.
Bewahre mich vor der Angst,
ich könnte das Leben versäumen,
denn du, Gott,
hältst mich, trägst mich, tröstest mich
und leitest mich hinaus und hinein
in ein lebenswertes Leben. Danke.
Amen.

Im anschließenden Segensritual wurde der Zuspruch mit Handauflegung weitergegeben. Die Besucherinnen und Besucher wurden gebeten, sich um 90 Grad nach links zu drehen, so daß sie genau hinter ihrem linken Nachbarn oder ihrer Nachbarin standen, und dann eine Hand zärtlich auf den Rücken der Person vor ihnen zu legen. Folgender Segensspruch wurde Satz für Satz von allen nachgesprochen:

Es segne dich Gott der Vater …
der dich ins Leben gerufen hat …
Es segne dich Gott der Sohn …
der dich mit seiner Liebe begleitet …
Es segne dich Gott der Geist …
der dich lebendig erhält …
jetzt und in Ewigkeit.
Amen.

DURST NACH SINNERFÜLLTEM LEBEN

Nach dreißig Jahren gemeinsamen Fernsehens sagte ein Mann zu seiner Frau: »Laß uns heute abend etwas wirklich Aufregendes unternehmen!«
Sofort tauchten vor ihrem Auge Visionen von einer Nacht in der Stadt auf: Kino, Konzert, Theater, Kneipen. »Phantastisch«, sagte sie zu ihm, »was wollen wir machen?«
Darauf er: »Wir können einmal unsere Sessel tauschen.«

Nach Anthony de Mello

Wenn es nach Leo Kirch und anderen Fernsehpäpsten ginge, dann wäre dies das Traumehepaar der Zukunft. 30 Jahre vor der Glotze, 30 Jahre Einschaltquoten-Partikel.

O Gott, wo ist das Leben hingekommen.
Leben nur noch aus der zweiten Hand, Leben nur noch aus der Konserve.
Andere spielen es vor, auf der Mattscheibe: Spannung, Abenteuer, Lust, Erotik, Wagnis, Schweiß, Tränen, Leidenschaft – und ich und Sie?
Dabei könnte das Leben doch so spannend, so sinnvoll sein!

Durst nach Sinn, Durst nach sinnerfülltem Leben, das soll im folgenden das Thema sein.
Über Sinn soll hier nachgedacht werden
im Namen des Gottes, der seine Geschöpfe liebt,
im Namen des Nazareners Jesus, der sich sinnstiftend für uns alle eingebracht hat,
und im Namen des Heiligen Geistes, der unseren Sinn öffnen will für ein eigenes sinnvolles Leben.

Zunächst sind Sie zu einer Phantasiereise eingeladen, einer Reise, die dazu dienen soll, bei sich selbst anzukommen, damit das »Ich« oder das »Selbst« nicht irgendwo herumschwirrt.

Setzen Sie sich bitte so bequem wie möglich hin und atmen Sie dreimal tief durch ...

Stellen Sie sich vor, Sie gehen einen Kiesweg entlang und spazieren auf ein großes Haus zu ... Sie gehen die Treppenstufen hinauf, und die Türen öffnen sich ...

Sie schreiten durch einen Flur und gehen in eine offene, große Halle ... In der Halle ist es warm. Durch ein großes, gewölbtes Glasdach scheint die Sonne. Alles erstrahlt in einem milden Licht. Das Licht ist hell und doch weich ...

Unten in der Halle sehen Sie ein Becken mit Wasser. In dem Wasser wachsen wunderschöne Blumen. Sie sind im ganzen Becken verteilt. Sie haben bunte Farben ...

Sie riechen das Wasser, die Luft, die Blumen und den Raum ... Gehen Sie durch den Raum und suchen Sie sich einen Platz zum Hinsetzen ... Sie schauen auf das Wasser und spüren seine Ruhe ...

Kleine Wellen entstehen, und aus dem Wasser taucht eine Knospe empor. Die Knospe entfaltet ihre Blätter und blüht auf. Blatt für Blatt öffnet sie sich, die Farben spiegeln sich im Wasser ... Ein Klang erfüllt die Halle ... Die Blume wird wunderschön. Sie erleben, wie die schönste Blume aus dem lebenstiftenden Wasser entsteht ... Die Sonne taucht die Blüte in ihr Licht ...

Während der Klang den Raum durchdringt, schließt die Blume wieder ihre Blätter. Sie verblüht, und das Wasser schließt sich wieder über ihr ...

Eine neue Knospe taucht aus dem Wasser auf. Sie erblüht ebenso in all ihrer Herrlichkeit und Pracht ... Und während Sie noch schauen, schließt sich die Blüte wieder und vergeht. Auch sie verschwindet im Wasser.

Alles, alles wiederholt sich. Die Knospe wird zur Blüte,

geht auf und vergeht. Jede Geburt wirkt schöner als die vergangene, das Neue wirkt interessanter als das Alte. Das Leben wird und vergeht. Ein ewiges Kommen und Gehen setzt ein, die Zeit des Geborenwerdens und des Sterbens, genauso wie es der alte Prediger aus der Bibel feststellt:
»Alles, was auf der Erde geschieht,
hat seine von Gott bestimmte Zeit:
Geboren werden und sterben hat seine Zeit.
Einpflanzen und ausreißen hat seine Zeit.
Töten und Leben retten hat seine Zeit,
niederreißen und aufbauen,
weinen und lachen,
wehklagen und tanzen hat seine Zeit.
Steine werfen und Steine sammeln hat seine Zeit.
Sich umarmen und sich aus der Umarmung lösen,
finden und verlieren,
aufbauen und wegwerfen,
zerreißen und zusammennähen,
schweigen und reden.
Das Lieben hat seine Zeit und auch das Hassen,
der Krieg und der Frieden.
Er, Gott, hat alles schön gemacht zu seiner Zeit,
und den Wunsch nach Ewigkeit
hat er dem Menschen ins Herz gelegt.«
Doch Mensch, erkenne, was jetzt deine Zeit ist.
Erkenne die Blume, die jetzt gerade für dich blüht …

Nehmen Sie nun Abschied von Ihren Blumen, Abschied von dem Wasser, gehen Sie aus der Halle, durch den Flur, nach draußen und über den Kiesweg wieder dorthin, wo Sie sich befinden, und setzen Sie sich auf den Platz, auf dem Sie gerade sitzen.

Nach der Phantasiereise sangen wir das meditative Lied aus der Taizé-Tradition »Laudate omnes gentes« (Evang.

Gesangbuch Nr. 181.6). Es wurde mehrfach wiederholt, zunächst lauter werdend, dann leiser, flüsternd, summend, aushauchend. Mit dem anschließenden Gebet wurde der Unmut über die Fremdbestimmungen bei der eigenen Sinnsuche zum Ausdruck gebracht.

Gott, ich habe es satt,
den Hals zu verdrehen und jedem Trugbild nachzugaffen.
Ich drehe mich nicht mehr um.
Geradeaus sehe ich und schweige.
Ich gönne meinem Nacken Ruhe.
Denn mein Nacken ist müde,
müde vom ewigen Drehen und Wenden.
Mache mich zu einem Menschen,
der geradeaus geht,
daß ich nur auf deinen Weg schaue,
den Weg, den du zeigst für mein Leben.

Meine Ohren sind müde
vom Lärm der Züge und Autos,
müde vom Nachhall der Worte,
vom Kopfweh kommender Tage,
sehr, sehr müde und beinah ertötet
vom klingenden, betäubendem Lärm.

Ich habe es satt,
gereizt zu werden,
gereizt von den vielen Dingen draußen
und von der Selbstsucht drinnen.
Gott, reize du mich,
daß deine Liebe mich treibt
und mein Leben sinnvoll und schön wird
und ich in Ewigkeit fröhlich bin.

Der Mensch vor der Frage nach dem Sinn

Sinn als Befriedigung von Bedürfnissen

Viele Menschen fühlen sich in ihrem Leben im großen und ganzen wohl trotz der Probleme, die es selbstverständlich gibt. Sie haben in ausreichendem Maß, was man braucht: einen Bekanntenkreis, mit dem man öfter etwas unternehmen kann, einen Freund oder eine Freundin, eine stabile Ehe, einen zufriedenstellenden Arbeitsplatz oder einen Platz auf einer guten Schule, ein Hobby, das Spaß macht oder sogar fasziniert, einen Verein, in den man gern geht, ausreichend Taschengeld, eine Kneipe, in der niemand fragt, was man hat oder ist.
Schon diese Aufzählung zeigt, unter welchen Bedingungen sich der Mensch wohl fühlt. Wohl fühlt sich, wer seine Bedürfnisse einigermaßen befriedigen kann. Das geht uns allen so. Wir haben das Bedürfnis nach Erlebnissen und Abenteuern, nach Kontakt und Geselligkeit, nach Freunden, nach Anerkennung und Erfolg, nach finanzieller und sozialer Sicherheit. Wir haben das Bedürfnis, vor anderen eine gute Figur zu machen und unsere Schüchternheit zu überwinden, das Bedürfnis nach Kleidern, in denen wir uns wohl fühlen, nach einer gemütlichen Wohnung, das Bedürfnis nach Bildung und einem qualifizierten Beruf. Wir haben das Bedürfnis nach Zärtlichkeit und Erotik, nach einem spannenden Flirt, aber auch nach einer guten Ehe, das Bedürfnis nach einem Menschen, dem man alles sagen kann. Wenn wir krank sind, wollen wir vor allem Gesundheit. Wenn wir überanstrengt sind, sehnen wir uns nach Schlaf und Erholung. Der Hungernde hat in erster Linie das Bedürfnis, etwas zu essen. Wer ungerecht behandelt oder unterdrückt wird, verlangt nach sozialer, politischer und wirt-

schaftlicher Gerechtigkeit. Wo Krieg herrscht, wird das Bedürfnis nach Frieden vorrangig. Das heißt, je nach dem, was fehlt, verändert sich die Bedürfnislage und spitzt sich auf bestimmte Bedürfnisse zu.

Ich habe diese Bedürfnisse zunächst wahllos aufgezählt. Man kann versuchen, sie zu ordnen und etwa in folgende Bereiche zusammenzufassen, wobei diese Bereiche nicht scharf zu trennen sind:

- *Biologische Bedürfnisse:* Atmen, Essen, Trinken, Schlafen, Wohnen, Sexualität, Gesundheit.
- *Materielle Bedürfnisse:* Schutz gegen Witterung, Versorgung, Wohlstand, Konsum, Luxus.
- *Soziale Bedürfnisse:* Anerkennung, Erfolg, Kontakt, Gemeinschaft, Zärtlichkeit, Sicherheit, Selbstbestimmung, Gerechtigkeit, Frieden.
- *Geistig-ästhetische Bedürfnisse:* Neugier, Entdeckerdrang, Wissen, Bildung, Reisen, Kreativität, Kunst und Kultur.

Die Bedürfnisse sind von unterschiedlicher Dringlichkeit. Soziologen haben versucht, »Bedürfnis-Pyramiden« zu entwickeln, abgestuft nach der Dringlichkeit der Bedürfnisse. Keine dieser Bedürfnis-Pyramiden hat allgemeine Anerkennung gefunden. Die Rangliste ist bei den Menschen und je nach Situation verschieden. Es ist nicht möglich, sie bis ins einzelne zu objektivieren. Einiges kann man allerdings grundsätzlich festhalten: Im Normalfall sind die biologischen Bedürfnisse am stärksten. In der Regel muß ein Minimum an materiellen Bedürfnissen befriedigt sein, bevor sich der Mensch geistigen Bedürfnissen zuwendet. Fest steht auch, daß Bedürfnisse künstlich erzeugt werden können und eine Konsumgesellschaft zu einem großen Teil von solchen künstlich erzeugten Bedürfnissen lebt. Der Mensch ist stark von Werbung, Leitbildern und der für ihn maßgebenden sozialen Umgebung beeinflußbar. Sehr unterschiedlich sind beispielsweise die Bedürfnisse eines rei-

chen und eines armen Menschen, eines Menschen der sogenannten »ersten« oder der »dritten« Welt.
Trotz dieser Unterschiede bleibt es bei dem elementaren Tatbestand: Der Mensch ist ein bedürfnisorientiertes Wesen. Aus den Bedürfnissen heraus ergeben sich unsere Interessen (Wünsche) und deshalb unsere Ziele (Pläne). Stehen sich gleichstarke Bedürfnisse gegenüber, gerät der Mensch in einen Zielkonflikt. Alle Aktivitäten, die uns einer Bedürfnisbefriedigung näherbringen, sehen wir als sinnvoll an. Jeder Vorsatz und Plan setzt einen Sinn voraus. Das Wort »Sinn«/»sinnen« hatte im Althochdeutschen die Bedeutung »eine Richtung einschlagen, planen, reisen«.

Unterbrechung der Sinnerfahrung in der Krise

Der Mensch fühlt sich solange wohl, wie er seine Bedürfnisse einigermaßen befriedigen kann. Das ist eine Aussage, die zugleich schwerste Probleme enthält: »... *solange* wir unsere Bedürfnisse *einigermaßen* befriedigen können.« Weil *das* die Antwort ist, sind wir verwundbar, kann das Leben so schwer werden. Wenn die Bedürfnisbefriedigung immer gelingen würde, wäre das Leben – vordergründig zumindest – kein Problem. Aber es gibt Situationen, in denen die Bedürfnisbefriedigung nicht mehr gelingt. Dann ist unsere Zufriedenheit oft von heute auf morgen wie weggeblasen.
Diese Situationen kann man als »Krisen« bezeichnen. In der Krise wird die gewohnte Bedürfnisbefriedigung unterbrochen, die bisherige Sinnerfahrung erschüttert. Solange die Bedürfnisbefriedigung gelingt, fragt der Mensch meist nicht groß nach dem Sinn. Diese Frage wird oft erst in der Krise lebendig. Die Krisen, die auf den Menschen zukommen können, sind so vielfältig wie das Leben selbst. Und

doch: Hinter vielen Krisen stecken ähnliche Erfahrungen. Es lassen sich vor allem vier typische Krisenerfahrungen nennen:

Die Erfahrung des Verlustes: Sie kann sich auf vieles beziehen, zum Beispiel auf den Verlust der Heimat, auf den Verlust der Arbeit, auf den Verlust eines geliebten Menschen durch Tod oder Trennung.

Die Erfahrung des Versagens: Sie enthält ein Element, das in der Verlusterfahrung nicht enthalten sein muß, nämlich die Erkenntnis: »Du bist selbst schuld daran.« Dieser Selbstvorwurf macht das Erlebnis des Versagens so bitter. Versagen ist schlimmer als Pech. Häufiges Versagen kann einen Menschen zermürben: ständig schlechte Noten in der Schule, nicht versetzt werden, das Examen nicht bestehen, Versagen im Beruf.

Die Erfahrung des Überdrusses: Auch sie kann schwere Krisen auslösen. Wenn man alles hat, was man sich wünschen kann, stellt sich die Frage: Was kann das Leben noch bieten? Nachdem man alles ausgekostet hat, schmeckt das Leben wie abgestandenes Bier. Es hat seinen Reiz verloren. Es ist kein Abenteuer mehr.

Die Erfahrung von Vergänglichkeit: Zum menschlichen Leben gehört die Zeit und damit die Vergänglichkeit. Die Zeit vergeht. Ich kann den glücklichen Augenblick nicht festhalten. Eine besonders harte Sprache sprechen schwere Krankheit und Todesgefahr. Hier ist die Erfahrung der Vergänglichkeit am stärksten. In einer nie für möglich gehaltenen Dringlichkeit meldet sich plötzlich die Frage nach dem Sinn des bisherigen Lebens.

Das sind die *vier typischen Krisenerfahrungen*, die auf uns zukommen können oder schon zugekommen sind. Die Menschen können unterschiedlich viel von diesen Erfahrungen verkraften. Oft spielen mehrere solcher Erfahrungen ineinander, bevor sie eine Krise auslösen. Krisen können für den einzelnen Menschen alles ins Wanken bringen, trotz aller theoretischen, wissenschaftlichen und politischen Erkenntnisse. Keiner von uns kann die Krisen im voraus einkalkulieren. Sie kommen ungeplant, in Augenblicken, in denen wir sie nicht gebrauchen können. In den Krisen zeigt das Leben, daß es unberechenbarer ist, als es uns die Lehrpläne und Schulbücher vorgaukeln.

Die Bedeutung der Kindheit für die Sinnerfahrung

Um einen dritten Schritt voranzukommen, müssen wir uns eine einfache Frage stellen. Sie ist scheinbar so banal, daß man kaum auf den Gedanken kommt, sie zu stellen. Und doch führt gerade sie weiter. Die Frage lautet: Warum empfinden wir eigentlich die Krise als etwas Unangenehmes? Antwort: Weil in ihr die gewohnte Bedürfnisbefriedigung unterbrochen wird. Das heißt, ich habe vor der Krise etwas besessen, was in der Krise verlorenging: Sinn, Zufriedenheit, Glück. Dieses Verlorengehen kann ich überhaupt nur deshalb empfinden, weil mein Leben bis dahin einen Sinn hatte. Daraus ergibt sich die weitere Frage: Was ist das für eine Sinnerfahrung, die jeder Krise vorausliegt und von der ich immer schon herkomme? Woher kommt sie? Wann begann sie?

Gehen wir dieser Sinnerfahrung konsequent nach, kommen wir zurück in unsere frühe Kindheit. Wir stoßen auf die große Bedeutung der Kindheit für die Sinnerfahrung. Am Anfang unseres Lebens stand eine intensive Erfahrung von Sinn. Unser Leben begann nicht in der Fremde, sondern an einem geschützten und vertrauten Ort: in der Wiege, in den Armen der Eltern, an der Brust der Mutter. Das lächelnde Gesicht, das über unserer Wiege auftaucht, die Hand, die uns die Flasche in den Mund schiebt, die Hände, die die Windeln auswechseln, die Stimme die uns in den Schlaf singt: Das waren die ersten Erlebnisse, die wir mit dem Leben gemacht haben. Von diesem Start kommen wir oder die meisten von uns her.

Das Kleinkind erlebt täglich, wie es den großen Wesen um sich herum ausgeliefert ist. Es spürt: Wenn diese Wesen mir schaden wollten, könnte ich keinen Widerstand leisten. Sie könnten mich umbringen. Doch wenn sie sich über mich beugen, mich anlächeln und anträllern, dann spüre ich: Ich darf leben. Die Wesen, die ich erst allmählich als meine »Eltern« begreifen lernte, ließen mich nicht achtlos in einer Zimmerecke liegen. Sie tolerierten mein Dasein nicht nur, sie umsorgten es. Ihr Interesse signalisierte mir: Ich bin für sie wichtig. Ein Kleinkind weiß noch nicht, für wie wichtig es sich selbst halten soll. Aber es erlebt, wie wichtig es *für die Eltern* ist. Diese Bedeutung hätte es sich nicht selbst geben können. Wie wichtig und willkommen wir in dieser Welt sind, können wir uns nicht selber sagen. Wir können es nur in den Augen anderer ablesen. Weil unser Leben bedeutungsvoll war für andere, wurde es bedeutungsvoll für uns selbst. Wir fühlten uns wichtig, weil wir das »Liebesobjekt« anderer waren. Weil wir angelächelt wurden, lernten wir zurückzulächeln.

Freilich, die Kindheit hat nicht nur diese schöne Seite. Es gibt sehr frühe Verletzungen und Enttäuschungen. Viele blicken im Zorn zurück. Die Kindheitserfahrung ist mehrdeutig. Doch es geht zunächst nicht darum, was unsere Eltern im einzelnen aus unserer Kindheit gemacht haben. Die Kindheit ist keine Erfindung der Eltern. Sie ist eine Vorgegebenheit des Lebens. Inwieweit die Möglichkeiten, die in der Kindheit für das Kind liegen, von den Eltern realisiert werden, ist eine Frage für sich. Bekommt das Kind ausreichend Zuwendung, entsteht in ihm die Überzeugung: Das Leben ist etwas Gutes.

Damit haben sich zwei wichtige Einsichten ergeben:

- Der Mensch verdankt sein Urvertrauen und damit sein ganzes späteres Leben einer *Beziehung*. Sinn ist also nichts, was mit mir allein zu tun hat. Ich könnte mir diesen Sinn nicht selbst geben.
- Die erste Sinnerfahrung mußte ich nicht erwerben, ich bekam sie *geschenkt*. Wir waren wichtig, einfach weil wir da waren. Die Sinnerfahrung der frühen Kindheit war die erste Lebensordnung, die wir kennenlernten. Deshalb war für uns die Welt in Ordnung. Hier kamen wir auf den Geschmack am Leben. Und dieser Geschmack blieb auf unserer Zunge. Wir können ihn nicht wieder vergessen. Er hat uns nicht satt gemacht, sondern hungrig.

Der Existenzkampf in der Erwerbsgesellschaft

Unwiederbringlich wachsen wir aus der frühen Kindheit heraus. Wir müssen aus dem Vertrauten hinaus ins Unvertraute. Das beginnt mit Kindergarten und Schule. Im gesellschaftlichen Leben herrschen andere Regeln als in der frühen Kindheit. Dadurch ergeben sich Veränderungen im Lebensgrundgefühl. In der Gesellschaft werden wir in einem anderen Maß nach unseren Fähigkeiten und Leistungen beurteilt als in der Kindheit. Die in der Gesellschaft praktizierte Menschenkenntnis ist eine *beurteilende* Menschenkenntnis. Die Wertschätzung und Anerkennung, die ich brauche, hängt von meinen Fähigkeiten, Qualitäten und Qualifikationen ab. Ich finde nicht schon Anerkennung, einfach weil ich da bin. Wo käme man da hin? Ich muß mir die Anerkennung erst erwerben. Insofern leben wir in einer *Erwerbsgesellschaft.*
Jede Gesellschaft beurteilt ihre Mitglieder. Die Maßstäbe, nach denen sie das tut, sind zwar in manchen Punkten ver-

schieden, aber die Tatsache, daß eine Meßlatte an uns gelegt wird, gilt überall. Wir werden eingeteilt in die Schubladen »geeignet« oder »nicht geeignet«, »qualifiziert« oder »nicht qualifiziert«, »können wir gebrauchen« oder »können wir nicht gebrauchen«. Sind wir zu nichts mehr nütze, dann sind wir im Prinzip entbehrlich. In einem Sozial- und Wohlfahrtsstaat kann das erfreulicherweise abgemildert werden. Aber grundsätzlich gilt es auch da. Wer keine Qualitäten und Qualifikationen vorweisen kann, ist weniger wert. Er wird psychisch und finanziell degradiert. Statt Achtung bekommt er Mitleid: »ein Problemfall«. Wir leben in einer *Tauschgesellschaft*. Hast du etwas zu bieten, bekommst du Anerkennung. Hast du nicht viel zu bieten, bleiben dir die Komplexe.

Die Beurteilung durch die Gesellschaft beeinflußt uns bis in den Privatbereich. Eine scharfe Trennung von gesellschaftlichem und »privatem« Bereich ist nicht möglich. Infolge der Beurteilungen, denen wir ausgesetzt sind, beginnt zwischen den Menschen ein Kampf um die begehrten Plätze. Wir werden in einen weitverzweigten Konkurrenzkampf hineingezogen. Dieser Konkurrenzkampf isoliert uns tendenziell voneinander und macht uns potentiell zu Feinden.

Das also ist das Gesetz jeder Erwerbs- und Tauschgesellschaft: Wer keine Leistungen vorweisen kann, wird nicht wirklich ernst genommen. Wer keinen Nutzen bringt, ist im Prinzip entbehrlich. Wo dieses *Gesetz der Beurteilung* herrscht, wird man allerdings fragen: Welchen Nutzen hat eigentlich Gott? Welche Verwendungsmöglichkeiten haben wir für ihn? In welche Schublade gehört er: »qualifiziert« oder »nicht qualifiziert«, »geeignet« oder »ungeeignet«? Können wir ihn für unsere Ziele verwenden, zur Funktion in unseren Lebensplänen machen? Wenn nicht, dann ist er »im Prinzip entbehrlich«. Überall, wo das Leben nach dem Gesetz der Beurteilung ausgerichtet wird, herrscht Gottesfinsternis. Nach den Methoden dieses Gesetzes läßt Gott sich nicht finden. Das war die große Entdeckung von Paulus und Martin Luther: Das Leben der Menschen ist dadurch gekennzeichnet, daß es unter dem »*Gesetz*« steht. Und sie verstanden unter diesem Begriff die eben beschriebene Tatsache, daß wir ständig beurteilt werden. »Gesetz« meint das Gesetz der Beurteilung. Paulus und Luther erkannten, daß der Mensch immer wieder vor verschiedenen Instanzen steht, die ein Urteil über ihn fällen und dadurch Macht über ihn gewinnen (über sein Gewissen, sein Selbstbild und Selbstwertgefühl). Die Macht dieses Gesetzes war für sie kein Problem neben vielen anderen Problemen, kein Teilproblem, sondern *das* Problem des Lebens. Der Begriff »Gesetz« steht bei ihnen für *das Ganze* des Schadens. Er bezeichnet den Punkt, um den es geht. Dieses Gesetz war für sie die »Verderbensmacht«, der Schatten über unserem Leben, die Bedrückung, unter der wir alle leiden. Das Leben unter dem Gesetz ist für Paulus und Luther ein Leben in der »Knechtschaft« und »Gefangenschaft« und darum ein unmenschliches Leben. Aber sie hatten etwas erlebt, was auf sie eine befreiende Wirkung hatte, eine Macht, die sich gegen die Herrschaft dieses Gesetzes richtet. Diese Macht nannten sie »Evangelium«. Nur weil sie die befreiende Kraft des Evangeliums erfahren hatten, war es ihnen möglich gewesen, die Macht des Gesetzes zu entlarven.

Freundschaft und Liebe als Unterbrechung des Existenzkampfes

Im Leben eines Jugendlichen und Erwachsenen gibt es auch Erfahrungen, die das Nützlichkeits- und Tauschprinzip der Erwerbsgesellschaft wenigstens teilweise durchbrechen: die Erfahrung der Freundschaft und der Liebe. Zwischen

Freunden und Freundinnen gelten die Gesetze der Gesellschaft nicht mehr unbedingt. Darum sind Freundschaften so wichtig. Sie helfen über vieles hinweg. Ein Freund steht auch in der Not zu mir. Er wird versuchen, mich nach einem Fehler oder Versagen aufzumuntern. Ähnliches gilt für die Liebesbeziehung zwischen Mann und Frau. Hier ist diese Erfahrung in der Regel noch deutlicher, weil die Ergänzungsmöglichkeiten zwischen Mann und Frau tiefer sind.

Wo Freundschaft und Liebe herrschen, gilt nicht mehr in erster Linie meine Funktion, sondern meine Person. Darum machen Freundschaft und Liebe mich unersetzbar. Wer verliebt ist, entdeckt die Einmaligkeit der Person. Er will diese eine und keine andere. Wer liebt, sagt nicht: »Ich brauche eine Frau, egal welche.« Und je länger man in einer geglückten Freundschaft oder Liebesbeziehung lebt, desto unauswechselbarer wird man. *Bertolt Brecht* schreibt: »Seit ich weiß, daß du mich liebst, fürchte ich von jedem Regentropfen, daß er mich erschlagen könnte.« Wenn ich in das Gesicht dessen schaue, der mich liebt, spüre ich etwas, was ich so seit meiner frühen Kindheit nicht mehr erlebt habe: Ich bin wichtig, einfach weil ich da bin. Und das ist es, was meinem Leben Sinn verleiht. Wieder ist es eine *Beziehung*, das heißt, etwas, was ich nicht aus mir allein entwickeln kann. Nur der kann meinem Dasein Sinn verleihen, der mir sagen kann: »Für mich bist du unersetzbar. Was wäre ich ohne dich.« Wo mir das einer sagt, bin ich zu Hause. Diese Art von Sinn kann mir nur eine Person vermitteln. »Nur Lebendiges kann Lebendiges heilen« *(Schelling)*. Etwas Totes kann mir diesen Sinn nicht geben, kein Geld, kein Erfolg, keine Idee oder Ideologie. Geld und Erfolg können nicht zu mir sagen: »Für mich bist du unersetzlich. Was wäre ich ohne dich.«

Es ist keineswegs so, daß in Freundschaft und Liebe die Leistung keine Rolle mehr spielt. Freundschaft und Liebe machen mich nicht faul und träge. Im Gegenteil: Ich werde oft zu den größten Leistungen inspiriert. Aber es gibt einen entscheidenden Unterschied: In der Erwerbsgesellschaft bringe ich Leistung, *um glücklich zu werden*. In der Freundschaft und Liebe bringe ich Leistung, *weil ich glücklich bin*. Ist die Leistung das Mittel, um Glück zu erlangen, bleibt stets die Angst, einmal nicht mehr genügend leisten zu können. Diese Art von Leistung hat etwas Zwanghaftes und führt in Zwänge. Geschieht die Leistung jedoch als Reaktion auf erlebtes Glück, als Ausdruck der Freude, dann geschieht sie in Freiheit und führt in die Freiheit. Glücklich ist der Mensch, der dem Glück nicht nachjagen muß, sondern vom Glück herkommt. Glücklich ist der Mensch, der gute Freunde gefunden hat und einen Menschen, der ihn liebt.

Sind also Freundschaft und Liebe die Antwort auf die Frage nach dem Sinn? Überdenken wir die Situation realistisch. Viele haben keine echten Freunde, keinen Liebes- oder Ehepartner. Und auch die Ehe bringt oft anstelle des erhofften Glücks eher Enttäuschung mit sich. Und selbst wenn sich die Beziehung so entwickelt, wie ich es mir erhofft habe: Das Glück zweier Freunde und zweier Liebender gilt *nur diesen beiden*. Wären Freundschaft und Liebe die Antwort auf die Sinnfrage, dann wäre das eine Antwort, die nicht allen Menschen gilt, die im Entscheidenden die Menschen nicht solidarisch macht. Oft stößt gerade das Glück zweier Menschen andere, die dieses Glück nicht haben, noch tiefer in die Traurigkeit. Doch auch die Liebenden selbst werden vor eine schwerwiegende Frage gestellt: Wenn mein Partner/meine Partnerin meinem Leben Sinn verleiht, was ist dann, wenn er oder sie stirbt oder sich trennen will? Gibt es Sinn für mein Leben auch angesichts eines solchen Verlusts?

Vor allem ist es jedoch ernüchternd, sich über Folgendes klar zu werden: Was entscheidet darüber, welchen Freund oder welche Partnerin ich wähle? Ich möchte ja nicht irgendeinen zum Freund oder irgendeine zur Lebenspartnerin. Ich wähle aus. Aber nach welchem Maßstab? Sozialpsychologische Untersuchungen zeigen, wie sehr diese Wahl von den Gesetzen der Tausch- und Marktgesellschaft beeinflußt wird. Bevor wir versuchen, mit einem Menschen in engeren Kontakt zu kommen, laufen in uns bestimmte Entscheidungsprozesse ab. Wir überlegen, ob es sich lohnt. Wir wägen ab nach einer Art »Kosten-Nutzen-Rechnung«: Wieviel werde ich voraussichtlich in diese Beziehung investieren müssen, und wieviel wird sie mir vermutlich bringen? Im Normalfall verspüren wir nur dann Lust zu einem engeren Kontakt, wenn der Nutzen die Kosten voraussichtlich überwiegt oder zumindest gleich hoch ist. Andernfalls reizt mich der Kontakt nicht. Ich sehe eine Beziehung dann als »lohnend« an, wenn der oder die andere attraktive Eigenschaften besitzt und ähnliche Einstellungen hat wie ich.

So bleiben die Attraktiven unter sich: diejenigen, die gebildet und kontaktfreudig sind, die sich gut unterhalten können, die standesgemäß sind und zu mir passen. Wer wenig zu bieten hat, kann sich weder auf dem Arbeitsmarkt noch auf dem *»Liebesmarkt«* eine gute Partie ausrechnen. Freundschaft und Liebe durchbrechen die Gesetze des Existenzkampfes also nur teilweise.

Aber: Jede echte Freundschaft und Liebe wird auch eine Opferbereitschaft und Hingabe wecken, die keine Kosten-Nutzen-Rechnungen mehr anstellt. Diese Elemente, die nicht der beurteilenden Menschenkenntnis entstammen, sind es, die mich an die frühe Kindheit erinnern. Und es genügt für eine geglückte Freundschafts- und Liebesbeziehung, wenn solche Elemente mitten unter den anderen Motiven deutlich vorhanden sind.

Die Hoffnung auf Veränderung des Gesellschaftssystems

Freundschaft und Liebe können den Existenzkampf zwar teilweise durchbrechen, aber erstens sind auch sie von den Markt- und Tauschgesetzen beeinflußt, und zweitens gilt das Glück der Freunde und Liebenden nur diesen. Es ist kein Glück, das uns alle im Glück solidarisch macht. Darum ist es verständlich, wenn sich viele sagten: Wir müssen fundamentaler ansetzen. Wir müssen das Gesellschaftssystem mit seinen herrschenden Gesetzmäßigkeiten grundlegend verändern. Das Ziel muß eine Gesellschaft sein, in der der Mensch nicht mehr nach Tausch- und Konkurrenzgesetzen taxiert wird, in der nicht mehr seine Funktion, sondern seine Person im Vordergrund steht.

Der Philosoph und Sozialkritiker *Ernst Bloch* hat sich sein Leben lang für dieses Ziel eingesetzt. In seinem Buch »Prinzip Hoffnung« beschreibt er, wie sich alles Hoffen der Menschen von je her auf dieses Ziel bezog. Für Bloch ist dieses Ziel nur erreichbar, wenn der Mensch seine »Entäußerung« und »Entfremdung« überwinden und in der Gesellschaft »reale Demokratie« verwirklichen wird. Im letzten Satz dieses Buchs drückt Bloch aus, was seiner Überzeugung nach geschehen wird, wenn dieses Ziel erreicht ist. Es »entsteht in der Welt etwas, das allen in die Kindheit scheint und worin noch niemand war: Heimat«.

»Heimat« ist das letzte Wort dieses umfangreichen Werks. Bloch hat es sicher bewußt gewählt. Damit wird Heimat zum Ziel aller Anstrengungen, allen politischen Kampfes. Dieses Schlußwort ist ein Bekenntnis: Mehr als Heimat gibt es nicht. Sie ist es, die die Menschheit in ihren besten politischen Programmen und Utopien sucht, bewußt oder unbewußt. Der Mensch sucht Heimat. Und Bloch verbindet das Wort Heimat mit einem zweiten Begriff. Auch dieser ist schlicht und gefühlvoll und bei einem Sozialkritiker ebenso unerwartet wie der erste. »Heimat« hängt mit »Kindheit« zusammen. Bloch verbindet das Ziel, das vor uns liegt und »worin noch niemand war«, mit etwas, das längst hinter uns liegt und worin wir alle waren. Natürlich denkt er dabei nicht an eine Rückkehr in eine unmündige Haltung. Dennoch ist er der Meinung, die Kindheit liege nicht nur hinter uns, sondern auch vor uns.

Ich bin der Überzeugung, daß der jüdische Philosoph Bloch damit in gewisser Weise den Schlüssel zur Anwort auf die Sinnfrage gefunden hat. Bloch sagt mit anderen Worten: Wenn einmal unsere sozialen und politischen Ungerechtigkeiten und Schäden beseitigt sein werden (wann wird das sein?), dann wird in uns ein Lebensgefühl entstehen, das uns an die Kindheit erinnert. Die Kindheit stellt von Anfang an klar, daß die dem Menschen gemäße Lebensordnung jenseits der Tausch- und Erwerbsgesellschaft liegt. Sie hat die Erwerbsgesellschaft schon widerlegt, bevor sie uns ganz korrumpieren kann.

Bis hierher bin ich mit Ernst Bloch einig. Von dieser gemeinsamen Überzeugung aus habe ich jedoch eine Frage an ihn. Mit Recht weist Bloch darauf hin, daß sich die Menschen erst am Ziel fühlen werden, wenn das Heimatgefühl der frühen Kindheit auf neuer Stufe möglich wird. Doch Bloch macht dieses Ziel zum Ergebnis *unserer Anstrengungen.* Unser politisches Programm und unser revolutionärer Kampf sollen uns diesem Ziel näher bringen. Aber ist das nicht noch immer in den Kategorien der Erwerbsgesellschaft gedacht? Wir sollen uns diese Heimat *erwerben.* Was aber wäre, wenn sich auch der Weg, auf dem wir Heimat finden, an der Kindheitserfahrung orientieren müßte? In der Kindheit haben wir den Sinn unseres Lebens nicht erworben, sondern geschenkt bekommen. Könnte es mit der Heimat, die unser aller Ziel ist, nicht wieder so sein? Was wäre, wenn die Kindheit auch in dem Punkt recht behielte, den Bloch als einzigen nicht auf sein Prinzip Hoffnung an-

zuwenden wagte? Dieser Punkt lautet: Heimat kann man sich nicht erwerben. Sie darf nicht von unserer Anstrengung abhängen, wenn sie wirklich Heimat sein soll. Sie wird uns vor aller Anstrengung geschenkt. Sie kann nicht zum Ziel unserer Leistungen werden, sondern ist nur als deren Ausgangspunkt denkbar.
Freilich, meine Anfrage an Bloch klingt noch utopischer als Blochs Utopie. Doch diese Anfrage ist dann nicht utopisch, wenn das Phänomen Kindheit kein Zufall ist. Sollte uns das Leben durch die Kindheitserfahrung tatsächlich alle an der Nase herumgeführt haben, indem es uns etwas schmecken ließ, was wir nicht wieder vergessen können, was aber doch nicht wieder realisierbar ist? Könnte die Kindheit in einem noch tieferen Sinn Kompaß sein, als Bloch es ihr zugetraut hat?

Die Sinnerfahrung des Jesus aus Nazareth

Daß die Kindheit tatsächlich in einem noch tieferen Sinn ein Kompaß ist, war die Überzeugung des Juden Jesus aus Nazareth. »Wenn ihr nicht umkehrt und werdet wie die Kinder, dann könnt ihr nicht in das Reich Gottes kommen« (Matthäus 18,3). Und: »Wer das Reich Gottes nicht annimmt wie ein Kind, der kann nicht hineinkommen« (Markus 10,15). Wie Ernst Bloch, so sah auch Jesus aus Nazareth die Lösung der Sinnfrage nicht im privaten Glück der Freunde und Liebenden. Er kündigte eine neue Gesellschaft an: »Das Reich Gottes ist nahe herbeigekommen« (Markus 1,15). Das war der Mittelpunkt seiner Botschaft. Im Unterschied zu Bloch erwartete Jesus aus Nazareth diese neue Gesellschaft aber nicht als Ergebnis menschlicher Anstrengung, sondern als ein Eingreifen Gottes. Das Reich Gottes kann man sich nicht erwerben. Man muß es annehmen wie ein Kind. Das heißt aber auch, man *darf* es annehmen ohne falsche Scheu, als ein Geschenk.

In der Weise, wie Jesus mit den Menschen umging und zusammenlebte, begann seiner Meinung nach die neue Gesellschaft Realität zu werden. Wie er sich den Armen, den Kranken, den Kindern, den Frauen und überhaupt den gesellschaftlich Ausgegrenzten zuwandte, wie er Freunde und Freundinnen suchte und mit ihnen lebte, zeigt die Lebensqualität der neuen Gesellschaft. Das Verblüffende an diesem Mann war seine Zuwendungslust und Zuwendungskraft. Seine Kontaktfreudigkeit durchbrach alle Kosten-Nutzen-Rechnungen, alle Regeln des »Gleich und gleich gesellt sich gern« der Männergesellschaft, der Gesunden, der Erwachsenen und der Religiösen. Nach dem Zeugnis des Neuen Testaments wurde in seiner Nähe die Macht der Beurteilung überwunden. Bei ihm zählte die Person, nicht die Funktion. Paulus sagte von ihm: »Er ist das Ende des Gesetzes.«

Der Grund für das Verhalten Jesu war eine bestimmte Art von Heimaterfahrung, die er vor aller öffentlichen Tätigkeit gemacht hatte. Sie veranlaßte ihn, öffentlich aktiv zu werden. Aus ihr heraus lebte und handelte er. Diese Heimaterfahrung hat er als Gotteserfahrung gedeutet. Um welche Art von Erfahrung es sich dabei gehandelt haben muß, läßt sich daran ablesen, daß Jesus aus Nazareth eine neue Anrede für Gott verwendet hat. Er hat Gott mit einem *Zärtlichkeitsausdruck* angeredet und seine Freunde gelehrt, ihn ebenfalls so anzureden. Er nannte Gott »abba«. Das war der kindliche Kosename für »Vater«.[1] Jesus hat also die Lebensordnung der Kindheit als verwandt mit der Gotteserfahrung und als Vorgeschmack auf sie angesehen. Für ihn war Gott die Quelle und der Inbegriff von Urvertrauen, Zuwendung, Nähe, Zärtlichkeit und Verständnis.

[1] Vgl. dazu oben den Beitrag »Gott, der Vater«, besonders S. 160ff.

Diese Heimaterfahrung sah er als die Grundlage der neuen Gesellschaft an, als ihre gestaltende Kraft.
Die Heimaterfahrung des Jesus aus Nazareth bewirkte das Gegenteil von Gruppenegoismus. Sie zielte auf die Solidarität aller Menschen als Kinder des »abba«. Deshalb entwickelte Jesus ein Verhältnis zu Kindern, das in der antiken Welt wohl ohne Parallele ist. Eine der schärfsten Reaktionen, die von Jesus berichtet wird, geschah, als man Kinder von ihm fernhalten wollte: »Als Jesus das sah, platzte ihm der Kragen und er sagte: Laßt die Kinder zu mir kommen und hindert sie nicht daran, denn gerade ihnen gehört das Reich Gottes« (Markus 10,14). Jesus identifizierte sich und Gott mit den Kindern: »Und er stellte ein Kind in die Mitte, nahm es in die Arme und sagte zu ihnen: Wer ein Kind um meinetwillen aufnimmt, der nimmt mich auf. Wer aber mich aufnimmt, der nimmt nicht nur mich auf, sondern den, der mich gesandt hat« (Markus 9,36–37). Jesus stellte der antiken Erwachsenengesellschaft die Kinder als Vorbilder hin, von denen sie Entscheidendes lernen können. Damit drehte er den üblichen Lehr-Lern-Prozeß um: »In jener Stunde kamen die Jünger zu Jesus und fragten: Wer ist im Reich Gottes der Größte? Da rief er ein Kind herbei und stellte es in ihre Mitte und sagte: Wer sich selbst so einstuft wie dieses Kind, der ist im Reich Gottes der Größte« (Matthäus 18,1–4).
Diese Aussagen zeigen, daß schon Jesus aus Nazareth der Kindheit jene fundamentale Bedeutung zuschrieb, die im 20. Jahrhundert von seiten der Pädagogik und Psychologie entdeckt wurde. Bei Jesus war diese Erkenntnis allerdings mit einer weiteren Überzeugung verbunden: *Gott selbst* hat der Kindheit diese Bedeutung beigemessen. Die Kindheit ist von Gott als Kompaß und Vorgeschmack gedacht. Darum nennen sich im Neuen Testament die Christen »Kinder Gottes«. Das hat auf die antike Bevölkerung bestimmt einen merkwürdigen Eindruck gemacht. Nach Pau-

lus gibt es für die Menschen nur zwei Lebensmöglichkeiten: ein Leben in der »Knechtschaft« oder ein Leben in der »Kindschaft« (vgl. Galater 3,26 – 4,7). Er schreibt in einem seiner Briefe: »Du bist nicht mehr Knecht, sondern Kind« (Galater 4,7). Damit bezeichnet Paulus jenen grundlegenden Befreiungsvorgang, den das Evangelium von Jesus Christus bewirkt. In diesem Befreiungsgeschehen wird die Herrschaft des Gesetzes überwunden.

Das Neue Testament setzt demnach, wie Jesus selbst, eine Verwandtschaft zwischen der Erfahrung der Kindheit und der Gotteserfahrung voraus. Die Liebe der Eltern steht in Analogie zur Liebe Gottes. Allerdings ist nach Auffassung des Neuen Testaments die Gotteserfahrung keineswegs eine bloße Wiederholung der Kindheitserfahrung. Zwischen der Liebe Gottes und der Elternliebe bestehen auch tiefgreifende Unterschiede. Gott liebt radikaler. Deshalb enthält die Gotteserfahrung auch gegenüber einer glücklichen Kindheitserfahrung neue Elemente. Das heißt nicht, daß die Gotteserfahrung als Ersatz für eine glückliche Kindheit ausgegeben werden darf. Aber für das Maß an Geborgenheit, für die Heilung der Angst und der Verletzungen und für das Bedürfnis nach Sinn ist es wichtig, sich die Unterschiede zwischen Gottesliebe und Elternliebe deutlich zu machen. Nur dann ist nach dem Zeugnis des Neuen Testaments eine Antwort auf die Sinnfrage möglich.

Der erste Unterschied: Der Geschlechtsakt, dem das Kind sein Leben verdankt, entspringt der Lust und Liebe, die Eltern zueinander empfinden. Oft handelt es sich auch »nur« um sexuelle Befriedigung. Meist spielt der Wunsch nach einem Kind keine Rolle. Viele Kinder sind keine Wunschkinder. Aber auch wenn der Wunsch nach einem Kind eine Rolle spielte, können Eltern nicht wissen, *wer* aus ihrer Liebe entsteht. Sie wollten nicht *mich*, sondern ein Kind. Sie mußten sich selbst überraschen lassen, wem sie das Leben geben würden. Gott aber ist in einem tieferen Sinn unser Schöpfer als unsere Eltern. Er wollte *mich*, als er mich schuf, mich als einmalige Person. Das schafft eine ungleich tiefere Beziehung zu dem, von dem ich so etwas ahne und glaube.

Der zweite Unterschied: Das Verhältnis der Eltern zu den Kindern beruht in wichtiger Hinsicht, trotz aller zuvorkommender elterlicher Zuwendung, doch auf Gegenseitigkeit. Kinder sind bei aller Anstrengung und allem Verzichtenmüssen auch eine enorme Bereicherung. Sie sorgen für Abwechslung, bringen Leben ins Haus und geben den Erwachsenen viel. Sie ermöglichen es ihnen, sich in der Vater- und Mutterrolle zu verwirklichen. Kinder sind aus »eigenem Fleisch und Blut«. Man kann sich in ihnen widergespiegelt sehen. Wie stark die elterliche Liebe von diesen Seiten lebt, zeigt sich daran, daß sie an ihre Grenzen kommt, wenn das Vorhandensein eines Kindes große Unannehmlichkeiten mit sich bringt. Wenn Mütter um des Kindes willen auf eine qualifizierte Ausbildung oder einen geliebten Beruf verzichten müssen. Wenn der Vater auf Mutter und Kind Rücksicht nehmen und Hobbies und Geselligkeitsformen einschränken soll. Wenn das Kind behindert oder verhaltensgestört ist. Wenn der elterliche Stolz verletzt wird. Wenn Kinder in der Schule versagen, sich andere Freunde wählen, als die Eltern wollen. Wenn sie in Mode, Politik und Lebensstil die Eltern angreifen und andere Wege bevorzugen. Dann kommt es zu kleineren oder größeren Zerwürfnissen. Oft ist die elterliche Liebe in solchen Fällen überfordert. Weil die Kinder das ahnen oder erlebt haben, meiden sie bestimmte Themen, sprechen nicht über alles mit den Eltern, ist ihre Geborgenheit gepaart mit Angst und »Kindheitszorn«.

Jesus unterscheidet die Erfahrung Gottes von der Erfahrung der elterlichen Liebe, ohne die Verwandtschaft beider Formen der Liebe zu bestreiten: »Ist einer unter euch, der seinem Sohn einen Stein gibt, wenn er um Brot bittet, oder eine Schlange, wenn er um einen Fisch bittet? Wenn nun schon ihr, die ihr böse seid, euren Kindern Gutes gebt, wieviel mehr wird euer Vater im Himmel denen Gutes geben, die ihn bitten« (Matthäus 7,9–11). Den hier gemeinten Unterschied hat Jesus auf folgenden Punkt zugespitzt: *Gott liebt auch die Feinde!* »Ihr habt gehört, daß gesagt wird: Du sollst deinen Nächsten lieben und deinen Feind hassen. Ich aber sage euch: Liebt eure Feinde. Betet für die, die euch verfolgen, damit ihr Kinder eures Vaters im Himmel werdet; denn er läßt seine Sonne aufgehen über Böse und Gute, und er läßt regnen über Gerechte und Ungerechte. Wenn ihr nur die liebt, die euch lieben, welchen Lohn könnt ihr erwarten? Tun das nicht auch die Zöllner? Und wenn ihr nur eure Brüder grüßt, was tut ihr Besonderes? Tun das nicht auch die Heiden? Ihr sollt euch vielmehr an dem ausrichten, wie euer himmlischer Vater handelt« (Matthäus 5,43–48). In seinem Gleichnis von der Nächstenliebe läßt Jesus einen Samaritaner als Hauptperson auftreten. Juden und Samaritaner standen damals zueinander in einem feindschaftlichen Verhältnis. Der Samaritaner aber hilft einem überfallenen Juden. Nächstenliebe ist erst dort radikal, wo sie zur Feindesliebe wird. An diesem Punkt wird der »Vorsprung« Gottes am deutlichsten.

Erst die Feindesliebe ist die Form der Liebe, die das Gesetz der Beurteilung vollständig überwindet. Sie ist das Gegenteil des Gesetzes. Säuglinge können anstrengend sein, aber sie haben nichts persönlich gegen uns. Sie sind nicht unsere Feinde. Die zu lieben, die auch uns lieben, ist für beide Seiten angenehm. Elternliebe, Freundschaft und die Liebe der Liebenden durchbrechen die Gesetze der Beurteilung und des gegenseitigen Tausches noch nicht an der Wurzel. Deshalb können sie auch die Angst nur bedingt überwinden. Jesus aber verkündet den Schöpfer und »abba«, der auch seine Feinde liebt. In dessen Namen und zugunsten dieser Erfahrung hat er alles eingesetzt. Auch seinen gewaltsamen Tod, mit dem er in der Schlußphase seines Wirkens rechnen mußte, hat er als eine letzte Möglichkeit angesehen, seine Feinde doch noch für Gott zu gewinnen. Das Lukasevangelium berichtet, daß Jesus am Kreuz in der Haltung der Feindesliebe stirbt: »Vater, verzeih ihnen, sie wissen nicht, was sie tun« (23,24).

Durch eine solche Erfahrung der Feindesliebe ist Paulus Christ geworden. Er war ein Verfolger der Christen. Mitten in einer Aktion gegen sie wurde er für Christus gewonnen (vgl. Apostelgeschichte 9,1–22; 22,5–16; 26,1–18). In diesem »Damaskus-Erlebnis« hat er Christus als jemand erfahren, der ihn – den Verfolger – nicht vernichtete, sondern ihm große Aufgaben anvertraute. Diese Erfahrung überwältigte ihn. Sie ermöglichte es ihm, das »Hohelied der Liebe« zu schreiben (1. Korinther 13), zu dem es in der Antike keine Parallele gibt.[2] Nach Paulus geschieht die Versöhnung zwischen Mensch und Gott, wenn der Mensch in der Feindesliebe Gottes seine Geborgenheit findet: »Gott hat seine Liebe zu uns dadurch erwiesen, daß Christus für uns gestorben ist, als wir noch Sünder waren. Gott versöhnte uns durch den Tod seines Sohnes, als wir noch Feinde waren« (Römer 5,8.10). Im Neuen Testament *ist die Feindesliebe Gottes die Erfüllung des menschlichen Bedürfnisses nach Sinn.* Der Schöpfer wollte *mich,* als er mich schuf. Er liebt seine Geschöpfe selbst dann, wenn sie ihm feindlich gegenüberstehen. Er läßt sie auch dann nicht fallen. Seine Liebe kommt dadurch nicht an ihre Grenzen, während zwischen Menschen durch Feindschaft schwerste Verletzungen zugefügt werden und die Beziehung meist ihr Ende findet. Bei Menschen kann Liebe in Abneigung und Feindschaft umschlagen. Viele ehemalige Freunde und Liebespartner trennen sich auf unfaire Weise. Viele können ihren

[2] Vgl. dazu oben den Beitrag »Das Hohelied der Liebe«, S.79ff.

bisherigen Partner nur noch in Form eines »Strafverhaltens« behandeln und tragen »Schlammschlachten« aus. Heimaterfahrung ist es dagegen, einen zu finden, der mich liebt, selbst noch als Feind. Das ist das Ende des Gesetzes und deshalb Geborgenheit ohne Angst.
Die Kraft, die diese Geborgenheit in uns schafft, nannten die Christen »Heiliger Geist«. Sein Wirken besteht darin, in uns das Vertrauen zu wecken: Gott trägt unser aller Leben mit einer Liebe dieser Art. Seine Liebe ist ohne das taxierende Moment. Niemand muß sich vor Gott »qualifizieren« oder »himmelreif schuften«. Seine Zuwendung ist ohne das »Unter der Bedingung, daß ...«. Er liebt seine Geschöpfe nicht auf Grund einer Kosten-Nutzen-Rechnung. Gott liebt uns, weil er uns lieben *will*. Ihm sind wir wichtig, einfach weil wir da sind. Das wird uns durch die Lebensweise des Jesus aus Nazareth verbürgt. In dieser Erfahrung findet die Frage nach dem Sinn eine Antwort »über Bitten und Verstehen« (Epheser 3,20).

*

Einladung zu einer Prozession

Sie sind zu einem Weg eingeladen, genauer gesagt, zu einer Prozession. Dazu singen Sie nochmals das Lied »Laudate omnes gentes«.
Sie stellen sich zu zweit hintereinander auf und gehen dann, passend zum Rhythmus des Liedes, singend durch den Raum, bis Sie am Ende einen Kreis bilden. Zum Gebet bleiben Sie stehen und drehen sich zur Kreismitte ...

Grau, November, Nässe, Kälte, Dunkelheit.
So erfahren wir, Gott, oft unser Leben.
Äußerlich und innerlich fröstelnd

gehen wir oft unseren Weg,
voller Sehnsucht nach Wärme, nach Licht,
nach Hoffenkönnen.
Einem entlaubten Baum gleichen wir mitunter,
der nur den Winter kennt.
O Gott, du Leben spendender Schöpfer,
wir möchten unsere Wurzeln tief hineinsetzen
in das Erdreich deiner Liebe.
Wenn die Kraft deines Geistes uns durchströmt,
kann unsere Erstarrung sich lösen,
kann ungeahntes Leben hervorbrechen,
und was wir jetzt als undurchdringliches Grau erleben,
wird durchlichtet sein.
Wir werden wieder atmen können,
weil du uns lebendig machst.
Amen.

Geben Sie sich im Kreis die Hände.
Stellen Sie sich vor, daß dieser Kreis, den Sie jetzt bilden, ein riesiger Energiekreis ist.
Überlegen Sie sich, ob Sie irgend einem Menschen in diesem Kreis oder mehreren oder allen etwas Nettes, Wohltuendes sagen wollen, einen guten Wunsch für die nächste Woche, ein Segenswort oder einen Friedensgruß.
Wenn Sie so einen Wunsch in sich tragen, dann geben Sie diesen einfach mit einem leichten Händedruck in den Kreis, während wir in der Stille bleiben ...
Stellen Sie sich vor, wie viele gute Wünsche in diesem Kreis vorhanden sind.
Damit dürfen Sie in die neue Woche gehen.

Das Abendlied »Gehe ein in deinen Frieden« bildete den Abschluß dieses Gottesdienstes (Evang. Gesangbuch Nr. 489).

»... DENN UNGEHEUER IST DER VORSPRUNG LEBEN«

Der Arzt beugte sich über die leblose Gestalt im Bett. Dann richtete er sich auf und sagte: »Werte Frau, es tut mir leid, aber ich muß Ihnen sagen, Ihr Mann lebt nicht mehr.«
Von der leblosen Gestalt im Bett kam ein schwacher Protest: »Doch, ich lebe noch.«
»Halt den Mund«, sagte die Frau, »der Arzt weiß das besser als du.« *Anthony de Mello*

Entschuldigen Sie bitte den etwas schwarzen Humor. Doch es bleibt die Frage: Wer hat in dieser Geschichte eigentlich recht? Der Herr der Medizin, der studierte Experte der Gesundheit, der Gott in Weiß? Oder die Frau, für die der Arzt die Autorität schlechthin ist? Oder hat der röchelnde Alte im Bett recht, der gerade noch seinen Herzschlag fühlt?
Das ist in diesem Fall natürlich eine rhetorische Frage im Gegensatz zu der, mit der wir uns hier auseinandersetzen wollen: Gibt es ein Leben nach dem Tod oder gibt es das nicht? Gibt es so etwas wie eine Hoffnung, so etwas wie eine Gewißheit über den Tod hinaus, oder bleibt das nur ein menschlicher Traum? Und was bedeutet in diesem Zusammenhang der biblische Satz »Gott aber ist nicht ein Gott von Toten, sondern von Lebenden«?

Die Frage nach dem Tod und dem Weiterleben sollte in ein Empfinden von Licht und Liebe eingebettet werden. Dazu die folgende »Spirituelle Reise«:

Eingeladen sind Sie zu einer spirituellen Reise, die dazu beitragen soll, uns als zutiefst geliebte und angenommene Wesen zu verstehen. Es geht um eine Liebe, die weit über

den Tod hinaus reicht. Diese Reise werden wir mit einem Gebet abschließen.
Machen Sie es sich so bequem wie möglich und bringen Sie Kopf, Nacken und Wirbelsäule in eine gerade Linie ... Atmen Sie dreimal tief durch ... Atmen Sie weiter, holen Sie tief und ruhig Luft ... und schicken Sie die warme Energie Ihres Atems an alle Stellen Ihres Körpers, die sich vielleicht eng, müde oder angespannt anfühlen ... Beim Ausatmen können Sie alle Anspannung und Müdigkeit aus sich herausfließen lassen, so daß Sie sich immer sicherer fühlen, entspannter und lockerer ... Lassen Sie nun auch alle ablenkenden Gedanken oder Gefühle beim Ausatmen herausfließen, so daß Sie auch innen ganz ruhig werden, wie ein stiller See, glatt wie ein Spiegel ...
Stellen Sie sich nun einen Ort vor, an dem Sie sich sicher und ruhig fühlen können. Einen Ort aus Ihrer Vergangenheit oder Gegenwart, draußen in der Natur, in Wald, Wiese, Garten, an einem Baum, See, Meer, an einem Berg oder Bach, egal wo. Wichtig ist nur, daß Sie sich dort sicher fühlen ...
Lassen Sie jetzt diesen Ort in Ihrer Phantasie Wirklichkeit werden. Schauen Sie sich dort um, genießen Sie die Farben und all die Dinge, die es da gibt ... Spüren Sie die Luft an diesem Ort, die Sie sanft umhüllt, wie eine weiche Decke. Riechen Sie dort alles, was interessant duftet, nach Blumen, Moos, Meerwasser oder wonach auch immer ... Vielleicht spüren Sie ein leises Kribbeln auf Ihrer Haut oder in Ihnen, so, als ob irgend etwas in der Luft liegt, was Sie neugierig macht ... Sie spüren, Sie ahnen mit zunehmender Sicherheit, daß gleich etwas Wunderbares geschehen wird, etwas, was Ihnen gut tun wird ...
Langsam blicken Sie auf, und aus der Ferne sehen Sie einen Lichtschein auf sich zukommen ... Zuerst nur undeutlich, dann immer klarer, schält sich aus den Lichtstrahlen eine wunderschöne Gestalt heraus, die in einem angenehmen

Tempo auf Sie zukommt ... Vielleicht kommt Sie Ihnen bekannt vor oder auch nicht, vielleicht ist sie männlich, vielleicht weiblich. All das spielt keine Rolle, weil Sie zunehmend Liebe und Wärme spüren in der ruhigen Intensität des wunderschönen Lichtes, das näher und näher zu Ihnen kommt ...

Nun steht dieses Licht vor Ihnen und überschüttet Sie mit einer sanften Helligkeit ... Sie spüren, wie das Licht zart Ihre Haut berührt. Sie lassen es in sich einsinken, tiefer und tiefer, Ihren ganzen Körper durchdringen ... Dann glauben Sie zu spüren, daß Sie angeschaut werden, von einem Blick, der so gut tut, von einem Blick, der nur eines signalisiert: daß Sie zutiefst geliebt sind ... Sie atmen die helle Gegenwart dieser Gestalt geradezu in sich hinein, wie eine warme Welle, die sich im ganzen Körper ausbreitet ... Sie spüren, wie sich Ihr Herz öffnet für diese liebevolle Wärme, die Ihre ganze Brust anfüllt, sanft und leicht ... Sie fühlen sich gehalten von dem liebevollen Blick dieser leuchtenden Gestalt, gehalten durch tiefes Verständnis, durch ein Gefühl von Geborgenheit und Annahme, so daß Sie all die Liebe, die Ihnen so frei angeboten wird, voll in sich aufnehmen können. Lassen Sie sich einen Augenblick Zeit, den ganzen Reichtum dieser Verbundenheit mit dem göttlichen Licht zu empfinden ... Spüren Sie, wie sich Ihre Seele, Ihr Herz weitet ... Je mehr Sie sich dieser ungewöhnlichen Licht-Liebe hingeben, um so weiter, um so gütiger wird Ihr Herz, Ihr Gemüt, ja, um so schöner wird das Leuchten und Strahlen Ihrer Augen ... Jetzt schon empfinden Sie, wie Ihr ganzes Leben neu erscheint in der Gegenwart dieses mächtigen, heilenden Lichtes. Unter diesem Licht können Sie sich all Ihren Schmerz, Ihre Angst, Ihren Lebenskampf, Ihren Frust, Ihre Siege und Ihre Niederlagen ansehen ... Sie gewinnen Abstand, können loslassen ... Das Zwanghafte verschwindet unter diesem göttlichen Licht. Sie spüren eine neue Liebe zu sich selbst und für andere, eine neue Be-

reitschaft, sich selbst und anderen Enttäuschungen zu vergeben …
Und nun können Sie sich einen kleinen Vorrat anlegen von Empfindungen, von Liebe und Licht, einen Vorrat, den Sie immer wieder erneuern können, so daß es Ihnen leicht fällt, wenn Ihr geheimnisvoller Lichtgefährte wieder geht, genauso sanft und leise, wie er gekommen ist, zurück, dahin, woher er gekommen ist. Sie fühlen sich ruhig und leicht, und Sie wissen, daß Sie diese liebevolle Gestalt wieder zu sich rufen können, wann immer Sie möchten …

Guter Gott, der alte Psalmist betet:
»Gott der Herr ist mein Licht,
er befreit mich, er hilft mir.
Darum habe ich keine Angst.
Bei ihm, der mein Licht ist,
bin ich sicher wie in einer Burg,
darum zittere ich vor niemand.
Auch wenn es zum Kampf kommt,
zum Lebenskampf,
zum Kampf im Alltag,
ich bleibe ruhig.«
Gott, du willst uns nach wie vor
der Gott des heilenden,
von Angst befreienden Lichtes sein.
Danke, daß du uns als Lichtgott
stets auf unserem Lebensweg begleitest.
Amen.

Kommen Sie zurück an Ihren Ort … Es ist Zeit, daß Sie sich recken, strecken, die Augen reiben, sich durch die Haare fahren. Am besten stehen Sie dazu auf.

Das Lied »Ein Licht geht uns auf« (Evang. Gesangbuch Nr. 555) hat die »Spirituelle Reise« abgerundet.

Zur Frage nach der Auferstehung der Toten

Eine Interpretation von Lukas 20,27–40

Es kamen einige Sadduzäer zu Jesus. Die Sadduzäer bestreiten, daß die Toten auferstehen. »Rabbi«, sagten sie, »Mose hat uns die Vorschrift gegeben: Wenn ein verheirateter Mann kinderlos stirbt, dann muß dessen Bruder an seiner Stelle die Witwe heiraten und dem Verstorbenen Nachkommen verschaffen. Nun gab es einmal sieben Brüder. Der älteste heiratete und starb kinderlos. Darauf heiratete der zweite die Witwe, später der dritte. Schließlich hatten alle sieben sie zur Frau gehabt und waren kinderlos gestorben. Zuletzt starb auch die Frau. Wie ist das nun: Wessen Frau ist sie, wenn die Toten auferstehen? Sie war ja mit allen sieben verheiratet!«

Jesus antwortete: »Heiraten ist eine Sache dieser Welt. Aber die, die gewürdigt worden sind jener Welt und der Auferstehung der Toten teilhaftig zu werden, denken dann nicht mehr ans Heiraten. Sie können auch nicht mehr sterben, sondern sie leben wie die Engel. Sie sind Kinder Gottes, weil sie Kinder der Auferstehung sind. Daß aber die Toten auferstehen, deutet schon Mose an, wenn er vom brennenden Dornbusch spricht: Da spricht er vom Herrn als dem Gott Abrahams, dem Gott Isaaks und dem Gott Jakobs. Und er ist doch ein Gott der Lebenden, nicht der Toten! Für ihn sind alle lebendig.«

Ein paar Toralehrer sagten dazu: »Rabbi, du hast vorzüglich geantwortet.« Daraufhin wagte niemand mehr, ihm eine Frage zu stellen. Lukas 20,27–40

Die Jenseitsvorstellungen der Völker

In dem Stück »Ein Münchner im Himmel« von Ludwig Thoma kommt ein Münchner nach seinem Tod in den Himmel. Dort erfährt er den himmlischen Stundenplan: vier Stunden am Tag »Frohlocken« und vier Stunden am Tag »Hosianna-Singen«. Das bekommt dem Bayern nicht gut. Er vermißt seinen Schnupftabak und sein Münchner Bier. Und überhaupt: Was ist das für ein Leben zwischen den rosa Wolken und den durchgeistigten Engeln? Deshalb ist er froh, als ihn der liebe Gott mit einer Weisung für die bayrische Regierung nach München schickt. Dort angekommen, geht er als erstes ins Hofbräuhaus. Er setzt sich an seinen Stammtisch und bestellt bei der Kathi eine Maß und noch eine Maß und noch eine ... Und so wartet die bayrische Landesregierung bis heute vergeblich auf die göttlichen Weisungen.

Dieser Bayer konnte mit dem Himmel offensichtlich nicht viel anfangen. Und nicht anders als ihm erging es den Sadduzäern. Sie bildeten die führende Priester- und Gesellschaftsschicht in Jerusalem zur Zeit Jesu. Sie glaubten weder an ein Leben nach dem Tod noch an ein Jenseits noch an Engel, Teufel und Dämonen oder an ein Weltgericht. Sie taten es deshalb nicht, weil in der Tora (den fünf Büchern Mose) kein Wort davon geschrieben steht. Und nur die Tora anerkannten die Sadduzäer als Heilige Schrift. Anders die Pharisäer. Bei ihnen spielte der Glaube an die Auferstehung der Toten eine zunehmend große Rolle. Sie anerkannten auch die anderen Schriften unseres »Alten Testaments« als Heilige Schrift. Und in den jüngsten dieser Schriften finden sich erste Hinweise auf eine Auferstehung der Toten (vgl. Daniel 12,1–2). Diese Ansätze hatten sich zur Zeit Jesu bei den Pharisäern und anderen religiösen Gruppierungen des Judentums schon wesentlich weiterentwickelt. Als Jesus, der im nördlicheren Galiläa zu Hause war, sich in der letzten Phase seines öffentlichen Wirkens in Jerusalem aufhielt, kam es zu mehreren Gesprächen zwischen den Sadduzäern und ihm, unter anderem auch zu diesem Gespräch über die Frage der Auferstehung der Toten. In ihm brachten die Sadduzäer ihre Ablehnung einer solchen Vorstellung zum Ausdruck.

Mir ist die Haltung der Sadduzäer nicht unsympathisch. Haben sie nicht in wichtiger Hinsicht recht? Es wimmelt von Vorstellungen über das Jenseits, denen man deutlich abspürt, von welchen Bedürfnissen und Motiven her sie konstruiert sind und daß der Wunsch der Vater dieser Gedanken ist. Für die Jenseitsvorstellungen der antiken Völker sind vor allem *zwei Merkmale* charakteristisch: 1. Das Jenseits ist dem Diesseits ziemlich ähnlich. 2. Das Jenseits ist – gerade deshalb – die Vervollkommnung (Steigerung) des Diesseits. Diese beiden Merkmale sollen im folgenden kurz (und sehr holzschnittartig) erläutert werden.

Die Jenseitsvorstellungen der Völker sind ziemlich deutlich von den Erfahrungen im Diesseits geprägt. Deshalb gaben die alten Völker ihren Toten »nützliche Dinge« mit ins Grab: Waffen, Schmuck, gutes Essen, das Trinkhorn und die Messingpfeife usw. Nach den Jenseitsvorstellungen der meisten Völker wird es auch im Jenseits soziale Unterschiede geben. Oft sind es die gleichen wie im Diesseits. Deshalb opfern viele Stämme beim Tod eines Häuptlings mehrere Frauen und Sklaven. Sie werden dem Häuptling ins Grab mitgegeben, damit er auch im Jenseits standesgemäß versorgt ist. Nach einer anderen Auffassung muß an der Pforte zum Jenseits Eintrittsgeld bezahlt werden. Nur die Wohlhabenden bringen dieses Geld in Form von Grabbeigaben mit. Ein afrikanischer Stamm lehrt, daß die Menschen im Jenseits nach den Kleidern eingestuft werden, die sie im Grab anhaben. Darum bat ein Sterbender dieses Stammes einen Europäer um dessen Hut. In seinem Stamm gab es keine europäischen Hüte. Darum war er davon über-

zeugt: Auch im Jenseits werden alle sehr beeindruckt sein, wenn er mit so einem Hut ankommt.
Andererseits ist im Jenseits alles schöner. Die Landschaften und die Farben sind schöner. Die Musik klingt schöner. Das Essen schmeckt besser. Fruchtbarkeit und Vegetation sind gesteigert. Man kann mehrmals im Jahr ernten. Die Früchte sind größer. Überhaupt werden im Jenseits – zumindest bei den Guten – diejenigen Wünsche erfüllt werden, die hier noch nicht erfüllt werden konnten. Es wird bei ihnen keine Armut geben. Der Reichtum ist überall zugänglich. Auch die sexuellen Wünsche (des Mannes) werden weitaus besser befriedigt. Im Jenseits werden die Frauen, nach manchen Vorstellungen, keine Menstruation mehr haben. Ihre »unreinen Tage« entfallen. Sie werden den Männern immer zur Verfügung stehen.
Diese knappen Hinweise beziehen sich auf charakteristische Tendenzen in antiken Jenseitsvorstellungen. In Anbetracht dieser Tendenzen ist die Haltung der Sadduzäer durchaus auffallend und beeindruckend. Sie machen diese Jenseitsträume nicht mit. Man kann sogar die beißende Ironie verstehen, die in dem »Fall« zum Ausdruck kommt, den sie Jesus vorlegen.

Das Fallbeispiel der Sadduzäer

Die Sadduzäer sprechen Jesus mit »Rabbi« an (Vers 28). Das zeigt ihren Respekt. Sie anerkennen ihn damit als Schriftgelehrten. Diese Anrede macht auch deutlich, daß sie mit ihm ein Lehrgespräch führen wollen. Lehrgespräche wurden auf der Grundlage der Heiligen Schrift geführt. Darum übergehen die Sadduzäer von vornherein alle anderen Argumentationsmöglichkeiten gegen die Auferstehung der Toten (philosophische, medizinische und andere). Sie lehnen die Rede von einer Auferstehung der Toten um der Heiligen Schrift willen ab. Ein damaliges Lehrgespräch hatte ein typisches Grundmuster. Zunächst wird eine Stelle aus der Heiligen Schrift zitiert. Dann wird ein Fall konstruiert, der sich an dieser Schriftstelle ergeben kann. Als Drittes wird der Gesprächspartner gefragt, wie er das Problem lösen will, das durch diesen Fall deutlich geworden ist. Der Gesprächspartner muß dann seinerseits eine Stelle der Heiligen Schrift zitieren. Und er muß zeigen, inwiefern sich aus seinem Schriftzitat eine Lösung für das Problem ergibt. Die Sadduzäer anerkannten – im Unterschied zu den Pharisäern – nur die fünf Bücher Mose (die Tora) als Heilige Schrift. Aber es gab zwischen ihnen und den Pharisäern eine wichtige Übereinstimmung. Auch für die Pharisäer war die Tora der *grundlegende* Teil der Heiligen Schrift. Die späteren Offenbarungen durften nicht im Widerspruch zur Tora stehen. Darum waren die Pharisäer in der Frage der Auferstehung gegenüber den Sadduzäern in einer schwierigen Position. In der Tora ist nirgendwo von »Auferstehung« die Rede. Weder das Wort noch die Sache kommt dort vor. Die Sadduzäer waren sogar der Überzeugung, daß die Tora eine Auferstehung der Toten indirekt ausschließt. Es gibt in der Tora nämlich ein Gebot, das nach sadduzäischer Auffassung absurd wäre, falls es eine Auferstehung der Toten gäbe. Gemeint ist das Gebot der Schwager-Ehe (Leviratsehe). Es lautet:

»Wenn Brüder beieinander wohnen und einer von ihnen stirbt, ohne daß er einen Sohn hat, so soll die Frau des Verstorbenen nicht auswärts heiraten und nicht einen Fremden. Ihr Schwager soll zu ihr kommen und sie zur Frau nehmen und die Schwagerehe mit ihr eingehen. Und der erste Sohn, den sie gebiert, soll als Sohn seines verstorbenen Bruders gelten, damit dessen Name in Israel nicht erlischt« (5. Mose 25,5–6).

Falls die Toten tatsächlich wieder lebendig werden, müßte

diese Regelung nach Meinung der Sadduzäer zum Chaos führen. Das demonstrierten sie anhand eines Fallbeispiels: »Nun gab es einmal sieben Brüder. Der älteste heiratete und starb kinderlos. Darauf heiratete der zweite die Witwe, später der dritte. Schließlich hatten alle sieben sie zur Frau gehabt und waren kinderlos gestorben. Zuletzt starb auch die Frau. Wie ist das nun: Wessen Frau ist sie, wenn die Toten auferstehen? Sie war ja mit allen sieben verheiratet!«
Die Zahl »sieben« ist absichtlich hoch angesetzt. Schon bei zwei Brüdern würde sich das gleiche Problem ergeben. Bei sieben Brüdern wird aber das Absurde des Auferstehungsglaubens unübersehbar. Das Gebot der Schwagerehe ist nach gemeinsamer sadduzäischer und pharisäischer Ansicht keine menschliche Marotte. Mose empfing dieses Gebot, wie alle anderen Gebote, von Gott. Und Gott hätte Israel doch niemals solche Gebote gegeben, wenn er eine Auferstehung der Toten vorgehabt hätte. Es sei denn, er hätte die Konsequenzen seiner eigenen Gebote nicht durchdacht. Aber diese Möglichkeit scheidet selbstverständlich aus. Was wollen die Pharisäer darauf erwidern, wenn doch auch ihrer Überzeugung nach jede späte Offenbarung an der Tora gemessen werden muß?
Die Sadduzäer hatten – wie wir aus anderen Quellen wissen – das Gebot der Schwagerehe und das darauf bezugnehmende Fallbeispiel tatsächlich den Pharisäern gegenüber vorgebracht. Die Pharisäer hatten geantwortet, die Frau werde in diesem Fall dem ersten Mann zurückgegeben. Doch diese Antwort ließ gravierende Probleme ungelöst. Es dürfte im Laufe der Jahrhunderte immer wieder vorkommen, daß die erste Ehe einer mehrmals verheirateten Frau nur von kurzer Dauer war. Vielleicht starb der Mann schon nach wenigen Monaten Ehe durch einen Unfall. Dann aber konnte die Ehe mit dem Schwager noch Jahrzehnte dauern. Außerdem konnte die erste Ehe unglücklich gewesen sein, die zweite oder dritte Ehe dagegen glücklich. Wäre es in

solchen Fällen nicht eine schreckliche Ungerechtigkeit, die Frau dem ersten Mann zurückzugeben? Müßte das nicht das Herz dieser Frau zerreißen? Auf diese Fragen gab es von pharisäischer Seite keine überzeugenden Antworten. Deshalb konfrontierten die Sadduzäer auch Jesus mit ihrem »bewährten« Fallbeispiel.

Die Distanzierung Jesu von den konventionellen Jenseitsvorstellungen

Jesus geht in seiner Antwort auf das Fallbeispiel der Sadduzäer nicht ein. Er antwortet grundsätzlich. Er beginnt mit der prinzipiellen Unterscheidung zwischen »dieser Welt« und »jener Welt«. Das ist an sich nicht neu. Auch die anderen Völker und die Pharisäer unterscheiden zwischen »dieser Welt« und »jener Welt«. Religionsgeschichtlich neu aber ist, wie *fundamental* Jesus zwischen diesen beiden Welten unterscheidet. Die Folge ist, daß schon durch die Art des Unterscheidens das Problem der Schwagerehe vom Tisch ist. Was die Sadduzäer als unlösbares Problem eingestuft haben, ist keines mehr. Die Frage der Sadduzäer geht von der falschen Voraussetzung aus, *daß* es in »jener Welt« Frauen und Männer gibt. Dieser Voraussetzung in den Jenseitsvorstellungen der Pharisäer und anderer Völker blieben die Sadduzäer in ihrer Gegenargumentation verhaftet. Gibt es aber in »jener Welt« keine Frauen und Männer mehr – und damit keine Ehe –, erübrigt sich die Argumentation der Sadduzäer. Jesus beginnt seine Antwort folgendermaßen:

»Heiraten ist eine Sache dieser Welt. Aber die, die gewürdigt worden sind jener Welt und der Auferstehung der Toten teilhaftig zu werden, denken dann nicht mehr ans Heiraten.«

In einigen alten Bibelhandschriften steht an dieser Stelle

folgender Text: »Die Kinder dieser Welt zeugen und werden gezeugt. Diejenigen aber, die gewürdigt worden sind ..., zeugen nicht mehr und werden nicht mehr gezeugt.« Nicht nur das Heiraten wird also aufhören, sondern die Fortpflanzung und die Geschlechtlichkeit überhaupt. Das geht auch aus der Formulierung hervor: »... sie leben wie die Engel«. Das heißt, die Aufteilung in Mann und Frau wird es in »jener Welt« nicht mehr geben. Geschlechtlichkeit ist nach der Auffassung Jesu ein Ausdruck »dieser Welt«. Das Herz jener Frau im Fallbeispiel der Sadduzäer würde nicht zerreißen, weil es die zwischengeschlechtliche Beziehungen, die dazu führen könnten, nicht mehr gibt.
Jesus veranschaulicht den fundamentalen Unterschied zwischen »dieser Welt« und »jener Welt« aber nicht nur am Beispiel der *Geschlechtlichkeit*, sondern auch am Beispiel der *Sterblichkeit*: »Sie können auch nicht mehr sterben, denn sie sind den Engeln gleich ...« Man muß sich die Tragweite dieser beiden Unterscheidungsmerkmale bewußt machen: Welche Position auch immer in welcher Gesellschaft auch immer wir haben, sterbliche Geschlechtswesen sind wir alle. Geschlechtlichkeit und Sterblichkeit verbinden uns über alle wirtschaftlichen, politischen und kulturellen Unterschiede hinweg. Sie sind die überall gültigen Merkmale »dieser Welt«. Der Tod und das Vorhandensein von »Mann« und »Frau« lassen sich durch keine historischen Veränderungen, durch keine Revolution abschaffen. Wir unterscheiden zwischen »Reformen« und »Revolutionen«. »Reformen« sind Veränderungen *auf* den Grundlagen des Systems, »Revolutionen« sind Veränderungen *an* den Grundlagen des Systems. Stellt sich nur die Frage: Was sind die Grundlagen des Systems? Nach der Argumentation Jesu sind es der Tod und die Geschlechtlichkeit. Angesichts dieser Grundlagen sind unsere Revolutionen nur »Reförmchen« innerhalb des Systems (was noch nichts gegen die Notwendigkeit solcher »Reförmchen« sagt).

Machen wir uns kurz die Bedeutung der genannten beiden Grundlagen »dieser Welt« klar: Unser Leben ist umfassend vom Tod geprägt. Es ist ein Leben zum Tod. Der Abbau des menschlichen Körpers setzt früh ein. Nach Meinungsumfragen freuen sich die Menschen unseres Kulturkreises ab dem 20. Geburtstag auf die Geburtstage immer weniger. Lebensversicherung, Gesundheitserziehung, Verkehrserziehung, Unfallschutz, Apotheke, Klinik, Fitness-Studios usw., das alles sind Formen des Kampfes gegen Altern und Tod. Nur der Tod ist todsicher. Er ist der große Machthaber. Keiner knechtet uns so wie er. Wo ist der Revolutionär, der gegen diese Macht antritt? Der Tod, der sicherste Faktor »dieses Systems«, wird in »jenem System« abgeschafft sein. Er ist ein Opfer der Revolution geworden. Jesus sagt nicht nur: »Sie werden nicht mehr sterben.« Er sagt mit gezielter Provokation an die Adresse des Todes: »Sie *können* auch nicht mehr sterben!« Was in dieser Welt jeder muß, kann dort keiner mehr. So fundamental ist der Unterschied.

Aber nicht nur der Tod wird abgeschafft, auch die Geschlechtlichkeit. Auch sie – wer wollte es bestreiten? – hält uns in Atem. Wird es aber in jener Welt keine Geschlechtlichkeit mehr geben, dann geht es bei der Auferstehung der Toten nicht nur darum, den Tod rückgängig zu machen. Es geht nicht um eine »Wiederbelebung« der Toten. Das Leben in »jener Welt« wird von völlig anderer Art sein.

Wir Geschlechtswesen können uns ein Leben ohne Geschlechtlichkeit nicht vorstellen. Zu tief prägt sie unser Dasein. Sie prägt unser Leben genauso fundamental wie die Sterblichkeit. In keinem Lebensbereich sind wir unsterblich. In keinem Lebensbereich sind wir geschlechtsneutral. Wir sind nicht zu allem, was wir sind, auch noch Geschlechtswesen. Sondern wir sind *in allem,* was wir sind, Geschlechtswesen. »Den Menschen« gibt es nicht. Es gibt nur »Mann« und »Frau«. Nicht nur die sogenannten Geschlechtsorgane sind geschlechtsspezifisch, sondern unser gesamter Körper: das Gesicht, die Stimme, das Lachen und Weinen, die Hände, die Füße, die Hüfte, der Gang, die Haut, das Gewebe, die Hormone, der Chromosomensatz und auch das Gehirn. Und durch unseren Körper und unser Gehirn nehmen wir die Welt wahr. Deshalb ist auch unsere Wahrnehmung geschlechtsspezifisch.

Unsere Geschlechterrolle können wir nicht im gleichen Sinn verändern oder ablegen wie andere Rollen, die wir im Lauf unseres Lebens haben. Aus Kindern werden Erwachsene, aus Erwachsenen werden Greise. Aus Lernenden können Lehrende werden und aus Lehrlingen Meister. Aus Gesunden können Kranke werden und aus Kranken Gesunde. Arme können reich werden und Reiche arm. Untergebene können Vorgesetzte werden, Unterdrückte zu Unterdrückern, Berühmte zu Vergessenen. Das alles kann mehr oder weniger häufig vorkommen. Aber die Rolle »Mann« und »Frau« können wir so nicht ablegen oder abschaffen. Auch in Anbetracht neuerer operativer Möglichkeiten für Geschlechtsumwandlungen gilt: Auf welche Seite der Geschlechtlichkeit auch immer wir uns befördern lassen, die Geschlechtlichkeit selbst wird gerade dann von zentraler Bedeutung bleiben.

Die Völker wußten: Geschlechtlichkeit und Fortpflanzung sind die Quelle des Lebens. Deshalb konnten sie sich auch bei den Göttern ein Leben ohne Geschlechtlichkeit nicht vorstellen. Es gab Götter und Göttinnen. Sie pflanzten sich untereinander fort. Sie haben deshalb Vater und Mutter. Und diese haben wiederum ihre Vorfahren. Es gab ganze Götterstammtafeln. Und die »Konfirmanden« von Babylon und Assur mußten sie auswendig lernen. Die Welt der Götter wurde also von den Grundlagen dieser Welt her konstruiert. Deshalb galten die meisten Götter und Göttinnen auch als sterblich. Es war etwas fundamental Neues in der Welt der Religionen, als das Volk Israel auftrat und einen einzigen Gott verehrte, der kein Geschlechtswesen war, nicht starb und keine Vorfahren hatte. Er hatte keinen Vater, keine Mutter, keine Frau, keine Kinder. Etwas so Merkwürdiges hatte es bis dahin in der Welt der Religionen nicht gegeben. Und nun brachte Jesus auch innerhalb der israelitischen Religion eine Neuerung: Auch für die *Menschen* gibt es in »jener Welt« keine Geschlechtlichkeit mehr!

Das ist zunächst einmal eine schwere Enttäuschung. Daß es keinen Tod mehr geben soll, kommt meinen Wünschen entgegen. Da sage ich mir: »Das geschieht dem gerade recht.« Aber daß es keine Geschlechtlichkeit und Erotik mehr geben soll, ist bitter. Da sage ich mir: »Schade.« Was ist spannender und schöner als die Erotik? Und das soll vorbei sein, aus und vorbei? Man wird gewisse Blicke nicht mehr wechseln können? Keine Romanze, kein Flirt, kein Sex? Und was ist mit den glücklich Verliebten und den glücklich Verheirateten? Das eheliche Glück soll nach dem Tod für immer vorbei sein? Offensichtlich konstruiert Jesus »jene Welt« nicht nach den Sehnsüchten und Wünschen der Menschen. »Jene Welt« ist für ihn *nicht* im Prinzip ähnlich wie »diese Welt«, und sie ist auch *nicht* einfach deren Vervollkommnung. Jesus hätte ja auch sagen können: »In jener Welt werden Mann und Frau endlich konfliktfrei miteinander leben können, ohne Eifersucht, Mißtrauen, Streit, Ehebruch, ohne Doppelbelastung von Beruf und Haushalt. Die Erotik wird weniger egoistisch sein, dafür um so zärtlicher.« Das alles sagt er nicht, weil er von den konventionellen – aus der Bedürfnislage dieser Welt her konstruierten – Jenseitsvorstellungen offensichtlich nichts hält.

Die unerwartete Antwort Jesu macht deutlich, daß das Argument der Sadduzäer kein Argument ist. Das gilt weit über die spezielle Situation jenes Lehrgesprächs hinaus. Die Antwort Jesu stellt prinzipiell klar: Es gibt kein Argument gegen die Auferstehung der Toten! Alle denkbaren

Argumente gegen die Auferstehung der Toten sind weltanschauliche Argumente. Sie sind gewonnen aus der Anschauung dieser Welt. Das gilt bis heute. Wir können nur von den Erfahrungen und Einsichten ausgehen, die wir in »diesem System« gewonnen haben. Es gibt für uns keinen anderen Maßstab. Aber dieser Maßstab ist nach der Antwort Jesu prinzipiell unbrauchbar. Wir fassen unsere Argumente gegen die Auferstehung nur deshalb als »Argumente« auf, weil wir von der Voraussetzung ausgehen, daß sich vom Gegenwärtigen aus jene Zukunft vorstellen läßt, und daß das Leben in »jener Welt« sich irgendwie mit den Erfahrungen und Gesetzen »dieses Lebens« vereinbaren lassen muß. Aber falls Jesus in diesem Lehrgespräch recht hat, dann liefert die Anschauung »dieser Welt« keine Kriterien für die Beurteilung »jener Welt«. Keines der Argumente gegen die Auferstehung ist deshalb ein Argument gegen die Auferstehung. Jedes dieser »Argumente« ist Zeichen der Begrenztheit unseres Denkens. Deshalb haben auch »Gottesbeweise« und »Gotteswiderlegungen« den gleichen Grad an Lächerlichkeit.

Wie begründet Jesus seine Auffassung von der Auferstehung der Toten?

Nachdem Jesus sich von den gängigen Jenseitsvorstellungen distanziert hat, fügt er eine positive Aussage als Begründung seiner eigenen Auffassung hinzu: »Denn sie sind den Engeln gleich und Kinder Gottes, weil sie Kinder der Auferstehung sind.« Die Existenzweise der Engel ist unserer Erfahrung nicht zugänglich. Sie sind keine Wesen »dieser Welt«. Wieder fehlen alle Maßstäbe. Es gibt in der Bibel keine »Lehre« von den Engeln. Aber die Bibel macht über sie deutlich: Sie sind Geschöpfe Gottes, die nicht wie wir Raum und Zeit unterliegen. So tief, wie sich die »Existenzweise« der Engel von derjenigen der Menschen unterscheidet, so tief unterscheidet sich »diese Welt« von »jener Welt«. So wenig wir uns den »Lebensstil« der Engel vorstellen können, so wenig auch das Leben in »jener Welt«. Bezeichnend ist, daß Jesus im Blick auf »jene Welt« formuliert: »diejenigen, die gewürdigt worden sind, an jener Welt und an der Auferstehung der Toten teilzuhaben …« Es heißt nicht: »diejenigen, die würdig sind …« Für »jene Welt« wird man nicht würdig, sondern von Gott gewürdigt. Es ist keine Würde, die wir von uns aus haben oder die wir von uns aus erwerben können.

Es ist dem sadduzäischen Denken fremd und nicht nachvollziehbar, wie eng Jesus die Auferstehung der Toten mit Gott verknüpft. Jesus sagt: »Sie sind den Engeln gleich und Kinder Gottes, *weil* sie Kinder der Auferstehung sind.« Damit begründet er die Gotteskindschaft aus der Auferstehungskindschaft. Was ist damit gemeint?

Die Redeweise »Kind des …« ist typisch orientalisch. Der Orientale kann von einem Menschen sagen, er sei ein »Kind des Friedens«. Damit ist gemeint: Dieser Mensch ist durch und durch friedlich. Er ist geprägt vom Frieden. Ein »Kind dieser Welt« ist durch und durch geprägt von dieser Welt. Im gleichen Sinn sagen wir: Er war ein »Kind seiner Zeit« oder »kein Kind von Traurigkeit«. Ein »Kind der Auferstehung« ist ganz von der Realität der Auferstehung geprägt, nicht mehr vom Milieu dieser Welt. Jesus folgert: Ein »Kind der Auferstehung« ist zugleich ein »Kind Gottes«. Das heißt, wer von der Auferstehung geprägt ist, der ist von Gott geprägt.

Mit dieser Folgerung setzt Jesus die Wirklichkeit der Auferstehung mit der Wirklichkeit Gottes gleich. Zumindest verknüpft er beide auf das engste. So eng hätten die Sadduzäer die Frage nach der Auferstehung nicht mit Gott verknüpft. Jesus verleiht dieser Frage einen ungeheuren Rang. Die Frage nach der Auferstehung der Toten ist eine Frage

nach Gott. Es geht bei der Diskussion um die Auferstehung der Toten nicht nur um eine Lehrfrage, sondern um Gott selbst.
Daß dies die Auffassung Jesu ist, geht auch aus dem Schriftzitat hervor, mit dem er seine Antwort beschließt. Entgegen den Gepflogenheiten eines Lehrgesprächs äußert Jesus zuerst seine eigene Meinung und fügt erst danach ein Schriftzitat hinzu. Es stammt aus der Tora. Jesus argumentiert also mit dem Teil des Alten Testaments, den die Sadduzäer als Heilige Schrift anerkennen. Das Schriftzitat Jesu unterscheidet sich allerdings von dem der Sadduzäer. Jesus greift nicht eines der vielen Gebote oder Verbote der Tora heraus, sondern antwortet aus dem Zentrum der Tora! Dieses Zentrum ist die Selbstoffenbarung Gottes, die Offenbarung seines Namens. Sie geschah bei der Berufung des Mose am brennenden Dornbusch. Diese Berufung ist die Keimzelle, das Urdatum Israels. Mit ihr fing die Befreiung Israels aus der Knechtschaft in Ägypten an. Der Exodus aber ist die Basis für alles Spätere. Darum widmete sich das größte jüdische Wallfahrtsfest, das Pesachfest, der Erinnerung an den Exodus. Seit der Namensoffenbarung am brennenden Dornbusch weiß Israel, wer Gott ist. Das Wissen um den Namen (das Wesen) Gottes unterscheidet Israel von den anderen Völkern.
Am brennenden Dornbusch hatte Mose Gott gefragt: »Und wenn mich die Israeliten fragen, wie dein Name lautet, was soll ich ihnen dann antworten? Da sagte Gott zu Mose: Ich bin für euch da, das ist mein Name. Und er fuhr fort: So sollst du den Israeliten antworten: Der *Ich bin für euch da*, der Gott eurer Väter, der Gott Abrahams, der Gott Isaaks und der Gott Jakobs hat mich zu euch gesandt. Das ist mein Name für ewig, und so will ich angerufen sein von Geschlecht zu Geschlecht« (2. Mose 3,13–15). Hier wird Grundlegendes gesagt, das für alle Zeiten gilt. Diese Stelle ist allen Juden bekannt. Die meisten werden sie auswendig

gekannt haben. Die Geschichte der Berufung Moses hat man hundertmal gelesen und im Gottesdienst gehört. Ausgerechnet diese Stelle zitiert Jesus. Und er behauptet: In dieser Stelle liegt bereits die Antwort auf die Frage nach der Auferstehung! Wir können sicher sein, daß diese Behauptung sowohl Sadduzäern als auch Pharisäern den Atem verschlug. Jesus behauptet damit: Die Antwort auf die Frage nach der Auferstehung der Toten liegt im Wesen Gottes.
Gott stellte sich Mose am Dornbusch folgendermaßen vor: »Ich bin der Gott Abrahams, der Gott Isaaks und der Gott Jakobs.« Das sagt Gott zu *Mose*. Aber zur Zeit Moses waren Abraham, Isaak und Jakob längst tot. Trotzdem ist *das* der selbstgewählte Name Gottes! Und auch in aller Zukunft will Gott mit diesem Namen angerufen werden. Das heißt: Gott *war* nicht der Gott Abrahams, Isaaks und Jakobs, sondern er *ist* und bleibt der Gott Abrahams, Isaaks und Jakobs. Wie ja überhaupt jede Selbstvorstellung des eigenen Namens auf die Gegenwart zielt. Niemand stellt sich einem anderen in der Vergangenheitsform vor, etwa: »Gestatten, ich war Hugo Müller.« Wenn aber Abraham, Isaak und Jakob zur Zeit des Mose wirklich tot sind, dann ist Gott ein *Gott der Toten*. Denn dieser Name nennt drei Personen. Und das sind ausnahmslos Verstorbene. Kein Lebender befindet sich unter denen, die Gott in seinen Namen aufnimmt. Dann aber hätte Gott genauso gut zu Mose sagen können: »Ich bin der Gott derer, die es nicht mehr gibt.« Das wiederum würde bedeuten, daß er der Gott derer ist, die sowieso nicht mehr merken, ob er ihr Gott ist oder nicht. Wenn Abraham, Isaak und Jakob tot sind, dann kann es ihnen gleichgültig sein, ob irgend jemand ihr Gott ist. Ist es aber nicht höherer Unfug, wenn Gott ausgerechnet der Gott derer sein möchte, die das ohnehin nicht mehr wahrnehmen? Er trägt dann speziell einen Namen nach denen, für die dieser Name nichts mehr bedeutet. Das wäre ungefähr so unsinnig, wie wenn ein Herrscher sich mit den Wor-

ten vorstellen würde: »Ich bin der Herrscher über ein Volk, das vor 400 Jahren ausgestorben ist.« Einem solchen Herrscher müßte man sagen: »Du bist kein Herrscher. Du bist eine lächerliche Figur.« So eine lächerliche Figur wäre Gott, wenn er sich Mose als ein Gott der Toten vorgestellt hätte. Entweder hat Gott sich vor Mose lächerlich gemacht, oder Abraham, Isaak und Jakob leben. Eins von beiden!

Das aber betonen ja die Sadduzäer unentwegt, daß Gott ein Gott *der Lebenden* ist. Der Gott Israels geht nicht mit Leichen um. Gott und Leben gehören zusammen. Es gibt nach sadduzäischer Überzeugung keinen größeren Gegensatz als den zwischen Gott und Tod. Und genau bei dieser Überzeugung setzt Jesus mit seiner Antwort an. Wenn Gott und Leben zusammengehören, wie kann sich dann der Name Gottes (der Ausdruck seines Wesens ist) ausschließlich auf Tote beziehen? Wie kann Gott sich dann in seiner entscheidenden Selbstoffenbarung als ein Gott von Toten vorstellen? Das ist unmöglich. Dann aber kann der Name Gottes nur bedeuten: Abraham, Isaak und Jakob leben! So bezeugt nach der Auffassung Jesu die Selbstoffenbarung Gottes vor Mose die Auferstehung der Toten. Auf diese völlig neue Auslegung der Heiligen Schrift haben die Sadduzäer anscheinend keine Antwort gewußt. Und auch die pharisäischen Zuhörer waren perplex. Daß es ein so starkes Argument für die Auferstehung der Toten gibt, haben sie nicht gewußt.

Für den Namen *Jahwe* gilt übrigens genau der gleiche Sachverhalt. Jesus wählte den Namen »Gott Abrahams, Isaaks und Jakobs« gegenüber den Sadduzäern wohl deshalb, weil hier die Namen von drei (berühmten) Verstorbenen ausdrücklich genannt werden. Das machte seine Argumentation um so zwingender. Aber der noch wichtigere Name, der bei der Berufung des Mose ebenfalls fällt, ist der Name »Jahwe«. In diesem Namen läßt sich der gesamte israeliti-

sche Glaube zusammenfassen. Er ist einem Juden so heilig, daß er ihn nicht ausspricht. Der Name »Jahwe« bedeutet: »Ich bin für dich da« (oder: »Ich bin für euch da« oder: »Ich werde für euch da sein«. Alle diese Übersetzungen sind möglich und sachgemäß. Luthers Übersetzung »Ich bin, der ich bin« verfehlt die Pointe). Gilt das »Ich bin für dich da« nur bis zur Todesgrenze? Nimmt Gott nach dem Tod eines Menschen seinen eigenen Namen nicht mehr ernst? Nimmt er ihn zurück? Das würde bedeuten: Der Name Gottes gilt nur begrenzt. Er gilt jeweils nur für kurze Zeit. Dann aber wären dem Wesen Gottes Grenzen gesetzt! Weil dem nicht so ist, deshalb gründet im Namen (Wesen) Gottes die Auferstehung der Toten. Die Beziehungsorientiertheit, die sich im Namen (Wesen) Gottes zeigt, läßt uns auch nach dem Tod nicht in der Beziehungslosigkeit versinken.
Bleiben wir noch etwas bei dem Namen »Gott Abrahams, Isaaks und Jakobs«. Gott ist nicht der Gott eines Kollektivs. Die Römer haben ihre Söhne häufig nur durchnumeriert: Primus, Secundus, Tertius ... Quintus ... Kaiser Octavian. Gott aber nimmt die Menschen als Person ernst. Er nennt sie jeweils nach ihren Namen. Sie versinken vor ihm nicht in der Anonymität. Sie sind und bleiben für ihn einzigartig und unvertauschbar. Er ist ihnen jeweils der persönliche Gott. Aber Gott nennt nicht nur diese drei Namen. Das verblüffende ist: Er nennt sich *nach* diesen Namen. Gott nennt sich nach Menschen! Verträgt sich das mit seiner göttlichen Souveränität?
Wann nennen wir eine Sache nach einer anderen? Nehmen wir als Beispiel den Namen »Kap der guten Hoffnung«. Diejenigen, welche diesem Kap diesen Namen gaben, schöpften an jener Stelle wieder Hoffnung. »Das schlimmste haben wir hinter uns. Jetzt halten wir vollends durch.« Dieses Erlebnis wollten sie mit der Namensgebung für alle künftigen Umsegler Afrikas festhalten. So oft einer dieses Kap umschiffen wird, so oft wird man sich an dieses Erlebnis er-

innern. Oder nehmen wir den Namen »Via Dolorosa«, Straße der Schmerzen. Auch hier ist nicht eigentlich die Straße wichtig, sondern die Erinnerung an die Schmerzen Jesu, der durch diese Straße das Kreuz aus der Stadt hinaus trug. Immer, wenn ein Mensch in diese Straße einbiegt, soll er an die Schmerzen Jesu denken. Ein letztes Beispiel: Am Stadtrand von Pforzheim gibt es einen großen Schuttberg. Der Volksmund nennt ihn »Monte Scherbelino«, Berg der Scherben. Pforzheim ist im Zweiten Weltkrieg weitgehend zerstört worden. Einen Teil der Trümmer hat man zu diesem Berg zusammengetragen. Als Erinnerung und Mahnmal steht er am Rand der neu aufgebauten Stadt. Solange es diesen Berg geben wird, solange wird auch die Erinnerung an jenes Geschehen lebendig sein.

Entsprechendes gilt für den Namen, den Gott sich selber gibt. »Ich bin der Gott Abrahams, Isaaks und Jakobs.« Jedesmal, wenn Gott seinen Namen nennt, muß er an Abraham, Isaak und Jakob denken. Es ist, als ob Gott sich gesagt hätte: »Daß mir das ja nicht passiert, daß ich Abraham, Isaak und Jakob vergesse.« Obwohl Gott ohnehin nicht an Gedächtnisschwund leidet – mit diesem Namen hat er jedes Risiko ausgeschaltet. Solange es Gott gibt, solange wird er an Abraham, Isaak und Jakob denken müssen. Er hat sich mit ihnen auf immer verbunden. Denn Gott will sich nicht mehr umtaufen lassen. Er ist nicht heute der und morgen ein anderer. »So will ich angerufen sein von Geschlecht zu Geschlecht« (2. Mose 3,15). Und der Name »Jahwe« zeigt, daß das nicht etwa nur für Abraham, Isaak und Jakob gilt, sondern für uns alle. Das »Ich bin für dich da« oder »Ich bin für euch da« grenzt niemanden aus. Der Gott Abrahams, Isaaks und Jakobs ist auch unser Gott. Wir können unseren Namen hinter diese drei Namen setzen. Gott will uns treu sein, will seiner Zuwendung zu uns Ausdruck geben. Das Recht dazu läßt er sich von niemandem nehmen und von niemandem begrenzen, auch nicht vom Tod.

Fazit

Das Lehrgespräch zwischen Jesus und den Sadduzäern ist die einzige Stelle in den Evangelien, in der Jesus sich zur Frage der Auferstehung der Toten äußert. Darum ist dieser Text von großer Bedeutung. Es kann nicht nebensächlich sein, wie der, den Gott als ersten von den Toten auferweckt hat, über die Auferstehung der Toten dachte. Die Argumentation Jesu zeigt: Für ihn gehört das Thema Auferstehung nicht in den Zusammenhang menschlichen Wunschdenkens. Jesus begründet die Auferstehung der Toten nicht psychologisch oder anthropologisch, sondern theologisch. Die Auferstehung der Toten ist eine Konsequenz des Wesens Gottes. Das ist eine Absage an die psychologisch bedingten Jenseitsträume und an den Egoismus im frommen Kleid. Der Wunsch nach einem Weiterleben nach dem Tod kann so egozentrisch sein wie das Interesse an einem Jenseits gottlos sein kann. Für Jesus aber ist die Frage nach der Auferstehung der Toten die Frage nach dem Wesen Gottes. Denn an der Auferstehung zeigt sich am deutlichsten, wer Gott ist. Hier zeigt sich Gottes *Macht*, vor allem aber Gottes *Treue*. Gott könnte sich ja beim Tod der Menschen sagen: »Endlich bin ich sie los. Sie haben mich lange genug geärgert. Strafe muß sein. Im Tod können sie wenigstens nicht mehr sündigen.« Weckt aber Gott die Toten auf, dann denkt er so nicht. Dann ist er unser nicht überdrüssig. Dann sind wir ihm nicht lästig, und er sieht uns nicht lieber gehen als kommen, sondern lieber kommen als gehen. Die Auferstehung der Toten zeigt: Gott will uns über den Tod hinaus. Wer die Auferstehung leugnet, der leugnet Gottes Treue zum Menschen und damit Gottes Wesen. Seine Treue ist sein Wesen. Diese Dimensionen nimmt das Thema Auferstehung an durch die Verklammerung von »Gotteskindschaft« und »Auferstehungskindschaft«. Die Sadduzäer fragen Jesus nach der

Auferstehung der Toten. Er fragt sie zurück: Wißt ihr überhaupt, wer Gott ist?
Wer dem Namen (Wesen) Gottes traut, wird die Haltung der Sadduzäer alten und neuen Stils fahren lassen. Und das nicht, weil er im Sinne der Religionskritik seinen eigenen Sehnsüchten und Projektionen naiv gegenübersteht, sondern weil er der Treue Gottes traut, also um Gottes willen. Gottes An-mich-Denken ist seine Treue. Diese Verbundenheit Gottes mit mir trägt mein Leben vor dem Tod und nach dem Tod. Aus seinen Gedanken bin ich entstanden. In seinen Gedanken bleibe ich lebendig. Seine Gedanken halten mich gegenwärtig. Ich lebe, solange er an mich denkt. Gottes Vergessen wäre mein Tod. Sein Gedenken ist mein Leben. So lebe ich in ihm und durch ihn (im Angesicht des Todes sagt einer der beiden Mitgekreuzigten zu Jesus: »Jesus, denke an mich, wenn du in dein Reich kommst«; Lukas 23,42). Im Tod hört vieles auf: der Pulsschlag, der Stoffwechsel, die Körperwärme, die Gehirnströme. Aber eines hört nicht auf: die Treue Gottes. Geheiligt werde sein Name.

*

Am Ende des Johannesevangeliums wird eine Überlebensgeschichte erzählt, die geradezu symbolischen Charakter hat.
Draußen, frustriert, enttäuscht – die Jünger auf dem See – die ganze Nacht umsonst gefischt – umsonst gelebt. Und gerade da, in dieser Situation steht der auferstandene Jesus von Nazareth am Ufer, allen Todesmächten zum Trotz.
Auf diese Geschichte bezieht sich das folgende Gebet:

Wenn wir am Ende sind mit unserer Kraft,
mit unserer Hoffnung, daß ein neuer Morgen kommt.
Wenn wir enttäuscht die Hände sinken lassen
und meinen, alle Mühe war vergebens.
Wenn unsre Netze leer sind, leer wie unsre Hände,
dann stehst du, Herr, am Ufer.

Wenn wir an Menschen denken, die der Hunger quält,
denen der Reis fehlt und der Fisch, ihr täglich Brot,
wenn wir an jene denken, die nach Liebe hungern,
nach Anerkennung, Zärtlichkeit, Gerechtigkeit,
wenn wir an unsre eigene unerfüllte Sehnsucht denken,
dann stehst du, Herr, am Ufer.

Wenn uns die Schuld bedrückt, weil wir verleugnet haben
oder verraten oder einfach nur vergessen,
wenn uns ein Name einfällt, den wir schwer enttäuschten,
den wir zu wenig liebten, dem wir Unrecht taten,
wenn wir uns fragen
nach der Schwester, nach dem Bruder,
dann stehst du, Herr, am Ufer.

Wenn wir das alles, was sich angesammelt hat in uns
an Hoffnung und Enttäuschung,
zusammenfassen in die knappe Bitte:
»Herr, bleibe bei uns!« – jetzt und gleich und morgen,
wenn der graue Alltag wieder kommt,
dann stehst du, Herr, am Ufer.

Du hast uns versprochen, daß du auf uns wartest.
Du hast uns versprochen, daß du bei uns bist,
im Leben und im Tod.
Amen.

Der folgende Segen, der mit dem Gospel »Amen, Amen« schloß, beendete den Gottesdienst.

Schwester und Bruder, sei gesegnet von Gott.
Er gehe dir voraus
und zeige dir deinen Weg.
Gott sei nahe bei dir
und lege seinen Arm um dich.
Gott sei hinter dir,
dich gegen alle dunkle Macht zu bewahren.
Er sei unter dir,
dich aufzufangen, wenn du fällst.
Er sei neben dir,
dich zu trösten, wenn du traurig bist.
Gott sei in dir,
dich zu heilen.
Er sei um dich her,
dich zu schützen in der Angst.
Er sei über dir
wie die Sonne am Himmel
und stärke dich mit seiner Kraft.
Er segne und behüte deinen Ausgang und Eingang
von nun an bis in Ewigkeit.
Amen.

QUELLENHINWEISE

S. 20ff Adlermeditation nach: Klaus W. Vopel, Nicht vom Brot allein, Iskopress, Salzhausen 1994 (überarbeitet und ergänzt)

S. 44ff Meditation nach: Klaus W. Vopel, Innere Ruhe gewinnen, Iskopress, Salzhausen 1997 (überarbeitet und ergänzt)

S. 72 Gebet ab »Dein Reich komme« aus: Eugen Drewermann, Das Vater Unser, Kösel Verlag, München 1993

S. 73 Segen nach: Segen – Herberge in unwirtlicher Zeit, Magdalena Verlag 1993, S. 35

S. 76ff Herzmeditation nach: Klaus W. Vopel, Innere Ruhe gewinnen, Iskopress, Salzhausen 1997 (überarbeitet)

S. 105 Abbildung aus: Ivan Steiger sieht die Bibel, Deutsche Bibelgesellschaft, Stuttgart 1989, S. 158 (zu Ezechiel 36,26—28)

S. 107f Segen nach: Angelika Segl, Meditative Gottesdienste, Quell Verlag, Stuttgart 1997

S. 109 aus: Michel Quoist, Herr, da bin ich, Styria Verlag, Graz 1970

S. 110ff Meditation nach: Klaus W. Vopel, Höher als die Berge, tiefer als das Meer, Iskopress, Salzhausen 1997 (überarbeitet)

S. 133 »Leute höret die Geschichte« aus: Hildegard Wohlgemuth (Text)/Klaus Moje (Musik), Janusz Korczak mit den Kindern mußte nach Treblinka gehn, Schwann-Studio 301, Düsseldorf 1972

S. 138 Anthony de Mello aus: Herders Hausbuch der Gebete, Verlag Herder, Freiburg 1991, S. 245

S. 139 Herman van Veen aus: Siegfried Schulz (Hg.), Materialien Gott suchen – Gott erfahren, Klett Verlag, Stuttgart 1990

S. 141 Atemübung: Fingerkuppenidee aus: Türen nach innen, Verlag für Gemeindepädagogik, München 1989

S. 174 Segen aus: Sabine Naegeli, Du hast mein Dunkel geteilt, Verlag Herder, Freiburg 1984

S. 175 aus: Anthony de Mello, Wer bringt das Pferd zum Fliegen? Verlag Herder, Freiburg 1989

S. 190 Gebet nach Antoine de Saint-Exupéry aus: Loccumer Brevier, Claudius-Verlag, München 1993, S. 193

S. 193 nach: Anthony de Mello, Wer bringt das Pferd zum Fliegen? Verlag Herder, Freiburg 1989

S. 194 Phantasiereise nach: Gerda und Rüdiger Maschwitz, Geistliches Leben wagen, Burckhardthaus-Laetare Verlag, Offenbach 1989 (überarbeitet und ergänzt)

S. 196 Gebet nach John Mbiti aus: Loccumer Brevier, Claudius-Verlag, München 1993, S. 122 (überarbeitet)

S. 220 aus: Anthony de Mello, Wer bringt das Pferd zum Fliegen? Verlag Herder, Freiburg 1989

S. 220ff Spirituelle Reise nach: Klaus W. Vopel, Lust am Leben, Iskopress, Salzhausen 1996 (überarbeitet)

S. 244 Gebet nach: Hermann J. Coenen, Hochgebete mit anderen Worten, Verlag Bergmoser + Höller, Aachen (überarbeitet und gekürzt)

S. 245 Segen aus: Martin Schmeisser (Hg.), Gesegneter Tag, Verlag am Eschbach 1996